가치투자자로 거듭나다

워런 버핏과의 점심식사

워런 버핏과의 점심식사

초판 1쇄 발행 2015년 8월 10일
개정판 1쇄 발행 2023년 12월 29일

지은이 가이 스파이어
옮긴이 이 건
감 수 신진오

펴낸곳 ㈜이레미디어
전 화 031-908-8516(편집부), 031-919-8511(주문 및 관리)
팩 스 0303-0515-8907
주 소 경기도 파주시 문예로 21, 2층
홈페이지 www.iremedia.co.kr **이메일** mango@mangou.co.kr
등 록 제396-2004-35호

편집 주혜란, 이병철 **본문디자인** 사이몬 **표지디자인** 황인옥
마케팅 김하경 **재무총괄** 이종미 **경영지원** 김지선

ISBN 979-11-93394-10-6 03320

가격은 뒤표지에 있습니다.
잘못된 책은 구입하신 서점에서 교환해드립니다.
이 책은 투자 참고용이며, 투자 손실에 대해서는 법적 책임을 지지 않습니다.

당신의 소중한 원고를 기다립니다.
mango@mangou.co.kr

가치투자자로 거듭나다
THE EDUCATION OF A
워런 버핏과의
VALUE INVESTOR
점심식사

가이 스파이어 지음 | 이건 옮김 | 신진오 감수

 이레미디어

EDUCATION OF A VALUE INVESTOR

나의 부모 마릴린^{Marilyn} 스파이어와 사이먼^{Simon} 스파이어,

그리고 누이 타냐^{Tanya}에게.

나의 자녀 에바^{Eva}, 아이작^{Isaac}, 사라^{Sarah}에게.

나의 아내 로리^{Lory}에게.

그대들이 내가 존재하는 모든 이유입니다.

진지한 자기성찰, 발전의 첫 출발점

《워런 버핏과의 점심식사》라는 이 책의 제목은 '어떻게 하면 훌륭한 투자자가 되는가'를 가르쳐 주는 책임을 암시해 주는 것 같다. 이 책은 가치투자자가 되기 위한 저자 가이 스파이어Guy Spier의 시행착오를 솔직하게 이야기하면서 어떻게 더 좋은 투자자가 되었고 더 훌륭한 인간이 되었는가를 담아낸 자서전 성격의 책이다.

나와 저자는 지난 30년 동안 세 차례에 걸쳐 깊은 인연을 맺어왔다. 1985년에 옥스퍼드의 테니스장에서 우연히 만나 처음 알게 되었고, 두 번째는 저자가 펀드를 시작할 무렵인 2000년 4월부터 4개월 정도 한국에서 같이 일하게 되면서 더욱 잘 알게 되었다. 그리고 2009년부터 이 책에도 기술되어 있는 래티스워크 클럽Latticework Club이라는 포럼을 모니시Mohnish Pabrai, 단테Dante Albertini, 켄Ken Shubin Stein 등과 같이 하게되어, 일 년에 한두 차례 2박 3일 일정으로 만나서 투자, 좋은 가장의 역할, 교육, 자식 문제, 파트너와의 갈등 등 여러 가지 이슈에 대해 깊은 토론을 해오고 있다. 이 포럼을 통해 나 역시 많은 발전이 있었다. 특히 인생여정표 작성, 한 주에 책 한 권 읽기, 85세에 친구가 읽게 될 조사 써보기 등 평소에 자주 생각해 보지 못했던 여러 가지 문제에 대해서 깊이 생각하는 계기가 되었다.

저자를 포함한 다양한 국가의 여러 친구를 만나면서, 나와 우리 사회가 지나치게 외면적 평가에 의존하는 삶을 산다는 것을 느끼게 되었다. 나는 항상 가족에 대한 책임, 기업가로서의 사회적 책임, 나라에 대한 의무를 우선순위에 두고 생각하고 행동하며, 외부에 비친 나의 모습을 주로 생각하며 살아온 것 같다. 반면에 내가 진정으로 원하는 것은 무엇이고 어떻게 시간과 노력을 배분해야 하는가에 대한 진지한 자기성찰은 조금 모자라지 않았나 생각한다.

우리 사회는 자식 교육에서 부모가 직접 가르치기보다는 선생님이 대신 꾸짖어 주기를 바란다. 자기 자식이나 직장 후배에 대해 솔직한 평가를 하거나 직접 혼내지 않고 이러한 일들을 다른 사람이 대신 해주기를 바라는 것은 가정이나 직장에서 흔히 일어나는 현상일 것이다. 칭찬이나 격려는 본인이 하고, 혼내거나 진실을 이야기하는 것은 남이 해주기를 바란다. 이러한 것이 우리 사회가 건전하고 바람직한 방향으로 발전하는데 저해요소가 되고 있다고 생각한다.

나 또한 현대산업개발과 대한축구협회를 운영하면서 대한민국 축구대표팀의 운영 문제와 회사경영에 있어서의 문제점이 상당히 유사한 것을 비교해 보면서 많은 것을 배우고 있다. 우리 사회의 체면문화, 상하 간의 커뮤니케이션 문제, 감독과 선수 간의 대화방법, 회사 상하직원 간의 토론방법 등을 들여다보면서 왜 우리 기업과 축구팀이 국제무대에서 더 잘할 수 있는 방법을 찾지 못하고 있을까 많은 생각을 해보았다. 축구와 기업은 국내에서뿐만 아니라 국제적으로 경쟁할 수밖에 없다. 우리만의 장점과 단점을 우리가 잘 알아야 더욱 발전할 수 있다.

우리는 우리끼리만 사는 사회에 살고 있지 않다. 지구촌이라는 좁은 세상에서 중국의 주식폭락, 미국의 금리인상 등이 생활에 바로 영향을 주는 세계에 살고 있다. 이러한 시대에 우리에게 가장 필요한 것은 자기성찰이라고 본다. 이 책에서 저자는 탁월한 지적능력에 비해 자기의 부족한 면을 솔직히 인정한다. 옥스퍼드 경제학과 수학 시절 학업성적과 세속적인 욕망에 매달렸던 점, 심지어 주의력 결핍증이라는 사실조차도 스스럼없이 밝히고 있다. 그런 용기는 진정한 자기성찰 없이는 불가능하다. 그리고 자기성찰을 바탕으로 스스로 발전하여 자기의 단점을 보완하고 문제점을 해결해 나가는 방법을 아주 훌륭하게 기술하고 있다. 이는 우리가 이 책을 통해 쉽게 배우고 실천할 수 있는 것들이라 생각한다.

우리에게 가장 중요한 것은, 우리가 무엇을 알고 무엇을 모르는지를 정확히 아는 것이다. 이것이야말로 우리가 더 발전할 수 있는 첫 출발점이라 생각한다. 저자의 더 나은 자신을 만들려는 노력과 그 방법을 찾아가는 과정은 많은 시사점을 던져 준다. 나는 이 책을 내 가족, 우리 회사 직원들, 축구 관련 모든 사람들, 가까운 지인들을 포함하여 우리 사회의 많은 사람들이 읽기를 바란다. 더 밝고 바람직한 사회로 발전할 수 있는 길잡이가 되었으면 좋겠다.

대한축구협회 · HDC현대산업개발 회장

정몽규

내면적 가치를 지닌 훌륭한 투자자 되기

투자의 세계Investment Universe는 참으로 넓고 다양하다. 산업화 시대에 지구촌 곳곳을 다니며 상품을 파는 세일즈맨들이 있었다면, 자산이 축적된 국가발전 단계에서는 투자이익을 챙기려는 투자자들이 (기관이든 개인이든) 총성 없는 경쟁을 치르고 있다. 물론 이 와중에도 부를 지혜롭게 축적해가는 투자자들이 있는 반면에, 이유는 다양하겠지만 파멸이라는 돌아올 수 없는 강을 건너 조용히 사라진 투자자들도 수없이 많다.

《워런 버핏과의 점심식사, 가치투자자로 거듭나다》는 투자업계의 유명한 구루가 쓴 책이 아니라서 오히려 이제 막 투자의 세계로 들어선 초보 투자자들에게 크게 도움이 될 책이다. 이 책은 투자에 필요한 특별한 지식이나 전략을 소개하는 것이 아니라, 기본적으로 투자자가 지녀야 할 바람직한 투자 자세를 제시하고 있다.

나는 이 책을 읽고 크게 두 가지 측면에서 깊이 공감하였다.

첫째는 저자는 누구나 부러워하는 학력(외면적 평가)을 가진 펀드 매니저였지만 투자의 세계에서 많은 좌절을 겪는 과정을 솔직하게 적고 있다. 투자의 세계에서 지식은 부의 창출Wealth Creation의 필요조건일 뿐 충분조건이 되지 못한다. 나는 오랫동안 자산운용업계에서 일하면서 소위 일류대학 출신의 머리가 비상한 투자자들을 수없이 많이 만나 왔다. 그런데 오랜 시간 관찰한 결과 대체로 성공한 투자인생을 만들어 온 사람들은 공통적으로 겸손했으며, 이 책에서 말하는 각자 나름의 '내면적 가치'를 지니고 있다는 사실을 알게 되었다.

J. K 갈브레이스 교수에 의하면 세상에는 두 부류의 예측가가 있다. 진실로 모르는 사람들과 자신이 모르는 것을 알지 못하는 그룹이다. 그만큼 투자는 불확실한 미래를 예측하는 확률게임이기 때문에, 투자에 성공했을 때 '운'의 결과일 수도 있음을 인정할 겸손이 있어야 지속적으로 살아남을 수 있다는 것을 시사한다.

내가 존경하는 오크트리 캐피탈 사의 하워드 막스는 머리가 좋은 투자자들은 가끔 믿기 힘든 투자결과를 두고 이것이 운이나 대담성 때문에 일어난 결과로 생각하지 않고 자신들의 실력으로 착각하는 경우가 종종 있다고 말한다. 훌륭한 외면적 가치를 지니고 있는 저자는 직접 월스트리트의 현실에 접하면서 소위 '내면적 가치'의 중요성을 비교적 빨리 인식하게 되었다. 이 책은 그 과정을 여과 없이 서술하고 있다.

둘째는 저자는 오마하의 현인 워런 버핏을 존경하면서 그의 투자 철학을 그대로 본받으려 하고 있다. 저자 역시 나름의 '내면적 가치'를 개발하는 중이지만, 워런 버핏의 근검한 생활과 유머를 즐기는 시골 생활의 여유, 그의 사회적 헌신을 존경하고 적극적으로 배우려는 자세를 높이 평가하고 싶다.

사실 우리들은 존경받는 투자의 전설들이 얼마나 근검절약하고 사회적으로 훌륭한 일들을 하는지 잘 모르고 있다. 이 책을 읽고 성공한 투자자들이 많은 고뇌 끝에 어렵게 형성한 부를 어떻게 사회적으로 가치 있게 사용하고 있는지를 들여다보는 계기가 되었으면 한다.

이 책은 진정한 투자의 성공이 무엇인지 다시 한 번 생각하게 하는 책이다. 우리들의 투자 목적은 단지 부를 축적하는 것만이 아니다. 진정한 투자의 성공은 투자로 쌓은 부를 얼마나 가치 있게 사용하느냐에 있다. 자신이 가치 있게 부를 사용하는 멋진 모습을 그리면서 투자활동을 한다면 도덕적으로 성공적인 투자자의 길도 가까이에 있을 것이다.

《워런 버핏과의 점심식사, 가치투자자로 거듭나다》를 부디 많은 투자자들이 읽어서, 한국에서도 '내면적 가치'를 지니는 훌륭한 투자자들이 더욱 늘어나기를 바란다.

2015년 6월 국민대학교 연구실

이찬우

투자는 자신의 내면을 다루는 게임이다

이 책을 쓴 목적은 내가 투자자로 성장하는 과정에서 직접 배운 바를 공유하기 위함이다. 다른 사람이 아니라, 바로 내가 배운 바를 나누려고 한다. 여기 쓴 이야기는 투자 노하우도 아니고, 투자 로드맵도 아니다. 오히려 내 인생 여정에 관한 이야기이며, 그 과정에서 배운 것에 관한 이야기다. 물론 나에게는 나름대로의 결함도 있고, 약점도 있으며, 어찌 보면 맹점이라고 볼 수도 있는 특이한 능력도 있다.

그동안 나는 우연히 심오한 통찰을 얻기도 했고, 강력한 도구를 발견하기도 했다. 이들 대부분은 교과서에 실리지 않는 내용이다. 현실 세계에서 일어나는 일들이어서(그리고 현실 세계는 지저분하므로), 주제가 광범위하기 때문이다. 주제는 매우 하찮은 습관(예컨대 가장 먼저 읽는 자료)에서부터 지극히 중요한 과제(누구를 나의 영웅이자 스승으로 삼고 지혜를 빌어 내 인생을 바꿀 것인가?)까지 다양하다.

이 책은 나의 변신 과정을 추적한다. 처음에 내가 동경한 인물은 고든 게코Gordon Gekko(악명 높은 기업사냥꾼)였다. 내가 경솔하고 근시안적이어서 주제 파악이 안 되었던 탓이다. 이후에는 벤저민 그레이엄Benjamin Graham의 〈현명한 투자자The Intelligent Investor〉, 루안 커니프Ruane Cunniff, Poor Charlie's Almanack(불운한 찰리 연감), 로버트 치알디니Robert Cialdini를 거치고 나서, 모니시 파브라이Mohnish Pabrai를 만나고 워런 버핏Warren Buffett과 점심을 먹는 등, 잇단 변신과 자아실현 경로를 따라갔다. 뒤에 설명하겠지만, 버핏과의 65만 100달러짜리 점심은 내 인생을 바꿔놓았다.

버핏을 만나고 1년도 지나지 않아 나는 뉴욕 직원의 3분의 2를 해고했고, 내 가족의 소유물 절반을 창고에 넣어두었으며, 나머지 절반은 취리히로 보내고, 우리 가족도 취리히로 이사했다. 나는 펀드에 새로 가입하는 사람들에게는 운용보수도 부과하지 않기로 했다. 분 단위로 주가를 확인하던 나의 위험한 중독성 습관도 버리기로 하고, 블룸버그 모니터의 스위치도 내렸다.

그렇다고 당신도 버핏과 점심을 먹어야 한다는 말은 아니다. 그와 점심을 먹는 대가는 날로 치솟아서, 2012년에는 346만 달러로 신기록을 세웠다! 내가 버핏을 특별히 남들보다 더 이해한다고 주장하지도 않는다. 단지 그가 나의 투자 방식과 생활 방식에 엄청난 영향을 미쳤다는 사실만은 말할 수 있다. 그래서 내가 버핏에게서 배운 교훈을 당신과 나누면, 당신도 나처럼 그런 혜택을 누리길 바랄 뿐이다.

나는 인생 경로에서 깨달음을 얻기까지 지난 20년의 대부분을 소비했으며, 그 과정에서 실수도 잦았고 시간 낭비도 많았다. 이 책이 당신의 실수와 시간 낭비를 줄이는 데 도움이 되길 바란다. 버핏은 이렇게 말했다. "자신의 실수로부터 배워라. 남의 실수로부터 배우면 더 좋다!"

감히 말하는데, 이 책에서 설명하는 교훈 중 일부만 배우더라도 당신은 부자가 될 수밖에 없다. 아마도 엄청난 부자가 될 것이다. 내가 얻은 지혜(나의 영웅으로부터 얻은 지혜뿐 아니라, 나 자신의 실수와 성공으로부터 얻은 지혜)는 투자에 헤아릴 수 없을 정도로 유용했다. 이 글을 쓰는 시점 기준으로, 1997년 이후 S&P500 지수의 누적 수익률은 167%였지만, 같은 기간 내가 설립한 아쿠아마린 펀드Aquamarine Fund의 누적 수익률은 463%였다. 다시 말해서, 이 기간에 100만 달러를 S&P500에 투자했다면 270만 달러가 되었겠지만, 내 펀드에 투자했다면 563만 달러가 되었을 것이다.

이 책에서는 투자를 자신의 내면을 다루는 게임이라고 보며, 더 넓게는 자신의 인생을 다루는 게임이라고 본다. 나는 투자가 단지 돈의 문제가 아님을 깨달았다. 당신도 재산이 증가할수록, 돈은 중요하지 않다는 사실을 깨닫기 바란다. 그리고 막대한 재산을 모았을 때, 사회에 환원하려는 마음이 생기길 바란다.

사회 환원에 대해서는 자신이 없는가? 그래도 상관없다. 나 역시 인생 대부분 기간에 그런 자신이 없었으며, 아직도 마음 한구석에는 의구심이 남아 있다. 당신과 마찬가지로, 나도 미완성이다.

요사이 자본주의가 제대로 작동하지 않는 이유에 대해서 많은 이야기가 나온다. 더 엄격한 규정으로 탐욕스러운 은행가와 무책임한 CEO들을 견제해야 한다는 말도 있고, 더 적극적으로 부를 재분배해야 한다는 말도 있다. 그러나 탐욕은 더 깊고도 숭고한 목적을 이루는 수단이 될 수도 있다. 내 경험을 돌아보면, 처음에는 전적으로 탐욕에 좌우되는 굶주린 자본가였던 젊은이가 점차 깨달음을 얻어갈 수도 있다. 이런 경우라면 탐욕은 결국 선이 될 수 있다. 탐욕이 단지 동기를 부여하는데 그치지 않고, 내면적으로 영적 성장과 깨달음을 얻도록 이끌어준다면 말이다.

나는 끝에 가서 이 교훈을 얻었다. 그러나 내가 처음 발을 들여놓은 곳은 악의 소굴이었다.

|차례|

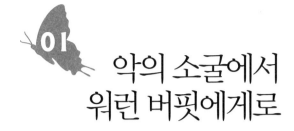

악의 소굴에서
워런 버핏에게로

아, 너무도 더러운 이 육체,
완전히 녹아서 이슬이나 되어 버렸으면!
…

온통 지루하고 진부하며 무익하고
도무지 쓸모없는 이 세상!
뜰에는 잡초만 무성하게 자라고,
악취가 코를 찌르는구나.

— 햄릿 1막 2장, 129~130행과 133~137행

당신은 이런 기분을 느껴본 적이 있는가? 이렇게 자신을 혐오해보았는가? 햄릿처럼 자살 충동까지 느낀 것은 아니지만, 나도 못지않게 비참한 심정이었다. 나는 투자은행가들이 역겨웠으며, 특히 함께 일하던 사람들이 역겨웠다. 내가 근무하던 투자은행에 대해서도 똑같은 기분이었다. 그 중에서도 최악은, 나 자신조차 역겨웠다는 사실이다.

약 2년 전만 해도, 나는 세상을 곧 정복할 기세였다. 당시 나는 하버드 경영대학원Harvard Business School: HBS 학생이었다. 게다가 나는 옥스

퍼드대 경제학과를 수석으로 졸업했다. 내게 불가능은 없는 듯했다. 무모하고도 어리석게 첫 직장을 선택하기 전까지만 해도 말이다.

하버드를 졸업하기 몇 달 전인 1993년, 나는 'DH 블레어 투자은 행D. H. Blair Investment Banking Corp.' 회장 보좌역 구인 광고를 우연히 보았다. 나는 투자은행에 관한 자료를 읽었고, 내가 이 분야에서 새로 절대강 자가 되는 모습을 상상했다.

나는 자신감 넘치는 젊은이였으므로, DH 블레어의 회장 모튼 데 이비스J. Morton Davis를 만나러 뉴욕으로 갔다. 모튼은 브루클린의 가난 한 유대인 가정에서 자라났다. 그는 1959년 하버드 경영대학원을 졸 업했고, 1904년에 설립된 DH 블레어의 소유주 겸 회장이 되었다. 사 람들은 그가 수억 달러를 벌었다고 말했다.

나는 44 월스트리트에 있는 그의 고급 목조 사무실에서 그를 만 났다. 그의 사무실은 옛모습 그대로여서, 존 피어폰트 모건John Pierpont Morgan(미국의 유명 금융 자본가, 1837~1913) 시대의 전통적인 투자은행 분 위기였다. 실제로 JP모건 본사도 바로 근처에 있었다.

모튼은 노련한 세일즈맨이어서, 묘한 매력으로 나를 완전히 사로 잡았다. 그는 생명공학 등 인기 분야에서 대형 거래를 성사시켰던 이 야기를 하면서, "자네는 내 바로 밑에서 즉시 이런 거래를 하게 될걸 세."라고 덧붙였다. 그는 자기 밑에서 내가 "아무 제약 없이" 실적을 올 릴 수 있다고 장담하면서, 내게 프랭크 베트거Frank Bettger(유명 보험 세일 즈맨)의 저서《실패에서 성공으로How I Raised Myself from Failure to Success in Selling》를 주었다. 나는 모튼이 이단아라는 사실이 마음에 들었다. 그는 인습에 얽매이지 않았고, 자수성가했으며, 크게 성공한 인물이었다.

그러나 그 직후 내가 읽은 〈뉴욕타임스New York Times〉에서는 DH 블레어를 "악명 높은" 중개회사로 지칭하면서, "고객들이 주식을 팔아달라고 요청해도 중개인들이 팔아주지 않는 것으로 알려졌다."라고 썼다. 또한, 델라웨어 증권 당국은 "DH 블레어의 면허를 취소하려 했고", 하와이 증권 당국은 "DH 블레어의 판매 관행이 부당하고 기만적이라고 말했다."라고 썼다. 내가 모튼을 다시 만나 이 기사에 대해서 묻자, 그는 사람들이 성공을 시기하여 모함하는 것이라고 말했다. 나는 어리석게도 그의 말을 모두 믿어버렸다.

내가 DH 블레어로 간다는 말을 듣고 하버드 친구들 몇 명이 깜짝 놀라 만류했지만, 나는 친구들의 경고를 무시했다. 오만한 데다가 다소 반항적이었던 나는, 골드만삭스Goldman Sachs와 JP모건 등 유명 기관에 들어가는 표준 진로는 거부하겠다고 다짐했다. 나는 기업가 정신을 살려 스스로 길을 개척하고 싶었다. 나는 모튼이 내게 거절할 수 없는 제안을 했다고 착각했다. 그래서 절호의 기회를 잡았다고 생각한 나는, 월스트리트에서 일확천금을 기대하면서 계약서에 서명했다.

1993년 9월, 나는 부장이라는 거창한 직함을 받고 꿈에 부풀어 DH 블레어에 입사했다. 나는 2층의 불빛이 어둑한 목조 사무실에서 친절한 중년의 간부와 함께 근무했다. 그는 오랫동안 거래를 한 건도 못했지만, 투자은행에 어울리는 품격 있는 인물이어서 사무실의 분위기를 빛내주었다.

그러나 6개월도 지나지 않아 나는 비참한 기분이 들었다. 나는 잇달아 역경을 맞이했다. 우선 나는 회장의 유일한 보좌역이 되어 그에게 오는 여러 거래를 분석하고 관찰하면서 배울 기회가 있을 것으로 생각했다. 그런데 알고 보니 다른 보좌역이 둘이나 더 있었다.

우리 셋 모두 신출내기 MBA였다. 렌Len은 하버드 경영대학원 출신이었고, 드루Drew는 와튼Wharton(펜실베이니아대) 경영대학원 출신이었다. 우리는 한 팀이 아니었으므로, 서로 잡아먹고 잡아먹히는 상황이었다. 곧 깨달았지만, 내가 분석을 담당할 이유는 전혀 없었다. 월스트리트에서는 일상적인 현상을 나는 어렵게 깨달았다. 월스트리트에는 능력이 넘치는 사람들이 항상 남아돈다. 그래서 경쟁이 치열하다. 내 자리를 차지하려는 사람들이 뒤에 줄지어 서서 기다리고 있다.

이 상황에서 내가 가치를 창출하는 유일한 길이자 회사가 나에게 실제로 원하는 일은, 거래를 끌어오는 것이었다. 나는 도전할 태세가 되어 있었다. 이는 이 직업의 커다란 장점이었다. 그러나 회사 안팎에서 경쟁이 치열했다. 게다가 나는 새내기였다. DH 블레어에도 낯설었고, 투자은행업에도, 뉴욕에도 낯설었다.

그래도 나는 회사를 그만두지 않겠다고 다짐했다. 그만두면 패배를 인정하는 셈이다. 내 동창들에게 알려지면 나는 굴욕감을 느끼게 된다. 게다가 중도 포기자라는 낙인이 평생 나를 따라다니게 된다. 나는 자신에게 비치는 나의 모습보다도, 남들의 눈에 비치는 나의 모습이 마음에 걸렸다. 만일 그 반대였다면 나는 단 1분도 지체하지 않고 그곳에서 빠져나왔을 것이다. 미련 없이 그 회사를 그만두었을 것이다. 그러나 나는 어떻게 해서든 남들에게 성공하는 모습을 보이고 싶었다.

나의 유일한 목표는 거래 유치가 되었다. 거래를 유치하고 나면, 나는 승리를 선언하면서 당당하게 회사를 떠날 수 있다. 그래서 나는 가능성이 보이는 모든 거래를 조사했고, 여러 달 웃으면서 전화하고, 거리를 누볐다. 그러나 나는 여전히 빈손이었다. 나는 테스토스테론(남성 호르몬의 일종)을 대량으로 분출하면서 성공을 다짐했지만, MBA 졸업 후 첫 번째 업무에서 참담한 실패를 맛보고 있었다.

나의 문제는 단지 좋은 거래를 골드만삭스와 모건 스탠리 등 일류 회사에 빼앗기기 때문만이 아니었다. 주변에는 다른 기회가 얼마든지 있었다. 그러나 이런 거래를 유치하려면 내가 미처 몰랐던 사실을 깨달아야 했다. DH 블레어의 전문 분야는 벤처캐피털과 금융업이었다. 내가 이 회사에 매력을 느꼈던 이유 하나는, 세상을 바꿀 신기술을 갖춘 첨단 신생기업에 자금을 제공할 기회가 있기 때문이었다. 그리고 이 과정에서 나도 엄청난 부자가 되지 않겠는가? 나는 오만한 데다가, 월스트리트에 어울릴 정도로 탐욕스러웠다. 나는 열반涅槃에 이르는 지름길로 들어섰다고 확신했다.

그러나 정말로 유용한 기술이나 혁신을 갖추어 확실히 성공할 만한 기업은 지극히 드물다는 점이 냉혹한 현실이었다. 골드만삭스와 모건 스탠리 같은 유명 투자은행에서 자금을 지원 받은 기업들도 마찬가지였다.

절대다수는 '성공할지도 모르는' 기업 유형에 속했다. 필사적으로 꿈을 좇는 경영진은 수없이 많았으며, 이들은 자금 지원만 받을 수 있으면 무슨 일이든, 무슨 말이든 기꺼이 하려 했다. 관심을 끌려는 기업가들의 무차별 공격에 휘말려, 나는 내용도 파악하기 전에 형편없는 거래의 바다에 빠져 익사할 지경이었다.

내가 처음 고등학교에서 배우고 나서 하버드의 의사결정론 과목으로 배운 기대확률의 엄연한 논리에 의하면, 돈 벌 확률이 어느 정도는 있어야 내가 그 거래를 추천할 수 있었다. 실패한 거래는 수없이 많고, 투자 원금이 몇 배로 불어난 거래는 극소수에 불과하므로, 자금 지원을 받으려면 성공 확률이 대략 50% 이상은 되어야 한다고 계산했다. 그러나 얼마 후 나는 DH 블레어의 확률 기준이 훨씬 낮다고 믿게 되었다.

한번은 자금 조달을 원하는 상온 핵융합 벤처기업과 우리 은행 사이에 열린 회의에 불려간 적이 있다. 발표 자료를 공부하고 배경 자료도 어느 정도 읽은 뒤, 나는 불쑥 내뱉었다. "하지만 과학적으로 도무지 앞뒤가 맞지 않는군요!"

내가 암묵적으로 시사한 바는 "내가 진지한 표정으로 우리 판매 직원들에게, 이 엉터리 프로젝트가 제대로 진행될 거라고 말할 것 같소?"였다.

그러나 우리 은행은 새 우주 정거장을 건설하는 회사의 주식을 신규상장한 사례도 있다. 구소련 공직자 출신들이 세운 기업과 계약을 맺고, 카자흐스탄의 바이코누르 우주기지Baikonur Cosmodrome와 함께 사업을 진행하는 회사였다. 이 회사의 유일한 자산은 외국어로 대충 작성된 계약서였는데, 뉴욕이나 런던은 말할 것도 없고, 카자흐스탄 법정에서조차 법적 구속력이 없어 보였다. 상온 핵융합과 마찬가지로 이 사업도 제대로 진행될 확률이 매우 낮았다.

그러나 DH 블레어의 주력 사업이 바로 이런 유형이었다. 성공확률이 이례적으로 낮은 사업을 찾아내서, 아무것도 모르는 순진한 투자 대중에게 팔아넘기는 방식이었다.

공정하게 말하면 이런 사업들은 대부분 쓰레기여서 결국 실패했지만, 가끔은 대박이 터지기도 했다. 예를 들어 우리 은행은 초기 생명공학 기업에 속하는 엔조 바이오켐Enzo Biochem 주식을 신규상장했는데, 당시 수익이 없는 기업에 대해서는 상상할 수도 없는 일이었다. 이밖에 DH 블레어가 주식을 신규상장하는 기업 중에도 실제로 이익이 나오고 이익이 증가하는 기업이 가끔 있었다. 그러나 기업 대부분은 은행 돈벌이를 위한 소모품이었다.

거래 측면에서 보면, DH 블레어는 기업들로부터 현금 보수뿐 아니라 상당한 규모의 워런트도 받았다. 그리고 투자 측면에서 보면 DH 블레어는 대개 신규 상장 주식의 유일한 시장 조성자가 되었다. 매수-매도 호가 차이를 20%까지 벌려놓았으므로, 은행은 상장 주식을 사고파는 과정에서 두둑한 이익을 챙길 수 있었다. 수많은 월스트리트 기관들과 마찬가지로, DH 블레어도 고객들에게 막강한 우위를 행사했다.

그러나 주식 거래량을 늘리고 투자자 저변을 확대하려면 본격적인 무대 관리가 필요했다. 성공 확률이 낮은 기업을 그럴 듯하게 치장해서 대중이 열광하여 달려들게 하는 역할은 DH 블레어 분석가와 투자은행 간부들의 몫이었다. 이런 거래를 매끄럽게 진행해서 성공으로 이끌려면 다양한 사람들이 각자 역할을 담당해야 했다.

상온 핵융합과 우주 정거장 사업은 곧바로 돈이 되는 거래가 아니었다. 그러나 잠재력은 있었다. 사업 아이디어가 대중의 상상력을 사로잡을 수도 있다. 투자 대중이 상온 핵융합이나 우주 정거장에 열광하게 된다면, 신규 상장 주식이 하늘 높이 치솟아 단숨에 공모가의 몇 곱절이 될 수도 있다. 투자은행 관점에서 볼 때, 주가가 이렇게 상승하면 엄청난 성공을 거두게 된다. 회사가 결국 파산하더라도 말이다. 주가가 상승하면 은행은 워런트를 팔아 현금을 챙기며, 주식 매매에서도 이익을 얻는다. 마침내 회사가 파산하더라도, 주식에서 손실을 보는 사람은 DH 블레어나 주요 고객이 아니라 널리 이 주식을 보유한 투자 대중이 된다.

이렇게 일을 진행하려면, 수단 방법을 가리지 않는 공격적인 판매가 필요하다. 그래서 DH 블레어는 소매 증권중개 사업부를 만들어, 14층 텔레마케팅실에 맹렬한 중개인들을 채워놓았다. 이들은 공식적으로 다른 회사 소속이었으므로, 나 같은 투자은행 간부들과는 물리적으로나 법적으로나 분리되어 있었다. 이들은 'DH 블레어 앤드 컴퍼니D. H. Blair & Co.' 소속이었고, 나는 DH 블레어 투자은행 소속이었다.

소수의 간부 팀만 점잖은 모습으로 은행 전면에 나서는 동안, 중개인들은 숨어서 순진한 소매 투자자들에게 위험스러운 주식을 강매했다. 이들은 마틴 스코세이지 감독의 영화 〈더 울프 오브 월 스트리트Wolf of Wall Street〉에 등장하는 중개인들을 연상시켰다. 이 영화는 현실을 다소 과장했어도 현실을 오도하지는 않았다. DH 블레어의 14층에는 테스토스테론이 넘쳐흘렀다. 내가 들은 바로는, 가끔 창녀가 14층으로 올라가 그날 실적이 가장 좋은 세일즈맨을 위로해주었다.

중개인들은 우리 투자은행 간부들이 끌어오는 거래가 있어야 강매를 할 수 있었다. 은행 간부들이 2층의 근사한 목재 사무실에서 몸을 숨기고 지내는 동안, 14층에서는 놀라운 일이 진행되고 있었다.

나는 1년 정도 지나고 나서야 DH 블레어에서 나의 역할을 깨닫기 시작했다. 이런 불완전한 거래들의 (비현실적인) 잠재력은 강조하고 단점은 숨기는 방향으로 치장하는 역할이었다.

나는 세심하고 노련한 분석가가 될 필요는 없었다. 공들여 아이디어를 조사하고, 가능성을 분석하며, 최대한 정확하고 정직하게 실체를 설명해줄 법의학자 같은 분석가는 은행에 필요하지 않았다. 이제 돌이켜보니, 내 옥스퍼드 졸업장과 하버드 MBA 학위가 은행에 어떤 소용이 있었는지 분명하게 알 수 있었다. 때묻지 않은 자격증으로 이런 거래를 치장하는 용도였다.

상온 핵융합 회사 회의에 참석했던 일을 다시 돌아보니, 나는 정말로 순진했다. 회의 참석자들은 모두 내게 일정 역할을 기대하고 있었다. 아무도 말하진 않았지만 핵심 과제에 대해서 다음과 같은 암묵적 대화가 진행되고 있었다.

상온 핵융합 회사 경영진: 맞습니다. 우리는 당신네 DH 블레어 간부들에게 허튼소리를 하고 있습니다. 이 사업은 거의 틀림없이 실패할 것입니다. 그러나 우리는 오랜 기간 노력했고, 우리 개인 자금도 거액을 투자했습니다. 그래도 이 사업이 실패한다고 100% 확실하게 입증할 수 있는 사람은 아무도 없습니다. 게다가 투자자와 언론이 우리 사업에 열광할 가능성도 있습니다. 우리는 세계에서 유일하게 상장된 상온 핵융합 회사가 될 것입니다!

DH 블레어 간부들: 물론 이 사업이 성공할 가능성은 지극히 낮지만, 서로에게 필요한 사업입니다. 회사 경영진은 주식을 팔아 부자가 될 수 있고, 투자은행은 주간사 보수를 받고 주식을 거래해서 부자가 될 수 있습니다. 게다가 이 사업이 성공할지도 모르지 않습니까? 그러면 우리 고객들까지도 돈을 벌게 되지요.

이런 냉소적인 대화가 묵시적으로 오가는 중인데도, 나는 아무 생각 없이 이 사업이 엉터리라는 말을 내뱉었다. "상온 핵융합에 성공했다고 주장하는 사람은 수없이 많습니다. 당신들 자료에는 새로운 모습이 전혀 보이지 않는군요." 게다가 나는 눈치 없이 큰소리로 웃기까지 했다.

지나고 나서야 나는 곧바로 회의실에서 가장 미움 받는 사람이 되었다는 사실을 깨달았다. 나 같은 멍청이가 입을 다물지 않는다면 과연 이 거래가 성사될 수가 있겠는가? 이렇게 무모할 정도로 정직해서는 이런 환경에서 내가 성공할 방법이 없었다.

그러나 나는 실패를 인정하고 싶지 않았다. 그래서 두 배로 더 열심히 노력했다. 나는 더 많이 웃으면서 더 많이 전화했고, 더 많은 곳을 누비고 다녔다.

마침내 나는 성공 확률이 훨씬 높은 거래를 찾아냈다. 이번에는 내 손을 가슴에 얹고, 어느 정도 위험은 있어도 자금을 지원할 만하다고 말할 수 있었다. 이 회사는 1994년에 설립된 텔레칩스^{Telechips}로서, 컴퓨터와 전화용 통신장비 업체였다. 경영진 대표는 벨 연구소^{Bell Labs} 출신 앨 번스^{C. A. ("Al") Burns}와 베이비 벨^{Baby Bells} 세일즈맨 출신 랜디 피나토^{Randy Pinato}였다. 시대를 지나치게 앞서가긴 했지만 아이디어는 견실했다. 당시는 인터넷이 상용화되기 전이었으며 휴대전화가 막 도입된 시점이었다.

나는 노련한 투자은행 간부도 발견했는데, 하워드 필립스^{Howard}

Phillips는 나와 함께 거래 구성과 자금 조달을 하기로 했다. 필립스는 오펜하이머Oppenheimer에서 확고한 기반을 쌓았으며, DH 블레어에 와서 비상근으로 근무했다. 그는 일주일에 2~3일 근무했는데, 나를 어느 정도 좋아했다.

견실한 경영진을 발굴하여 필립스와 내가 자금을 조달해주겠다고 설득하고 나서, 나는 완전히 새로운 고통과 불쾌감을 맛보았다. 나는 필립스와 동등한 파트너라고 생각했지만, 이 거래에 대한 보수 배분은 50대 50이 아니었다. 필립스가 훨씬 더 큰 몫을 차지했다. 나는 돈보다도 자존심에 더 큰 상처를 입었다. 그래도 거래를 성사시키려면 이 조건을 받아들일 수밖에 없었다.

다음 단계는 이 거래를 승인받는 일이었다. 그동안 근무하면서 쓰레기 같은 거래를 자주 보아온 터라, 이 거래는 문제없이 통과하리라 생각했다. 필립스와 나는 투자위원회를 통과했고, 의향서를 작성했다. 의향서에는 텔레칩스의 적정 가치 산정과 우리가 조달할 자금 규모를 제시했으며, 자산실사due diligence 결과에 따라 조건이 바뀔 수 있다는 단서를 붙였다. 나는 황홀한 기분이었다.

앨과 랜디도 황홀한 기분이었으므로, 우리는 함께 축하했다. 그들은 이제 자금을 조달하느라 체력을 소모하는 대신 사업에 몰두할 수 있었다. 그들은 매우 믿을 만한 자금 조달원이 하나 더 있었지만, 내가 마음에 들어서 기꺼이 우리를 선택했다고 랜디가 내게 말했다.

나는 나중에 받을 보너스 중 일부를 이미 지출 중이었고, 이 소식을 하버드 동창회보 '클래스 노트Class Notes'에 어떤 식으로 알릴까 생각하고 있었다. "가이 스파이어, 하버드경영대학원 졸업 18개월 만에 첫 거래 성사." 정도가 떠올랐다.

이런 게임에 노련한 하워드 필립스는 예상되는 막대한 보너스를 한 푼도 쓰지 않았다. 그는 자산실사에 숨은 변수가 있다는 점을 짐작한 듯했다. 회장 모튼 데이비스는 자산실사 업무를 다른 젊은 간부에게 맡겼고, 그는 생트집을 잡아 거래를 파멸 단계까지 몰아갔다. 나는 도무지 믿을 수가 없었다. 그는 훨씬 형편없는 거래도 기꺼이 앞장서서 이끌어가던 사람이었다.

결국 텔레칩스 경영진은 터무니없는 요구에 의아해했고, 나는 대답해줄 수가 없었으며, 모두 다시 회의에 참석하게 되었다. 그동안 막대한 현금을 지출한 텔레칩스는 이제 자금이 절실하게 필요한 처지였다. 거래는 여전히 가능했으나, 생트집 탓에 적정 가치는 우리가 처음에 약속했던 것보다 훨씬 내려갔고, 주간사 보수는 훨씬 올라갔다.

랜디는 내게 전화해서 은행의 행태와 나의 기만에 질렸다고 말했다. 내가 할 수 있는 일이라곤 일이 이런 식으로 진행될 줄 정말 몰랐다고 말하면서 사과하는 정도였다. 그가 내 말을 믿어주길 바랐지만, 나는 아직도 확신할 수가 없다. 개인적으로는 그와의 우정은 물론 신뢰마저 잃어버렸다.

하루 이틀 뒤 텔레칩스는 새 조건을 받아들였다. 모두가 예상했던 대로다. 투자위원회는 회사를 기만하여 막다른 골목으로 몰아넣었던 것이다. 나는 몹시 화가 났고 역겨웠다. 특히 나 스스로에 대해서.

이제 돌아보니, 나는 도덕의 절벽 끝에서 비틀거리고 있었다. 의도적이든 아니든 내가 은행 문화에 조금만 더 끌려들어 갔더라도, 나는 절벽 아래로 떨어졌을 것이다.

실제로 내가 DH 블레어를 떠나고 몇 년 뒤, 이 은행은 규정을 위반한 탓에 옛 모습을 찾아볼 수 없을 정도로 규모가 축소되었다. 소매 증권중개업을 영위하던 DH 블레어 앤드 컴퍼니는 1998년 완전히 문을 닫았다. 2000년 〈월스트리트저널Wall Street Journal〉에 의하면, 이 소매 증권중개회사와 임직원 15명이 증권 사기혐의 173건으로 기소당했다.

무엇보다도 이 회사는 주가 조작과 불법 판매전술 혐의로 기소되었다. 회사 임원 4명(회장 켄튼 우드, 부회장 앨런 스탈러와 칼먼 레노프, 수석 트레이더 비토 카포토르토)은 증권 사기와 주가 공모에 대해 유죄를 인정했다. 〈USA 투데이USA Today〉 보도로는, DH 블레어 앤드 컴퍼니와 임원들은 사기당한 고객들에 대한 보상금으로 2,100만 달러를 지급했다.

투자은행은 별도 회사였으므로 무사했고, 회장 모튼 데이비스도 기소당하지 않았다. 그러나 두 사위 스탈로와 레노프가 기소당했으므로, 회장도 끔찍한 고통을 겪었을 것이다. 회장 자신도 언론으로부터 두들겨맞았다. 예를 들어 〈포브스Forbes〉는 1998년 기사에서 그를 "물의를 일으키는 투기적 저가주株의 왕 모튼 데이비스"로 지칭하면서, "유명 기관들은 상대하지 않는 기업들에 자금을 조달해주면서 부자가

된 인물"이라고 설명했다. 그러나 나는 하버드를 졸업하고 그의 밑으로 들어갔을 때, 그를 그런 사람으로 생각하지 않았다.

실제로 모튼은 그렇게 나쁜 사람이 아니었다. 나는 금요일 저녁 그의 집으로 가족과 함께하는 만찬에 초대받았는데, 친절하고도 따뜻하게 대해주는 그의 태도에 감동했었다. 그에게는 칭찬할 점이 많으며, 내가 평가할 수 있는 사람이 아니었다.

그렇더라도 DH 블레어의 문화를 보면, 그동안 규정을 위반했다는 사실이 전혀 놀랍지 않다.

내가 도덕의 절벽 끝에 얼마나 접근했는지는 확실히 모르겠다. 그러나 이제는 장담하는데, 누구도 그 근처에는 다가갈 생각조차 하면 안 된다. 돌아보면, 나는 동료들의 동기와 윤리를 위태로울 정도로 눈치채지 못했다. 이는 잘 교육받은 똑똑한 사람들조차 멍청해질 수 있다는 강력한 증거다.

나는 이 사업의 속성을 파악하기까지 너무도 오랜 시간이 걸렸으므로, 성공을 추구했다면 나의 남은 도덕성마저 모두 잃었을 것이다. 나는 여러 달 엉뚱한 질문을 던져놓고 답을 구하려 했다. 거래를 유치하기가 왜 이렇게 어려운지 궁금해하면서, 내게 틀림없이 무슨 문제가 있다고 고민하면서 애를 태웠다. 경험이나 관점이 부족했던 탓에 이 모든 문제가 환경에 있었음을 깨닫지 못했다.

문제 중 하나는 치열한 경쟁이었다. 내가 그 일을 하지 않으면 누군가 곧바로 가로챌 것으로 믿게 되었다. 이렇게 설계된 환경은 사람들을 어김없이 경계로 몰아간다. 이런 패턴은 월스트리트에서 끝없이 되풀이된다. 야망, 탐욕, 오만, 순진함에 이끌린 총명하고 근면한 사람들이 회색 지대로 몰려나 방황하게 된다.

그렇더라도 한 가지는 분명히 밝혀두겠다. DH 블레어 경영진 중 내게 거짓말을 하거나 사실을 왜곡하라고 직접 요구한 사람은 아무도 없었다. 업무의 큰 흐름은 순진한 대중에게 투자 기회를 왜곡하는 것이라고 내가 믿었지만 말이다.

예를 들어 내가 상온 핵융합 자산 실사를 완료했는데 아무 문제가 없었다고 주장했다면, 경영진이 좋아했을 것이다. 거래 완결에 필요한 단계 하나를 마무리했기 때문이다. 그러나 경영진은 그런 식으로 진행하라는 말을 전혀 하지 않았다. 이 게임에서는 규칙을 말로 표현하지 않는다.

나는 월스트리트에서 수없이 되풀이되는 패턴 또 하나를 DH 블레어에서 발견했다. 사람들은 누구나 돈을 벌고 싶어한다. 그래서 탐욕스럽지만 순진한 젊은 은행원이 경계에 접근할 때, 탐욕스러운 선임 간부들은 상황을 알면서도 짐짓 못 본 체한다. 리먼 브라더스Lehman Brothers에서는 이런 사람들이 부채 비율을 밀어올렸다. 컨트리와이드Countrywide는 서브프라임 모기지의 부도율을 무시했다. 'SAC 캐피털SAC Capital'은 만연하는 내부자 거래를 무시했다.

나는 DH 블레어에서 얻은 경험 덕분에, 월스트리트의 매우 다양한 환경 속에서 이런 일이 얼마나 자주 일어나는지 볼 수 있었다.

1990년대 말 기술주 거품 기간에, 순진한 대중은 과장 선전에 속아 형편없는 주식들을 사들였다. 예를 들어 메릴린치의 헨리 블로짓^{Henry Blodget} 같은 분석가들은 인터넷 주식을 과도하게 낙관하여, 형편없는 주식을 일류 주식으로 치장했다. 그 뒤에는 신용평가기관들에서도 똑같은 일이 벌어졌다. 분석가들이 다계층증권^{Collateralized Mortgage Obligations: CMO}과 부채담보부증권^{Collateralized Debt Obligation: CDO}에 무턱대고 높은 등급을 준 탓에, 결국 주택위기가 발생했다.

DH 블레어에서 속이 뒤틀리는 18개월을 보내는 동안 내 깨끗했던 평판은 더러워졌고, 내 경력은 바닥까지 떨어졌다. 내가 옥스퍼드와 하버드에서 쌓은 이력서와 평판은 가루가 되었다. 업계에서는, 특히 투자 분야에서는 평판이 가장 중요하다. 나는 DH 블레어를 떠난 다음에도 오랜 기간 상처가 회복되지 않았으므로, 내 손에 묻은 때를 씻어낼 수 없을 것 같았다.

지금 이 글을 쓰는 시점에도 소름이 끼친다. 한편으로는 이런 글을 쓰는 것이 실수가 아닌가 하는 생각도 든다. 하지만 누구나 상상할 수도 없을 듯한 일, 즉 잘못된 환경에 휘말려 도덕적으로 타락하기가 얼마나 쉬운지를 논의할 필요가 있다. 흔히 우리는 환경을 바꿀 수 있다고 생각하고 싶지만, 사실은 환경이 우리를 바꾼다. 따라서 우리는 지극히 조심해서 올바른 환경을 선택하고, 올바른 사람과 함께 일하고 어울려야 한다. 이상적인 방법은 우리보다 나은 사람들과 가까이 지내면서 그들을 닮아가는 것이다.

나는 DH 블레어 입사가 내 인생 최악의 실수로 남길 바란다. 다행히 나는 무너지지 않았다. 〈외상을 통해서 뿌리깊은 회복력이 드러난다Trauma Reveals the Roots of Resilience〉라는 논문에서 심리학자 다이애나 포샤Diana Fosha는 어니스트 헤밍웨이의 글을 인용했다. "세상 사람 모두가 상처를 받지만, 상처를 통해 강해지는 사람도 많다." 그러면 어떤 사람은 왜 외상에 무너지지 않고 더 강해질까?

이는 사업과 투자에 대해서도 던질 만한 훌륭한 질문이다. 워런 버핏은 30대 시절 커다란 실수를 저질렀다. 적자를 내고 있는 직물 회사 버크셔 해서웨이Berkshire Hathaway에 투자한 것이다. 그는 이 실수 탓에 무너질 수도 있었지만, 나중에 버크셔 해서웨이를 인생의 훌륭한 기념비로 바꿔놓았다. 그는 벤저민 그레이엄이 가르쳐준 (버크셔 같은) 담배꽁초 주식에 투자하는 대신 우량기업에 투자하는 방법을 배웠기 때문이다. 어쩌면 DH 블레어가 내게는 담배꽁초와 같아서, 독소충격을 경험하게 해주었는지도 모른다.

인생에서 쓰러졌다가 다시 일어나는 사람들이 성공하는 현상은 매우 당연해 보인다. 우리 교육의 핵심 요소는 실수로부터 배우는 것이다. 만일 우리가 실수를 하지 않는다면, 전혀 배우지 못할지도 모른다. DH 블레어에서 겪은 대실패는 내게 가치투자를 가르쳐준 핵심 요소였다.

내가 배운 가장 큰 교훈은, 평판을 더럽힐 일은 절대 하면 안 된다는 것이다. 버핏은 이렇게 경고했다. "평판을 쌓는 데는 20년이 걸리지만, 무너뜨리는 데는 5분 걸립니다. 이 사실을 생각해보면 행동방식이 달라질 것입니다." 또 다른 교훈은 나의 직업 환경과 지식 환경을 바꿀 수 있다면 무슨 일이든 해야 한다는 것이다.

워런 버핏의 세계를 발견했을 때, 나는 구명 밧줄을 발견한 기분이었다. 그 발견 시점은 내가 우연히 텔레칩스 거래 기회와 마주친 어느 여름날이었다. 당시 나는 인생에 깊은 환멸을 느끼고 있었다. 이제는 2층 DH 블레어 내 책상 앞에서 점심 샌드위치를 먹지 않았다. 이런 경력을 쌓고 싶은 욕망도 사라졌지만, 그만두면 실패자나 중도포기자처럼 보일까 두려워서 어찌할 바를 모르고 있었다.

탈출구를 찾고 있던 나는 점심때에 사무실을 몰래 빠져나와, 노점상에서 팔라펠(중동의 야채 샌드위치)이나 샤와르마(중동의 고기 샌드위치)를 사먹었다. 그리고서 세계무역센터 그늘이 드리운 즈카티 공원을 거닐다가 픽업 체스pick-up chess를 몇 판 했다.

돌아오는 길에 나는 종종 월스트리트에서 조금 벗어난 브로드웨이의 경영서 전문서점에 들러 서가를 둘러보았다. 여기서 내가 처음으로 산 책은 프랭크 파보치Frank Fabozzi의 《채권시장, 분석과 전략Bond Markets, Analysis and Strategies》였다. 자산-부채 매칭과 채권 듀레이션 측정에 관한 그의 기술적 논의는 내 마음을 사로잡았다. 그래서 한동안 나는 채권 트레이더가 된 나의 모습을 상상하기도 했다.

또다시 이 서점에 들렀을 때, 나는 버핏이 서문을 쓴 벤저민 그레이엄의 주요 저서 《현명한 투자자The Intelligent Investor》를 집어들었다. 나는 이 책을 내려놓을 수가 없었다. 주식은 사고파는 종이쪼가리가 아니라 실제 기업의 일부로 생각하면서 보유해야 한다고 그레이엄은 웅변적으로 말했다. '미스터 마켓Mr. Market'을 조울증 환자처럼 대하면서, 그의 변덕을 이용해야 한다는 말도 했다. 시장은 탐욕과 공포 사이를 오가므로, 기업의 내재가치에 명석하게 주목하여 가격과 가치의 괴리를 이용하면 큰돈을 벌 수 있다고도 했다. 우리는 가끔 무엇이 옳은지를 직감할 수 있다. 내게는 가치투자 철학이 너무도 합리적이고 자명해 보였다.

머지않아 나는 로저 로웬스타인Roger Lowenstein이 쓴 탁월한 전기 《버핏-21세기 위대한 투자신화의 탄생Buffett: The Making of an American Capital-ist》도 읽었다. 버핏의 인생에 관한 상세한 이야기에 나는 넋을 잃었다. 그가 살아온 방식과 내가 살아온 방식처럼 명확하게 대조되는 인생도 없을 듯했다. 그리고 내가 DH 블레어에서 경험한 거래 방식과 그의 사업 기풍처럼 극명한 대조도 없을 듯했다. 버핏은 뱀 구덩이에서 활동하지 않았다. 그는 열심히 살아가는 대중에게 온갖 구실을 붙여 쓰레기 증권을 팔아넘기지도 않았고, 중개수수료를 더 챙기려고 동료를 배신하지도 않았다.

내가 어떻게 이런 식으로 살았는지 도무지 이해할 수가 없었다. 그러나 이곳에서 벗어나 그가 있는 곳으로 다가가고 싶은 마음만은 간절했다. 내가 도덕의 수렁에서 빠져나올 수 있도록 그가 손을 내밀어 주는 듯했다. 나는 그에게 필사적으로 매달렸다.

내가 그 어두운 곳에서 벗어나 이곳 열반^{Nirvana}으로 온 여정을 이 책에 담았다.

엘리트 교육의
위험성

02

나는 앞으로 나아가려면 문제점을 고쳐야 했다. 그리고 문제점을 고치려면 나의 문제가 무엇인지 파악해야 했다. 그래서 우선 내가 왜 DH 블레어에 갔는지부터 자신에게 물어보았다. 똑똑하다고 소문난 내가 무엇에 홀렸기에 그토록 어리석은 일을 저질렀을까? 내게는 다른 대안도 많지 않았던가? 나는 나의 내면부터 점검하기 시작했다. 여기서 떠오른 생각 하나는, 상아탑 교육 탓에 내가 취약해져서 이런 위험에 노출되었다는 점이다.

DH 블레어로 간 것은 내가 옥스퍼드와 하버드에서 받은 교육의 목적을 배신한 행위였다. 나는 세계 최고 교육기관을 졸업하고서도 뜻하지 않게 금융계 비리의 공범자가 되었다.

교육이 나를 망쳤을까? 아니면, 심지어 내가 교육을 망쳤을까?

나는 동료 집단의 일원이기도 하므로, 더 거창한 질문을 던질 수도 있겠다. 엘리트 경영대학원에서 고등교육을 받은 특권층 출신 중에 2008~2009년 금융위기를 악화시킨 사람이 왜 그렇게 많을까? 교육이 우리를 망쳤을까? 아니면 우리가 교육을 망쳤을까? 금융위기의 주범들을 배출한 일류 대학들은 아직 이 질문에 대해 답을 내놓지 않았다.

나는 답할 자격이 안 되지만, 이런 질문을 던지지 않을 수 없다. 그동안 내가 살아온 인생은 내 동료가 살아온 인생 중 극단적 사례에 불과하기 때문이다. 우리는 자신의 지성과 능력을 굳게 확신하면서 금융계에 들어갔으나, 금융계 시스템은 우리에게 해악만 끼쳤다.

엘리트 교육에 불리한 요소가 있다는 점이 불편한 진실이다. 나는 정규 교육을 마쳤을 때와 이후 약 10년 동안, 이 불리한 요소를 의식하지 못했다. 어떻게 보면 나는 눈을 감고 자동조정장치에 몸을 맡긴 채, 내 인생에서 가장 생산성 높은 기간을 낭비했다. 누구든 나와 비슷한 교육을 받은 사람이라면 나처럼 자신을 근본적으로 뜯어고치고 재설계해야 할 것이다.

나의 투자에 영향을 가장 많이 미친 사람은 모니시 파브라이 Mohnish Pabrai다. 그는 인도 출신 미국 이민자로, 나보다 훨씬 높은 수익률을 기록했다. 그는 옥스퍼드나 하버드가 아니라, 사우스캐롤라이나 클렘슨대학교Clemson University에서 공부했다. 모니시와 내가 워런 버핏과 자선 점심을 먹을 때, (하버드 경영대학원에 응시했다가 떨어진) 버핏은 우리가 어느 학교 출신인지에 대해 전혀 관심이 없었다.

오해하지 말기 바란다. 옥스퍼드와 하버드는 훌륭한 교육기관이며, 우리 문명 발전에 엄청나게 이바지했다고 나도 인정한다. 그러나 이들을 떠받들다 보면, 이들의 약점을 간과할 수 있다. 따라서 내가 이들에 대해 너무 가혹하게 말하더라도, 단순히 깎아내리려는 뜻이 아니라 잘 되길 바라는 애정의 표현으로 이해해주기 바란다.

문제는 고상한 학구적 사고로 멋진 교육을 받으면 장기적으로 성공에 불리할 수 있다는 점이다. 이렇게 교육받은 사람은 포뮬러 원(최고급 자동차 경주대회)에 출전하는 페라리로 비유할 수 있는데, 실제로 세상에 필요한 것은 다양한 환경에서 잘 굴러가는 강인한 지프^{Jeep}다.

이해하기 쉽도록 우선 내가 받은 정규교육의 특성을 설명하겠다. 나는 원래 고아를 위해 설립된 자립형 사립고등학교에서 옥스퍼드대로 진학했다. 잘 속는 부모들은 이 학교가 훌륭한 사립학교라고 생각했으나, 사실은 그저 그런 입시준비학원이었다. 그래서 명문대학에 최대한 많은 학생을 입학시키는 방향으로 교육이 진행되었다. 물론 훌륭한 선생도 있었지만, 대부분 선생이 추구하는 바는 진정한 교육이 아니었다. 이들은 단지 상급시험(대학 입학 자격시험)과 대학 입학시험 성적 높이는 방법만 분석했다. 이렇게 구성한 시스템으로 우리 점수를 높이려고 계속 반복연습을 시켰다.

내가 치른 옥스퍼드 입학시험 과목은 수학, 물리, 영어^{General Paper}였다. 결과가 어땠을까? 이 시스템은 효과적이었다. 나는 훈련을 매우 잘 받은 덕분에, 한 과목에서 문제를 터무니없이 잘못 읽었는데도 옥스퍼드 브레이지노스대학^{Brasenose College} 법학과에 입학했다.

그러나 이제는 내가 모르는 분야까지 폭넓게 교육받은 학생들과 함께 공부하게 되었다. 내가 법학이나 법철학을 좋아하긴 했지만, 교육과정에 따라 매주 영국 관습법 사례를 수십 건이나 다뤄야 했다. 이제 영국 관습법은 엄청난 과목이 되었다. 우리 가족은 7년 전 영국에 이민 왔으므로, 18세에 불과한 나는 영국 사회와 역사에 대해 아는 것이 없었다. 나는 버튼을 누르면 지구 상의 관습법전이 모조리 소각되는 꿈을 밤마다 꾸기 시작했다. 오랜 기간 되풀이되는 꿈을 무시하는 것은 결코 좋은 방법이 아니다.

이 경험을 내 친구 앤드루 펠드먼^{Andrew Feldman}(지금은 영국 보수당 의장 앤드루 펠드먼 경)의 경험과 비교해보자. 그는 영국 역사와 세계 역사를 엄청나게 많이 공부했으므로, 현재와 과거의 사회적 맥락에서 법을 평가할 수 있었다. 그에게는 법이 그동안 공부한 모든 내용을 매혹적으로 축소한 것이었다. 그러나 내게는 법이 빠져나오기 어려운 늪과 같았다. 나는 입시 준비만 했을 뿐 폭넓은 분석의 틀은 배우지 못했다. 이 대목에서 중요한 교훈을 얻었다. 훌륭한 학교의 훌륭한 교육과정에 들어가는 것만으로는 부족하다는 사실이다. 우리는 인생의 각 단계에 맞춰 필요한 교육을 받아야 한다. 당시 나에게 필요한 교육은 법학이 아니었다.

이런 불만에 쌓여 있을 때, 나는 대학 안뜰에서 늘 마주치던 브레이지노스 경제학 교수 피터 싱클레어^{Peter Sinclair}를 주목하게 되었다. 그는 모든 학생에게 그러듯이, 내게도 항상 친절한 미소를 지어주었다. 그를 만나본 사람은 누구나 그의 인정 넘치는 마음을 느낄 수 있었다. 2학년 생활이 끝나가던 어느 날 아침 눈을 떴을 때, 나는 이제 법학을 단 하루도 더 공부할 수 없음을 실감했다. 도저히 억제할 수 없는 힘이 내 안에서 솟아난 느낌이었으므로, 더 숙고할 여지가 없었다.

인생에서 이렇게 명확하게 느낌이 오는 순간은 매우 드물다. 그러나 우리가 이런 본능을 따르려 하면 가장 가까운 사람들조차 의아해할지 모른다. 비록 설명할 수 없더라도, 우리는 이런 비합리적 확신에 관심을 기울여야 한다고 믿는다. 합리적 분석을 지나치게 강조하는 학교 교육에서는 이렇게 설명하기 어려운 본능과 갈망 따위는 무시하려 할 것이다. 그러나 우리는 자신의 심층 심리를 존중할 필요가 있다. 이는 조지 소로스George Soros가 요통을 느낄 때마다, 이를 자신의 포트폴리오에 뭔가 문제가 있다는 신호로 받아들이는 방식과 일맥상통한다. 정신과 육체의 경계를 누가 구분할 수 있겠는가?

나는 아내 로리와 결혼을 결심할 때에도 이렇게 명확한 느낌이 왔다. 나는 온몸과 마음으로 우리가 함께해야 한다고 느꼈다. 나는 가치투자를 발견했을 때에도 똑같이 명확한 느낌이 왔다. 나는 이것이 내게 맞는 길이라고 생각한 정도가 아니라, 정말로 확신했다. 나는 워런 버핏 역시 거의 무의식적으로 대단히 복잡한 분석을 하면서 투자 결정을 똑같은 방식으로 한다고 확신한다.

우리 모두 인생을 살아가면서 이런 순간을 몇 번은 경험한다. 그러나 이런 느낌에 따라 행동하려면 용기가 필요하다.

어쨌든 나는 피터 싱클레어 교수의 연구실로 찾아가서, PPE(정치, 철학, 경제학) 과정으로 전과하여 경제학을 공부해도 좋은지 물어보았다. 교수가 무엇에 홀렸기에 나의 전과를 허락하고 도와주었는지를 나는 지금까지도 전혀 알지 못한다. 그러나 교수 덕분에 나의 인생이 송두리째 바뀌었으므로, 나는 그에게 한없이 감사하는 마음이다. 나는 PPE 학생이 된 순간, 다시 세상과 연결된 느낌이었다. 이제는 복잡하고 따분한 판례법을 읽지 않아도 됐으므로, 내 공부 부담이 한결 가벼워진 느낌이었다. 우리 자신의 행복을 추구하면 새 길이 열리고, 삶의 기쁨을 느끼게 된다는 조셉 캠벨Joseph Campbell의 조언은 과연 옳았다.

그러나 머지않아 나는 다시 허우적거렸다. 나는 이 과목을 엄청나게 좋아했지만 매우 불리한 점이 있었다. 나는 대학생활 2년 동안 정치학, 철학, 경제학을 단 하루도 공부한 적이 없으므로 이 과목을 도무지 이해하지 못했다. 몇 달이 지나자 학교 당국에서 경고했다. 내 성적이 향상되지 않으면 퇴학시킨다는 말이었다.

나는 구제불능일 정도로 무식했으므로, 늘 밤을 지새우면서 근근이 과제물을 작성했다. 나는 다른 학생들보다 훨씬 뒤처져 있었다. 다른 학생 중에는 나중에 영국 총리가 된 데이비드 캐머런David Cameron도 있었는데, 그는 이튼Eton 고등학교 시절부터 교육을 잘 받은 덕에 대단히 총명하고 논리정연했다. 나는 다른 학생 네댓 명과 함께 앉아 경제학 개별지도를 받았는데, 그는 영국 역사와 정치에 대해 나보다 훨씬 박식했으므로 그의 앞에서는 말하기가 두려웠다. 교수조차 그에게 감명받을 정도였지만 그에 비해 나는 아는 것이 거의 없었다.

캐머런이 정치학 개별지도 중 버넌 보그대너Vernon Bogdanor 교수(지금은 여왕 고문 겸 총리 고문인 유명한 헌법학자)와 나눈 박식한 토론에 대해서 학생들은 농담을 주고받곤 했다. 캐머런과 보그대너는 빅토리아 여왕 시대 총리인 디즈레일리Disraeli와 글래드스턴Gladstone 중 누가 더 유능한 지도자였는지에 대해 점심도 잊은 채 토론에 열중하기도 했다. 나는 영국 역사 지식도 빈약하고 정치 시스템의 기본도 거의 이해하지 못했으므로, 이런 이야기를 들으면 비참할 정도로 무력감을 느꼈다.

내가 선택한 경쟁 방식은 자신 있는 주제에 맹렬하게 집중하는 것이었다. 나는 정치철학과 사랑에 빠졌으므로, 존 롤스John Rawls의 정의론과 기타 난해한 주제에 대해 토론하고 거들먹거리면서 수많은 시간을 보냈다. 퇴학을 당하거나 바보 취급당할까 두려웠던 나는, 현란한 지식을 과시하는 방식으로 나의 불안감을 숨기게 되었다. 나는 이 똑똑한 집단에서 인정받고 존경받으려는 욕구가 강했다. 내 방식이 먹혀들 때에는 재미있었지만, 먹혀들지 않을 때에는 재미가 없었다.

나는 워런 버핏이 말하는 이른바 '외면적 평가outer scoreboard'에 매달렸다. 나는 사람들로부터 인정받으려고 발버둥쳤지만, 이렇게 하면 잘못되기가 매우 쉬웠다. 대중은 침착한 분석보다는 탐욕과 공포에 휩쓸리기 쉬우므로, 이 방식은 투자에도 위험하다. 그러나 일류 학교에서는 주로 외면적 평가를 사용했으므로, 다른 사람들로부터 인정받는 것이 정말로 중요했다.

그래서 나의 형성기에 심각한 결함이 축적되었다. 가치투자자들은 독자적인 길을 갈 수 있어야 한다. 가치투자를 하려면 대중의 잘못을 찾아내서 이들의 착각을 이용해야 한다. 그러려면 자기 자신에 대해서는 '내면적 평가'를 적용해야 한다.

훌륭한 투자자가 되려면, 내면적 평가로 나 자신을 인정해야 한다. 나에게 정말로 중요한 것은 남들의 인정이 아니라, 나 자신의 인정이다.

물론 당시에는 이런 생각을 하지 못했다. 그래서 나는 학계에서만 통하는 원칙에 통달하려고 노력했다. 나는 독자적으로 생각하여 즉시 날카로운 답변을 던짐으로써, 동료와 교수의 관심을 끌려고 했다. 지금도 이 방법을 쓸 때가 있다. 불안감을 느낄 때면 나는 옥스퍼드에서 했던 대로 현란한 지식을 과시한다. 그러나 이 기술은 대학이나 엘리트 지식인들이 모인 몇몇 상황에서만 유용하다는 사실을 나중에야 깨달았다. 모니시 같은 사람에게는 이런 현란한 기술이 없다. 그러나 그는 현실 세계에서 훨씬 더 실용적이고 효과적인 방식으로 공부했으므로, 나보다 훨씬 똑똑하다.

문제는 그토록 고상한 롤스의 정의론을 공부하고서도, 나는 DH 블레어가 뱀 굴인 줄 몰랐다는 사실이다. 게다가 마침내 내가 뱀 굴에 빠졌다는 사실을 깨닫고 나서도 여러 달이 지나서야 빠져나오려고 몸

부림쳤다는 것이다. 나는 DH 블레어에서 즉시 빠져나올 만큼 상식도 도덕적 용기도 없었는데, 과연 내가 교육을 잘 받았다고 할 수 있겠는가?

일류 대학들은 모든 총명한 젊은이들을 천편일률적으로 교육한다. (나를 포함해서) 이들은 여전히 어리석고 부도덕한 선택을 한다. 엘리트 교육을 받고서도 부도덕한 투자은행, 증권회사, 신용평가기관, 채권보증회사, 주택담보대출회사에서 빠져나오지 못하는 동료들이 수없이 많다. 이제 대학 교육자들의 자기성찰이 필요하지 않겠는가?

나는 옥스퍼드에서 경제학을 공부한 덕분에 분석기술과 추론능력을 갖추었다. 그래서 다양한 경제정책이 시사하는 바를 분석하여 알아낼 수 있다. 이런 전문 지식은 고상할 뿐 아니라, 경제정책을 이해하는 데에도 실제로 매우 중요하다. 그러나 우아하긴 해도 현실 세계에는 전혀 쓸모없는 경제이론도 있다. 나는 이런 이론들을 비판할 능력도 없었고, 비판을 했더라도 학계에서는 나를 이단으로 취급했을 것이다. 그래서 나는 아무 질문도 던지지 않고 이런 이론을 모두 받아들였다.

그 대표적인 예가 효율적 시장 가설로서, 이론상으로는 강력하고 유용하다. 이 가설은 증권 가격에 시장의 모든 정보가 반영되어 있다고 가정한다. 이 가정은 투자자들에게 시사하는 바가 크다. 이 가정이 옳다면, 주식시장에 저평가 종목이 존재하지 않는다. 차익거래에 의해서 저평가 현상이 곧바로 사라지기 때문이다.

그러나 현실 세계는 전혀 그렇지 않다. 나는 이 사실을 깨닫기까지 10년이 걸렸다. 내 경제학 교육과정 일부는 매우 가치가 있었으므로, 나는 나머지 교육과정도 모두 가치가 있을 것으로 생각했다. 그래서 현실 세계의 문제 해결능력을 키우는 대신, 시험성적을 매기는 교수들로부터 높이 평가받는 능력을 키웠다. 교수들은 효율적 시장 가설이 현실적인지에 대해서 진지한 질문을 던지지 않았다. 그래서 나도 그런 질문을 던질 필요가 없었다.

나는 효율적 시장 가설을 아무 의심 없이 받아들였으므로, 몇 년 뒤 하버드 경영대학원에서 워런 버핏을 처음 만났을 때에도 그에게 전혀 관심이 없었다. 시장이 효율적이라면, 저평가 종목을 찾으려고 노력해도 아무 소용이 없기 때문이다. 나는 학교에서 높은 점수만을 추구했으므로, 관심 범위가 지극히 좁아진 나머지 내 코앞에 놓인 문제조차 인식하지 못했다.

이는 심각한 문제를 예고하는 신호다. 대학은 독립적 사고를 가르치려고 설립된 기관인데도, 종종 우리의 사고를 가로막아 오히려 해를 끼친다. 찰리 멍거는 1995년 하버드 법학대학원에서 열린 '사람들이 잘못 판단하는 24가지 원인Twenty-Four Standard Causes of Human Misjudgment'이라는 대담에서 바로 이 문제를 논의했다. 스키너B. F. Skinner는 행동주의에 대해 부정적 증거가 많았는데도 모든 심리학자에게 영향을 미쳐 행동주의를 지지하게 했다고 멍거는 설명했다. "과학은 장례를 통해서 발전한다."라는 농담도 있다.

나는 옥스퍼드에서 받은 교육이 근본적으로 잘못되어 현실 세계를 전혀 몰랐는데도, 경제학과를 수석으로 졸업했다. 잠시 생각해보면, 이는 걱정해야 할 문제다. 그런데도 나는 자신감과 오만이 넘쳐흘렀다.

나는 빛나는 졸업장을 받고 '브랙스턴 어소시에이츠Braxton Associates'라는 전략 컨설팅 회사에서 근사한 일자리를 얻었다. 고위 경영진이 모두 하버드 경영대학원 출신이었으므로, 나는 2년 뒤 하버드 경영대학원에 입학을 신청해서 합격했다.

하버드 교육과정은 전적으로 실제 기업의 사례연구였다. 우리는 이론에 집중하는 대신, 실제로 발생한 사례를 집중적으로 토론했다. 이 방식은 옥스퍼드 방식보다 훨씬 더 활발하고 실용적이었다. 사례연구를 통해서 새로운 사실과 환경을 분석하면서 유용한 간접 경험을 얻을 수 있었기 때문이다. 그러나 하버드 역시 나의 자만심을 키워주었다. 나는 빛나는 졸업장을 받은 '뛰어난 인물'이므로, 세상에서 우아한 삶을 누릴 자격이 있다고 생각했다.

나의 하버드 경영대학원 첫 학기에 워런 버핏이 와서 연설했다. 무식하고 오만했던 나는 버핏이 단지 운 좋은 투기꾼에 불과하다고 생각했다. 내가 옥스퍼드에서 배운 이론에 의하면, 시장은 효율적이므로 저평가된 종목을 찾으려 해도 아무 소용이 없었다. 버핏이 실제로 시장의 비효율성을 이용해서 거액을 벌었다고 받아들이려면, 나는 힘들여 획득한 지식을 모두 내버려야 했다. 그래서 사실이 이론과 일치하지 않을 때 사람들이 흔히 그러듯이, 나도 사실을 무시하고 이론을 고수했다. 당시 내가 그를 직접 만났다면 "버핏 씨, 사실로 나를 혼란스럽게 하지 마세요. 나는 효율적 시장을 굳게 믿고 있으니까요."라고 말했을 것이다.

그러나 솔직히 말하면 나는 2학년 여학생을 찾으러 강연장에 들어간 것이다. 전날 밤 다른 친구와 외출하여 나를 화나게 했기 때문이다. 나는 버핏이 강연하는 동안 자리에 앉아 있지도 않았으므로, 그가 한 말을 한마디도 기억하지 못한다.

내가 자존심 탓에 배움을 거부했던 사실을 돌아보면, 우스우면서도 슬프다. 반면에 버핏은 끊임없이 배우면서 자신을 계속 향상시킨 덕분에 크게 성공했다. 멍거는 이렇게 말했다. "버핏은 젊은 시절보다도 70대와 80대에 여러모로 더 나아졌습니다. 누구든 계속 공부하면 놀라울 정도로 유리해집니다." 그러나 당시 나에게는 버핏이 시간 낭비일 뿐이었다.

그러나 학생이 배울 준비가 됐을 때 스승이 나타난다는 말도 있다. 과연 워런 버핏은 4년 뒤 내 인생에 다시 나타났다. 《현명한 투자자》의 서문을 통해서, 그리고 로웬스타인이 쓴 전기 《버핏 - 21세기 위대한 투자신화의 탄생》을 통해서도 나타났다.

당시 나는 DH 블레어에서 지옥을 경험하고 있었다. 나는 오만이 철저히 짓밟혔으므로, 이제는 버핏의 가르침을 배울 준비가 되었다. 나는 DH 블레어에서 심하게 굴욕당하여 겸손해졌으므로 내가 지금까지 믿던 모든 것을 재검토하게 되었다. 역경은 이렇게 유용해지기도 한다.

물론 아이러니한 면도 있다. DH 블레어 입사는 내 인생에서 최악의 결정이었다. 그러나 선물이기도 했다. 굴욕을 통해서 마음을 열게 되었을 뿐 아니라, 일류 대학에서 절대 배울 수 없는 교훈을 배웠기 때문이다. 역설적이게도 DH 블레어는 내가 경력을 시작하기에 완벽한 직장이었다. 월스트리트의 온갖 잘못을 있는 그대로 생생하게 보여주었기 때문이다. 자신의 이익을 늘리려고 진실을 왜곡하고, 고객을 섬기는 대신 착취의 대상으로 삼는 모습을 바로 가까이서 보았다.

나쁜 측면을 보자면 골드만삭스나 JP모건 같은 일류 투자은행도 크게 다르지 않다. 다만 고객을 속일 때 훨씬 화려한 허식을 동원할 뿐이다.

나는 워런 버핏이 세운 원칙을 이해하기 시작하면서, 다른 방법으로도 성공할 수 있음을 깨달았다. 이를 통해서 내 인생이 바뀌었다.

불 속 걷기:
가치투자의 첫걸음

나는 DH 블레어를 그만두고서 일자리를 찾느라 고전했다. 깨끗했던 이력서에 지울 수 없는 오점이 생겼기 때문이다. 나는 실수로 DH 블레어의 주장을 선의로 해석했지만, 내가 입사지원한 기업들은 나의 주장을 선의로 해석해주지 않았다.

내 이력서가 강력했던 덕분에 나는 골드만삭스, 샌퍼드 번스타인 Sanford Bernstein, 크레딧 스위스 퍼스트 보스턴 Credit Suisse First Boston에 응시해서 면접단계까지 갈 수 있었다. 그러나 나는 손상된 상품이어서, 아무도 나를 고용하려 하지 않았다. DH 블레어의 평판을 아는 월스트리트 내부자들은 내가 현실을 모르는 멍청이거나 회색지대를 넘나드는 위험한 녀석이라고 보는 듯했다. 어느 쪽으로 보든, 그들은 나를 고용하려 하지 않았다.

낙방 횟수가 늘어가면서 나의 실망도 깊어졌다. 내 머릿속 깊숙한 곳에서는 '낙방'과 '구직 불가'라는 단어가 '실패'와 '타락'이라는 단어와 밀접하게 연결되었다. 나는 정말이지 외톨이라는 느낌이 들기 시작했다. 이때 나의 내면에서 비판하는 소리가 들렸다. "입사지원을 하면 뭐해? 그래 봤자 아무 소용없어." 더 심한 비판소리도 들렸다. "또 시작이군. 얼간이야, 너는 항상 실패해. 너는 금융계에서 절대 성공 못해."

머지않아 나는 자신의 잘못을 뜯어고치고 다시 비상할 방법을 찾기 시작했다. 세부사항은 사람마다 다르겠지만, 전반적인 과정은 재기를 갈망하는 모든 사람에게 공통적이다. 나는 자신을 재교육해야 했다. 또는 잘못 배운 내용을 지워버리는 작업이기도 했다.

이 과정은 전혀 예상하지 못한 방식으로 시작되었다. 나는 자기계발 전문가 토니 로빈스Tony Robbins를 발견했다. 그의 이름은 스탠퍼드에서 박사를 딴 매우 똑똑한 스위스인 부부와 대화하던 중 튀어나왔다. 내게는 경제학과 재무학에 일가견 있는 진지한 사상가라는 자부심이 있었다. 나는 박식한 척하는 속물근성 탓에 로빈스 같은 사람은 무시하기 일쑤였다. 일류 교육을 받은 내가, 과연 우둔한 미국인으로부터 배울만한 것이 있다고 생각했겠는가?

이름을 말해준 친구들이 박사 학위를 소지한 유럽인이 아니었다면, 나는 로빈스에 대해 더 알아보지도 않았을 것이다. 이는 당시 나의 천박한 지성을 드러내는 행태여서 인정하고 싶지 않았다. 그러나 내가 편견을 버리고 모든 사람에게 배우려는 자세를 갖춰야 지혜의 길로 들어설 수 있었다.

나는 샌프란시스코에서 거닐면서 주말을 보낼 계획이었다. 그러나 스위스 친구 다이애나 와이스가 샌프란시스코에서 로빈스의 세미나가 열리며, 내 인생이 바뀔 것이라고 내게 말해주었다. 세미나 제목은 "내면의 힘을 풀어내라."였다. 나는 지극히 회의적이었지만, 고집을 꺾고 세미나에 참석했다.

돌아보니 세미나 참석은 내 인생에 유리한 전략이었다. 불확실하더라도 긍정적 가능성이 큰 대안이라면, 나는 항상 그 대안을 선택한다. 수익을 자주 얻지는 못해도, 가끔 크게 얻기 때문이다. 내가 이 복권을 더 자주 뽑을수록 잭팟이 터질 확률이 더 커진다. 이는 모니시 파브라이가 저서《주식투자 백전백승의 법칙 단도투자The Dhandho Investor: The Low-Risk Value Method to High Returns》에서 설명한 강력한 투자철학이다. 그는 "앞면이 나오면 내가 따고, 뒷면이 나와도 많이 잃지 않는다."라고 설명했다.

샌프란시스코 교외의 컨벤션 센터를 둘러보면서, 내가 여기서 도대체 무슨 짓을 하는 중인지를 생각했다. 약 2,000명이 모인 이 집회는 일종의 사이비 종교행사처럼 보였다. 로빈스라는 녀석은 자기 홍보를 해댔고, 잡다한 낙오자 무리가 그의 주변에 몰려들었다.

로빈스는 다부진 체격의 전형적 캘리포니아 출신처럼 보였다. 키는 거의 2미터였고, 강연에서는 열정이 전달되었다. 사람들은 펄쩍펄

쩍 뛰면서 소리질렀다. "예! 예! 예! 나는 선한 힘!" "앞으로 나가자! 앞으로 나가자!"

이 장면을 보자 내 머릿속에서 비상벨이 울렸다. 로빈스는 겉으로는 점잖은 척하지만 속으로는 안절부절못하는 서투른 녀석 아닌가? 소음과 분노만 가득할 뿐 아무 의미도 없는 자기 이야기만 늘어놓는 얼간이 아닌가? 나는 뒤에 서서 관망했다. 그러나 몇 시간 지나자 나도 모르게 마음이 열리면서, 그에게 배울 것이 있을지도 모른다는 생각이 들었다.

자신의 동기를 솔직히 드러내는 그의 태도가 마음에 들었다. 한번은 그가 말했다. "나도 여러분과 똑같은 미국인입니다. 나도 행복하고 싶고, 성공하고 싶고, 최고의 인생을 살고 싶습니다. 그리고 여러분이 원하듯이, 나도 돈을 벌어 부자가 되고 싶습니다. 지금보다 더 부자가 되고 싶습니다. 내가 주로 돈을 버는 방법은 이런 세미나를 여는 것입니다. 그러나 내가 부자가 되기를 원하는 것 이상으로 훨씬 더 여러분을 돕고 싶습니다. 나는 여러분을 도울 수 있으며, 그 가치는 입장료보다 훨씬 더 큽니다."

마음으로부터 나오는 솔직한 말의 위력을 보여주는 훌륭한 사례였다. 그가 자신의 이해관계를 솔직히 인정했으므로 그를 일단 믿어보기로 했다. 그래서 나는 자리를 뜨지 않았다.

어떤 면에서는 내가 처음에 느꼈던 불길한 예감이 적중했다. 로빈스의 세미나는 일종의 세뇌였다. 어떤 아이디어라도 계속 반복해서 외치면 실제로 머릿속에 주입할 수 있다. 이런 방식은 위험하다. 종교 원리주의자나 정치 극단주의자들에게 이용당할 수 있기 때문이다. 그러나 이 세뇌는 좋은 의도여서, 인생에서 성공하도록 도와주려는 뜻이었다. 이런 세뇌에 대해서는 나도 대찬성이다.

우리 의식은 우리의 현실을 바꾼다. 나는 로빈스를 따라 긍정적 발언을 되풀이하면서 의식이 바뀌는 것을 느끼기 시작했다. 이후 나는 우리가 그리는 미래를 먼저 상상해야 한다고 생각하게 되었다.

이 세미나 첫날밤, 나는 의식의 위력을 뼈저리게 실감했다. 로빈스는 사람들이 강렬한 기쁨을 느끼는 동시에 굳은 결심을 하도록 분위기를 몰아갔다. 이렇게 분위기가 고조된 상태에서 우리는 컨벤션 센터 밖 잔디밭으로 몰려나와, 신발과 양말을 벗고 타다남은 빨간 장작 위를 걸었다. 그런데도 우리는 발에 화상을 입지 않았는데, 이를 과학적으로 어떻게 설명할 수 있는지 모르겠다. 여기서 사람들은 일종의 변화를 경험했다. 이제 사람들의 눈빛이 달라졌다. 사람들의 내면에서 새로운 열정의 불이 붙은 듯했다. 나도 마찬가지였다.

이 6미터짜리 장작 길은 내게 일종의 핫키hotkey(프로그램을 순간적으로 바꾸는 키)가 되었고, 이제 나는 한계를 뚫고 현실을 개선할 수 있겠다고 생각했다. 나는 이 체험을 통해서 "인생이 당장 바뀔 수 있습니다."라는 로빈슨의 말을 이해했다. 우리가 정신, 육체, 영혼을 모두 쏟아부을 각오만 한다면, 한때 불가능해 보였던 목표도 얼마든지 달성할 수 있다.

（내게 논리적 사고방식을 철저하게 훈련해준) 실증주의적 사고에 투철한 옥스퍼드 교수들이, 자기계발 전문가가 내게 미친 영향을 보았다면 어리둥절했을 것이다. 그러나 당시 정규 교육 탓에 막다른 길로 내몰린 나에게는 로빈스의 메시지가 절실하게 필요했다.

예컨대 로빈스가 내 머릿속에 주입해준 생각은, 꼼짝 못하게 갇힌 상태에서 어디로든 가고 싶다면 "어떤 행동이든 일단 시도하라!"라는 것이다. 이 말은 바로 내게 해주는 말이었다. 나는 분석 중독증이 있어서 말만 앞세울 뿐 행동은 하지 않는 스타일이었다. 그는 내게 부정적 사고의 틀을 깨고 두려움을 극복하면서 앞으로 나아가야 한다고 설득했다.

1910년 파리에서 시어도어 루스벨트는 이렇게 말했다. "관중석에 앉아 선수의 실수와 부족함을 지적하는 관객의 비판은 중요하지 않다. 업적은 얼굴에 먼지와 땀과 피를 뒤집어쓴 채, 실제로 경기에 참여하는 사람에게 돌아간다."

로빈스에게 마음의 문을 열고 나서, 나는 다른 자기계발 권위자들의 책을 탐독하기 시작했다. 내가 로빈스의 세미나에 참석하지 않았다면, 《카네기 인간관계론How to Win Friends and Influence People》을 읽지 않았을 것이다. 워런 버핏은 저자 데일 카네기Dale Carnegie가 엄청난 도움이 되었다고 인정했다. 실제로 버핏은 자신의 사무실에 보관하는 유일한 수료증이 "효과적인 연설, 리더십 훈련, 친구를 얻고 사람들에게 영향을 미치는 기술 분야 데일 카네기 과정을 성공적으로 완수함." 증서라고 말했다. 나폴레온 힐Napoleon Hill의 《놓치고 싶지 않은 나의 꿈 나의 인생Think and Grow Rich》도 마찬가지로 무시했을 것이다. 흔히 '캐나다의 워런 버핏'으로 불리는 '페어팩스 파이낸셜 홀딩스Fairfax Financial Holdings'의 회장 겸 CEO 프렘 왓사Prem Watsa가 인정했지만 말이다.

한동안 이런 책이 나의 인생 안내서가 되었다. 나는 만찬파티에서 똑똑한 척하려고 읽은 것이 아니라, 유용한 아이디어를 얻어 생활 속에서 실천하려고 읽었다. 나는 가치투자와 사업의 첫 단계를 배웠는데, 인간 본성과 현실 세계에 대해 더 실질적으로 사고하는 방법을 배웠다.

예를 들어 카네기는 남을 설득하는 최고의 방법이 이기심에 호소하는 것이라고 설명한다. 또한 그 사람의 이름을 불러주고, 그 사람에게 진정한 관심을 보여주는 것이 중요하다고 말한다. 이런 단순한 통찰 덕분에 나는 사람을 대하는 방식이 달라졌다. 전에는 주로 나의 지성을 과시하는 방법으로, 내가 매우 똑똑하다는 사실을 상대의 이성에 호소했다. 나는 지나치게 교활했다.

나는 자신을 세뇌하여 새로운 성공 습관을 익히려고, 자기계발 분야의 가르침을 의식적으로 이용하기 시작했다. 나는 자신과 남에게 말하는 방식까지도 바꿨다. 예컨대 "토할 것 같아."라고 말하는 대신, "기분이 나아질 거야."라고 말했다. 고리타분하게 들릴지 몰라도, 긍정적인 태도는 중요하다. 우리 마음은 우리 관심사를 따라가기 때문이다. 학교와 대학들은 지성 개발에만 몰두하는 탓에, 우리는 인생을 더 행복하게 풍요롭고 해주는 이런 단순한 전략을 무시하기 쉽다.

그 무렵 나는 타성에서 벗어나려는 노력도 하고 있었다. 나는 '뉴욕증권분석가협회New York Society of Securities Analysts'에 가입해서 세계무역센터 점심 세션에 참석하기 시작했다. 이제는 체스판 주변을 어슬렁거리지 않고, 즈카티 공원을 가로질러 곧장 갔다.

'미국개인투자자협회American Association of Individual Investors'에서 판매하는 벤저민 그레이엄 스타일 '넷넷 종목'(시가총액이 '유동자산 - 총부채'보다 훨씬 적은 기업) 선별 소프트웨어도 샀다. 나는 엑셀 스프레드시트에 모의 포트폴리오 여러 개를 구성하고, 매주 수작업으로 주가를 갱신했다. 내가 구성한 포트폴리오들의 실적이 시장보다 훨씬 높을 때에는 짜릿한 흥분을 느꼈다.

나는 밸류라인Value Line도 구독하면서 신규 종목도 자세히 조사했다. 여기서 '벌링턴 코트 팩토리Burlington Coat Factory'라는 회사를 발견했는데, 장기 재무실적이 인상적이면서도 주가가 쌌다. 이것이 내가 처음으로 산 종목이었다. 주식은 사고파는 종이쪼가리가 아니라 기업에 대한 부분 소유권이라는 그레이엄의 통찰에 나는 매료되었다. 그래서 이 회사의 뉴욕 매장과 오마하 매장을 방문했을 때, 나는 실제로 기업에 투자한 진짜 자본가처럼 기쁨과 흥분을 느꼈다. 당시 나는 아는 것이 거의 없었지만, 이 종목을 2년 보유해서 약간 이익을 냈다.

그 무렵 나는 버핏과 비슷한 지성과 도덕성을 갖춘 가치투자자들의 작은 생태계가 있다는 사실을 알았다. 내가 DH 블레어에서 만났던 사람들과 정반대인 사람들이었다. 이들은 과대선전을 삼가고, 주주들의 장기 이익을 높이는 일에 집중했다. 나는 이들의 세계에 합류하려는 욕망이 불타올랐다. 이런 투자의 수호자로 눈에 띄는 회사 하나가 1920년에 설립된 '트위디 브라운Tweedy, Browne'이었다.

나는 이런 직장을 꿈꾸게 되었다. 그래서 나는 이 회사가 판매하는 두 가지 펀드에 가입한 다음, 이 회사의 맨해튼 사무실에 잠깐 들러보아도 괜찮겠는지 문의했다. 나는 그 회사에 취직하고 싶었지만, 적어도 나 같은 분석가가 들어갈 자리는 그 회사에 없었다. 그렇더라도 나는 이 신성한 장소를 거닐면서 전율을 느꼈다. 워런 버핏의 오랜 친구 월터 슐로스Walter Schloss도 수십 년 동안 이 사무실에서 일하면서 이례적인 실적을 달성했다.

나는 또다시 낙방의 아픔을 맛보았다. 그러나 이들은 친절하게도 내게 버핏의 고전적 평론인 〈그레이엄-도드 마을의 위대한 투자자들 The Superinvestors of Graham-and-Doddsville.〉 한 부를 주었다. 집에 가져와서 읽어보니, 세쿼이아 펀드Sequoia Fund를 운용하는 선도적 가치투자회사 루안 커니프Ruane Cunniff의 탁월한 실적이 눈에 띄었다. 1969년 버핏이 투자조합을 청산하여 고객들에게 돈을 돌려주고 나서 추천한 회사가 둘뿐이었는데, 그중 하나가 바로 이 회사였다. 1970년 설립 이후 세쿼이아 펀드의 수익률은 3만 8,819%였는데, 같은 기간 S&P500 지수의 수익률은 8,916%였다.

나는 루안 커니프에 취직하고 싶어서 편지를 보냈는데, (이 회사 파트너의 딸인) 이사 칼리 커니프^{Carley Cunniff}가 나를 사무실로 초대해주었다. 나는 그녀에게 경외감을 느꼈다. 그녀는 가족의 저녁 식사 자리에서 그레이엄, 버핏, 현명한 투자에 관한 이야기를 일상적으로 들으면서 자란 덕분에, 오래전에 탁월한 분석가가 되어 있었다.

2005년 세상을 떠난 칼리는 마음이 넓고 품위 있는 분이었다. 회사에는 일자리가 없어서 나는 아무 상관이 없는 사람이었는데도, 그녀는 돌아다니면서 나에게 직장 동료를 소개해주었다. 이렇게 그녀가 진정으로 배려해주었으므로, 나는 정말로 감동했다. 그녀는 소중한 교훈도 가르쳐주었다. 나와 아무 상관이 없더라도 사회생활을 시작한 젊은이들을 친절하게 도와주어야 한다는 교훈이었다. 그녀는 내 의도를 선의로 받아들여 주었고, 나의 가치투자를 아낌없이 도와주었다.

내가 이 회사와 관계를 유지하는 방법 하나는 세쿼이아 펀드에 가입하는 것이었다. 그러면 나는 매년 봄 '뉴욕 애슬레틱 클럽^{New York Athletic Club}'에서 열리는 이 회사 주주총회에 참석할 수 있을 터였다. 그러나 이 펀드는 몇 년째 추가 판매가 중단된 상태였다. 그래서 나는 이베이^{eBay}를 통해서 순자산가치가 128달러인 이 펀드 한 주를 500달러에 샀다. 나는 이 주식을 평생 보유할 작정이다.

나는 세쿼이아 펀드가 계속 초과실적을 낼 것으로 예상하지만, 내가 산 목적은 돈벌이가 아니다. 내가 배울 만한 사람들과 간접적으로나마 관계를 유지하려고 산 것이다. 나중에 자세히 논의하겠지만, 환경이나 네트워크를 잘 설정하면 내 경쟁력을 조금이라도 강화할 수 있으므로, 성공 가능성이 훨씬 커진다. 경쟁력은 감지하기 어려울 만큼 조금씩 단계적으로 쌓여가므로, 루안 커니프 같은 회사와 관계를 맺는 것이 중요하다.

세쿼이아 주주총회 참석자 중에는 버크셔 해서웨이 주주가 많았고, 가끔은 버크셔 경영진도 참석했다. 덕분에 나는 루 심프슨Lou Simpson을 만났는데, 버핏이 직접 발탁하여 가이코의 주식 투자를 맡긴 인물로서, 버핏은 그를 "내가 아는 최고의 펀드매니저"라고 평가한 적도 있다.

나는 버핏의 투자전략도 더욱 강도 높게 공부했다. 여기에 버크셔 해서웨이 사업보고서를 읽는 것보다 좋은 방법은 없었다. 당시에는 인터넷이 없었으므로, 나는 버크셔에 전화해서 사업보고서를 내 주소로 보내달라고 부탁했다. 며칠 뒤 처음으로 버크셔 사업보고서 1부가 내게 배달되었는데, 봉투에는 손으로 쓴 내 주소가 적혀 있었다. 내게는 신의 계시처럼 보였다.

내가 DH 블레어에서 검토한 수많은 기업의 사업 계획서에는 오로지 하키 스틱처럼 실적이 급상승하는 그래프만 들어 있었다. 그러나 버크셔 사업보고서는 표지가 평범했고, 핵심 요소를 솔직하게 설명했으며, 홍보성 글이 없었고, 버핏의 주주 서한은 이해하기가 쉬웠다. 그리고 버크셔 주당 순자산가치의 연도별 증가 추세를 보여주는 표도 들어 있었다. 이는 순수한 정보여서, 통계나 예쁜 그림으로 포장하여 진실을 호도하려는 다른 보고서들과는 전혀 달랐다.

나는 이런 보고서를 한 번도 본 적이 없었다. 이는 지혜로운 주주들에게 적합하게 작성된 보고서였다. 나는 세상의 모든 기업이 사람들의 관심을 더 끌려고 앞다투어 소음을 키운다고 생각했었다. 그러나 버핏은 소음에 동요하지 않는 사람들에게 접근하고 있었다.

나는 버크셔의 과거 사업보고서들을 거듭 읽으면서, 워런 버핏처럼 생각하기 시작했다. 이렇게 말하면 이상하게 들리겠지만, 내가 버핏처럼 행동하면 버핏이 내게 미소를 보내고, 내가 버핏과 다르게 행동하면 버핏이 나를 외면하는 느낌이었다. 이는 우상숭배가 아니었다. 이미 진리를 터득한 인물을 나의 스승으로 삼은 것이다.

이 방법에는 투자의 세계를 넘어 어디에나 적용되는 지혜가 담겨있다. 지금부터 하는 말은 내가 수십 년 동안 배우고 실수하면서 발견한 가장 중요한 비밀이다. 이 교훈을 제대로 실천한다면, 이 책에 쓴 다른 내용을 모두 무시하더라도 당신의 인생이 훨씬 나아질 것이라고 나는 확신한다.

내가 우연히 발견한 비밀을 말하겠다. 버핏처럼 살아가는 방법을 절실하게 찾던 중, 나는 자신에게 단순한 질문을 계속 던지기 시작했다. "워런 버핏이 내 입장이라면 어떻게 할까?"

나는 한가하게 커피숍에 앉아 차를 마시면서 이런 질문을 던진 것이 아니다. 나는 책상 앞에 앉아 내가 버핏이라고 적극적으로 상상했다. 나는 버핏이 내 책상 앞에 앉아 있다면 가장 먼저 무엇을 할지 상상했다.

로빈스는 이것이 우리의 영웅을 '모델로 삼는' 과정이라고 설명했다. 여기서 핵심은 영웅을 최대한 정확하고 상세하게 묘사해내는 것이다. 로빈스가 가르쳐준 관련 기법이 '일치와 거울반응matching and mirroring'인데, 행동은 물론 숨 쉬는 방법까지 정밀하게 흉내 내는 것이다. 내 경험을 돌아보면, 우리는 이 방법을 통해서 생각은 물론 감정까지도 닮아가기 시작한다.

이상하게 들릴지 모르겠지만, 모방 능력은 인류의 진화를 이끌어낸 가장 강력한 요소 중 하나다. 아이가 부모로부터 배우는 과정을 생각해보라. 모방이 인간의 타고난 본성이라면 우리는 모방할 대상을 신중하게 선택해야 한다. 사실 우리는 살아 있는 사람 중에서만 선택할 필요도 없다. 찰리 멍거는 "사상이 훌륭했던 과거 인물을 모방하는 것도" 효과가 있다고 설명했다.

다행히 이 책은 과학서적이 아니므로 나는 이 주장에 대해 과학적 근거를 제시할 필요가 없다. 다만, 주관적 차원에서 이 방법이 내게 효과적이었다고 엄연히 주장할 수 있다. 버핏을 모방하기 시작한 순간부터 내 인생이 바뀌었기 때문이다. 나는 주파수 채널을 바꾼 기분이었고, 행동도 바뀌었다.

그러면 이런 통찰을 어떻게 실행에 옮겨야 할까? 훌륭한 스승이 중요하다는 사실은 누구나 알고 있다. 학생과 젊은 직장인들은 훌륭한 스승을 찾으려 하고, 경험 많은 사람들은 누군가를 가르쳐주려고 한다. 이런 사람들이 서로 만날 수만 있다면 좋은 일이다. 그러나 나는 만날 수가 없었다. 오마하 사무실에서 분주하게 일하는 버핏은 한가하게 나의 전화를 받아줄 처지가 아니었다. 다행히 이는 중요한 문제가 아니었다. 나는 끊임없이 버핏을 공부하고 그의 입장에 서서 상상하는 방식으로, 그를 나의 스승으로 삼아 많이 배울 수 있었다.

나는 내가 버핏이라고 상상하면서, 그가 투자한 종목들을 그의 눈으로 이해하려고 노력했다. 그래서 코카콜라, 캐피털 시티즈Capital Cities, 아메리칸 익스프레스American Express, 질레트Gillette 등 그가 투자한 주요 회사에 사업보고서를 보내달라고 요청했다. 이번에도 버핏이 (어쩌면 하느님이) 내게 미소를 보내는 듯한 묘한 느낌이 왔다.

사업보고서가 도착하기 시작했다. 나는 캐피털 시티즈 사업보고서 내용을 생생하게 기억한다. 이전에는 그렇게 성공적인 미디어회사의 회계장부를 자세히 본 적이 없었다. 현금흐름표를 보았을 때, 나는 내 눈을 믿을 수가 없었다. 이 회사에는 현금이 주체할 수 없을 정도로 넘쳤는데도, 손익계산서에는 이 모습이 거의 나타나지 않았다. 내가 DH 블레어에서 분석한 기업들은 대부분 현금이 대량으로 유출되거나 현금창출력이 엄청나게 과장된 기업들이었다. 나는 MBA 과정에 다시 들어간 기분이었다.

이번에는 버크셔 해서웨이 주주총회에 참석하기로 했다. 친구의 친구를 통해서 주주총회 참석장을 얻은 나는, 참석할 사람을 하나도 모르는 상태에서 오마하로 날아갔다.

나는 버핏이 근무하면서 마법을 일으키는 건물인 키위트 플라자

Kiewit Plaza를 보면서 밀려오는 흥분을 느꼈다. 나는 렌트한 차를 몰고 별 특징 없는 버핏의 집을 지나가면서, 어린애처럼 경박한 기쁨을 느꼈다. 나는 버핏이 즐겨 찾는 레스토랑 고라즈 스테이크 하우스Gorat's Steak House에서, 처음으로 오마하를 방문하는 버크셔 주주들과 함께 앉아 저녁도 먹었다. 투자 관점으로 보면 나는 사막에서 벗어나, 홍해를 건너, 약속의 땅에 들어왔다.

그해 오마하에서의 만난 사람 중 두 인물이 특히 기억에 남는다. 한 사람은 러시아계 유대인 이민자 로즈 블럼킨Rose Blumkin(미세스 B)인데, 1937년 오빠에게 빌린 500달러로 네브래스카 퍼니처 마트Nebraska Furniture Mart를 설립했다. 그녀는 이 회사를 미국 최대 가정용 가구회사로 키웠고, 1983년 버크셔는 회계장부 감사도 생략한 채 악수만으로 이 회사 지분 90%를 5,500만 달러에 샀다. 나중에 버핏은 분명히 말했다. "똑같은 자원으로 사업을 시작한다면, 일류 경영대학원 수석 졸업생들이나 〈포춘Fortune〉 500대 기업 CEO들보다도 미세스 B가 훨씬 나을 것입니다."

내가 만났을 때, 미세스 B는 101세였다. 그런데도 그녀는 여전히 막을 수 없는 기세였다. 체구가 작은 그녀는 카트를 몰고 있었는데, 그녀를 존경하는 팬들이 둘러쌌는데도 전혀 관심이 없었다. 나는 기회를 잡아 그녀의 얼굴을 똑바로 바라보면서 엉뚱한 질문을 던졌다. "버핏은 당신이 카펫을 판다고 하던데요. 제게 좋은 가격에 줄 수 있나요?" 그녀는 눈을 반짝이며 대답했다. "아하, 당신은 정말로 사려는 거요, 아니면 다른 사람들처럼 잡담이나 하자는 거요?"

그 순간 나는 버핏이 그녀를 존경하는 이유를 알 수 있었다. 그녀는 항상 사업에 전념했으며, 철저하게 투명했다. 그녀는 95세에 잠시 은퇴했었으나, 곧바로 복귀했다. 그녀의 좌우명은 "싸게 팔고, 사실대로 말하며, 아무도 속이지 마라."였다. 버핏이 나의 스승이듯이, 그녀는 버핏의 스승이다. 지난 수십 년 동안 버핏은 이런 환경을 만들어냈다. 나는 이제 내 환경을 만들기 시작했으며, 스승으로 삼아야 할 사람들을 파악하는 중이었다.

두 번째 인물은 바로 오마하의 현인이었는데, 주주총회가 시작되기 직전에 만났다. 나는 화장실에 들어가는 길이었는데, 화장실에서 나오는 사람이 바로 버핏이었다. 그는 내게 미소를 지으며 말했다. "행사 전에는 항상 조금 긴장된답니다." 그리고서 걸어갔다.

하버드 경영대학원생 시절에 버핏을 만났을 때, 나는 그의 말을 들을 생각조차 하지 않았다. 그러나 이제는 그가 화장실에서 나오는 모습만 보고서도 흥분하게 되었다!

나는 버핏이 크게 성공한 인물이어서 사람들과 거리를 둘 것으로 예상했다. 그러나 그는 완전히 낯선 사람에게도 친근하고 소탈하게 대했다. 비록 짧은 만남이었지만, 주주들에 대한 버핏의 호의를 느낄 수 있었다. 주주총회가 진행되는 내내, 그에게서는 가식도 으스대는 태도도 찾아볼 수 없었다. 그는 자신의 모습을 있는 그대로 보여주었다.

로빈스와 버핏으로부터 영감을 받은 덕분에 나는 기회를 보는 안목이 자라났다. 모든 문이 닫혔다고 느끼는 대신 나는 앞으로 나아갈 수 있다고 생각하기 시작했다. 그리고 가치투자에 집착한 나머지, 누군가 나를 주식 분석가로 고용해주길 기대했다. 그러나 나는 여전히 일자리를 구하지 못했다.

그러던 중 갑자기 런던 집에서 아버지가 내게 전화해서, 자금을 운용해보라고 제안하셨다. 그때가 1996년이었다. 당시 내게는 DH 블레어 출신이라는 오명이 따라다녔으므로, 아버지 말고는 나를 믿어줄 사람이 없었다. 조부모는 독일에서 이스라엘로 망명하여 아버지 사이먼 스파이어Simon Spier를 낳았고, 아버지는 자그마한 농약 무역 및 유통 업체 아쿠아마린 케미컬Aquamarine Chemicals를 설립하여 성공했다. 내가 투자에 매료된 사실을 안 아버지는 말했다. "이제 네가 혼자 힘으로 성공을 일궈내지 못하면, 너는 완전히 미쳐버릴 게다."

아버지의 자극에 나는 움직이기 시작했다. 아버지는 나에게 약 100만 달러를 맡겼다. 1년 정도 지나 아버지가 회사 동료 두 사람과 함께 추가로 투자했다. 그 결과 펀드의 초기 자산규모가 약 1,500만 달러가 되었다. 나는 가족 사업에 합류한다는 기분으로, 펀드 이름을 아쿠아마린 펀드Aquamarine Fund로 지었다. 이 펀드는 1997년 9월 15일부터 운용을 시작했다.

나는 오래전부터 내 부끄러운 처지를 숨기고 싶었다. 나는 순전히 혼자 힘으로 성공하는 모습을 세상에 보여주고 싶었다. 아버지의 도움을 받아 사업을 시작하는 것은 불공평한 것처럼 보였다. 하지만, 부담스럽긴 해도 이번 기회는 감사히 받기로 했다. 워런 버핏을 동경하던 나는, 2년 만에 아버지가 평생 모은 재산 대부분과 몇몇 친지들의 자산을 운용하게 되었다.

내가 이런 지원을 받았지만, 그래도 성공 가능성은 크지 않았다. 헤지펀드 대다수는 18개월을 넘기지 못한다. 자산 규모가 일정 수준에 도달하지 못하면 생존이 어렵기 때문이다. 나는 비용을 절감하려고 뉴욕의 내 아파트에서 펀드를 운용했다.

출발은 매우 수수했다. 그러나 나는 마침내 타고난 본성에 맞는 길로 들어선 기분이었다. 이제 진정한 시험이 시작되었다. 과연 나는 지금까지 배운 모든 지식을 동원하여, 장기 초과수익을 달성할 수 있을까?

04 뉴욕
소용돌이

이렇게 해서 나는 친지들의 자금을 운용하기 시작했다. 30세였던 나는 경험이 부족했다. 그러나 내가 제대로 한 것도 몇 가지 있었다. 나는 무엇을 피해야 하는지 알고 있었다.

워런 버핏은 종종 헨리 포드를 인용하면서, 달걀을 모두 한 바구니에 넣어 잘 관리해야 한다고 말한다. 내가 월스트리트에서 수없이 본 끔찍한 모습은, 달걀을 여러 바구니에 나눠 담는 관행이었다. 가장 명성 높은 펀드회사들조차 관행적으로 여러 펀드를 팔았다. 실적이 좋은 펀드에 대해서는 광고비를 들여 투자자들로부터 더 많은 자금을 끌어들였다. 실적이 나쁜 펀드는 폐쇄하거나 실적이 좋은 다른 펀드와 합쳤다. 펀드회사들은 이 과정에서 실패는 마치 아예 없었던 것처럼 파묻었고, 성공은 눈에 돋보이게 했다.

DH 블레어에서도 비슷한 일이 벌어졌다. 중개인들은 다양한 고객에게 다양한 종목을 추천했다. 계좌 잔고가 감소한 고객들은 가망이 없었지만, 계좌 잔고가 증가한 고객들은 거래량을 더 늘리게 할 수 있었다. 투자 뉴스레터 발행사들도 마찬가지로 잠재 고객을 여러 집단으로 나눈 다음, 각각 다른 제목으로 다른 예측 자료를 보낸다. 그러면 이들은 예측 자료가 적중한 잠재 고객 집단을 잘 이용할 수 있다.

당시나 지금이나 나는 이런 책략을 혐오한다. 그래서 나는 평생 펀드 하나만 운용해서 실적 기록도 단 하나만 남기겠다고 다짐했다. 만일 이 펀드의 장기 실적이 형편없다면, 이 사실이 모두에게 공개될 것이다. 내가 숨을 곳은 어디에도 없다.

마찬가지로 중요한 사실은, 내 가족의 돈도 내 고객들의 돈과 함께 이 펀드에 들어간다는 점이다. 실제로 나는 내 재산의 거의 100%를 아쿠아마린 펀드에 투자했다. 따라서 나는 내가 요리한 음식을 실제로 먹고 있다. 이렇게 나의 이익과 고객의 이익을 일치시키는 것은 더없이 중요하다. 나는 이 펀드를 홍보하는 것이 아니다. 이익을 일치시키면 내가 주의를 분산시키지 않고 이 펀드에만 집중할 수 있으므로, 실제로 투자에 도움이 된다는 말이다. 나는 수십 년 동안 버크셔 해서웨이에 모든 에너지를 집중적으로 쏟아붓은 버핏을 의도적으로 본떴다.

그러나 내가 버핏으로부터 어렵게 배운 원칙에서 벗어난 부분도 있다. 예를 들어, 나는 버크셔 이전 투자조합의 보수구조를 그대로 복제했어야 했다. 버핏은 연간 보수를 받지 않는 대신, 수익률 6% 초과분의 4분의 1을 보수로 받았다. 이는 지극히 이례적인 보수구조이지만, 지금까지 내가 본 것 중 고객과 펀드매니저의 이익을 일치시키는 최고의 방법이다. 고객을 희생시켜 돈을 버는 것이 아니라, 고객과 함께 돈을 버는 원칙이기 때문이다. 펀드매니저는 잘 운용하지 못하면 돈을 한 푼도 받지 못한다.

그러나 아쿠아마린 펀드를 시작할 때, 나는 뉴욕 헤지펀드의 표준 보수구조를 선택했다. 즉, (내 운용 실적이 아무리 부실하더라도) 연간 보수 1%를 받고, 추가로 성과보수 20%를 받기로 한 것이다.

내가 왜 이렇게 했을까? 펀드를 시작하는 과정에서 나는 변호사, 중개인, 기타 고문들의 도움을 받을 수밖에 없었는데, 이들 모두가 이 방식을 원했다. 내가 1950년대 버핏이 사용하던 보수구조를 채택하려 하자, 이들은 이상하다고 생각했다. 이들은 내게 안정적인 소득이 필요하다고 설명하면서 나를 보호해주려고 했다. 전혀 예측할 수 없는 성과보수로 살아가는 것은 상상할 수도 없다고 말했다. 1% + 20% 보수구조를 채택하면 내 이익과 고객들의 이익이 미묘하게 어긋난다는 점을 이들은 알지 못했다. 나는 더 고집을 부렸어야 했으나, 결국 이들의 말에 넘어갔다.

나는 버핏이 그랬던 것처럼 고객들에게 1년에 한 번만 환매를 허용하고자 했다. 이렇게 하면 펀드매니저가 장기적으로 투자할 수 있으므로 고객들에게도 유리하다. 또한 펀드의 실적이나 매도 시점에 대해서 자주 생각할 필요가 없으므로, 펀드매니저에게 심리적으로도 도움이 된다. 결국 주식투자에서는 인내심을 발휘하면서 가만있는 편이 거의 예외 없이 가장 현명한 선택이 된다. 같은 이유로, 보유 종목의 실적을 매일(또는 매주) 확인하지 않는 편이 낫다. 그래야 장기 관점을 유지하기가 쉽다.

그러나 고문들은 이 환매 정책이 터무니없다고 생각했다. 이들은 고객들에게 30일 전 환매 신청을 허용해야 한다고 주장했다. 그러나 이를 허용하면 펀드매니저는 고객들이 자금을 언제 인출할지 항상 걱정하게 된다. 이후 2008년 시장이 붕괴했을 때, 이 환매 방식이 심각한 약점으로 드러났다.

나는 내 주장을 고수하지 못하고 뉴욕 헤지펀드 업계에서 확립된 관행을 받아들였다. 제도적 환경을 거스르기는 쉽지 않았다. 나는 의도는 좋았으나 통속적인 함정에 빠졌다. 대중과 역행하는 것보다는 대중과 함께 가는 편이 항상 쉽다는 함정 말이다. 나는 이상적인 구조를 창출할 기회라고 생각하면서도, '업계 표준'이라는 말을 편안하게 받아들였다.

나중에(모니시 파브라이를 만나고, 다시 금융위기가 닥쳤을 때) 가서야 나는 버핏 투자조합 구조를 최대한 정밀하게 복제했으면 훨씬 나았을 것이라는 사실을 깨달았다. 이 잘못된 타협이 중죄는 아니었다. 그러나 내 경력을 돌아볼 때마다, 버핏에게 배운 지혜에서 너무나 쉽게 벗어났다는 사실에 마음이 아프다.

나는 전적으로 올바른 선택을 할 수도 있었다. 만점을 기록할 수 있었다는 말이다. 이대로도 합격점은 충분히 되지만, 투자에서는 사소한 구조적 차이가 장기적으로는 커다란 수익률 차이로 나타날 수 있다. 장기 복리야말로 투자 실적을 높여주는 최고의 친구인데, 마다할 이유가 어디 있겠는가? 사소해 보이는 세부사항을 시작 단계에서 바로잡으면 나중에 커다란 이득을 얻게 된다.

문제는 가치 왜곡과 유혹이 넘쳐나는 뉴욕 금융계의 소용돌이에 휘말리기가 매우 쉽다는 점이었다. 내 마음은 오마하에 있었으므로, 나는 지성의 힘으로 환경을 극복할 수 있다고 믿었다. 그러나 내 생각이 틀렸다. 나는 환경이 지성보다 훨씬 강하다는 사실을 차츰 깨달았다. 아마추어든 전문가든, 이 사실을 제대로 이해하는 투자자는 극소수에 불과하다. 워런 버핏(뉴욕에서 오마하로 돌아감)과 존 템플턴 경(바하마에 정착) 같은 위대한 투자가들은 이 사실을 명확하게 파악했지만, 나는 오랜 시간이 지나서야 깨달았다.

당시 나는 오마하로 이사할 생각도 했으나, 뉴욕에서 맺은 연줄이 너무도 많아서 그대로 머물기로 했다. 그래도 펀드를 시작하고 몇 년 동안, 나는 월스트리트와 어느 정도 거리를 두고 지냈다. 나는 웨스트가 66번지 침실 하나짜리 아파트에서 홀로 더없이 행복하게 일하다가, 이후 비공식 사무실 세 곳을 옮겨다녔다.

그런 사무실 하나가 웨스트가 58번지 아파트였는데 모니카 르윈스키Monica Lewinsky(빌 클린턴 대통령과의 관계로 유명해진 여성)가 이웃이었다.

또 하나는 웨스트가 55번지의 침실 두 개짜리 아파트였는데, 제트블루JetBlue 설립자 데이비드 닐먼David Neeleman이 이웃이었다. 그도 나처럼 주의력 결핍 장애ADD라는 글을 읽은 적이 있다. 그런데도 그는 회사를 세워 성공을 이루었다. 이 사실이 고무적이었다. 그를 이웃으로 둔 덕분에, 나도 기이한 결함을 극복할 수 있겠다는 생각이 자주 들었다. 투자자는 누구나 결함을 갖고 있다. 핵심은 우리 자신을 있는 그대로 받아들이고, 우리의 차이와 한계를 이해하며, 한계를 우회하는 방법을 찾아내는 것이다.

나는 근사한 사무실도 없이 지냈지만, 만족스러웠다. 펀드 자산 규모는 여전히 아주 작았지만, 투자수익률은 근사했다. '더프 앤드 펠프스 크레딧 레이팅Duff & Phelps Credit Rating' 같은 종목이 일곱 배로 뛰면서 실적을 견인해주었다. 내가 버핏으로부터 배운 바(주가가 싸고, '해자' 가 확대되며, 현금이 넘쳐나는 기업을 찾아라.)를 완벽하게 보여주는 종목이었다.

남들은 1990년대 말 기술주 거품에 휘말렸지만, 나는 전혀 걸려들지 않았다. 버핏, 루안 커니프, 트위디 브라운처럼 침착한 투자가들의 영향권 안에 있었기 때문이다. 이들의 상식 덕분에 나는 기술주 열풍에 말려들지 않았다. 환경이 지성보다 강하다는 사실을 다시 보여주는 사례다.

5년 뒤 내 펀드의 수익률은 시장을 크게 뛰어넘었다. 내게 돈을 맡기는 외부 투자자가 느리지만 꾸준하게 증가했다. 마침내 아쿠아마린 펀드의 자산 규모가 5,000만 달러를 넘어서자, 나는 주목받기 시작했다. 나는 월스트리트에 관심이 없었지만, 월스트리트는 내게 관심이 있었다. 이는 기껏해야 은총이자 저주였다.

이제 나는 온갖 사람들의 관심을 끌게 되었다. 어떤 사람은 변호사나 분석가로 자신을 고용해주길 기대했다. 어떤 사람은 내게 값비싼 투자분석 서비스를 팔고자 했다. 어떤 사람은 전담 주식중개인이 되려고 했다. 또 어떤 사람은 보수를 받고 펀드 고객을 모집해주고자 했다.

이들은 내가 제2의 크리스 혼Chris Hohn이나 빌 애크먼Bill Ackman이 되기를 기대했다. 둘은 내 세대에서 가장 빛나는 스타 펀드매니저로서 인지도가 빠르게 상승하는 중이었다. 이들은 내가 기대에 부응하면 큰돈을 벌 수 있다고 장담했다. 크리스와 빌처럼 나도 하버드 경영대학원 출신이므로, 이들은 내가 두 사람과 매우 비슷하다고 생각했다.

이들은 위험스러울 정도로 나를 추켜올렸다. 게다가 이들의 관심은 나의 자만심을 자극했다. DH 블레어 입사 초기 이후 말라버렸던 테스토스테론이 다시 샘솟는 기분이었다. 마케팅 전문가, 야심 찬 분석가, 변호사, 중개인들이 모두 나를 빌과 크리스와 비교한다면 내가 마다할 이유가 어디 있겠는가? 내게 5,000만 달러가 아니라 50억 달러를 운용해야 한다고 말하는 사람도 있었다. 어떤 면에서는 마치 내가 남자인지 의심스럽다는 식이었다.

당시 빌과 크리스는 갈수록 강해졌다. 두 사람은 탁월한 수익률에 힘입어 수십 억 달러를 운용하고 있었고, 나는 여전히 피라미였다. 머지않아 나는 자산 규모와 지위를 몹시 탐내게 되었다. 마침내 나는 질투심에 사로잡혀 두 사람을 시기하게 되었다.

여러 흐름을 지나치게 단순화하긴 했지만, 이는 내가 겪은 뉴욕 소용돌이의 핵심 요소를 보여준다. 나는 처음으로 본능적인 질투심을 느꼈으며, 이때 나는 질투한다는 사실조차 인식하지 못했다. 그러나 나는 실제로 질투하고 있었다.

버핏과 멍거는 질투가 7가지 대죄 중 유일하게 재미없는 대죄라는 농담을 했다. 멍거는 말했다. "질투는 미친 짓입니다. 100% 파멸을 부릅니다. …일찌감치 질투에서 벗어나면 인생이 훨씬 나아집니다."

사람은 질투심에 사로잡히면 위험을 무릅쓰게 되는 듯하다. 금융 시장에서 질투는 소리 없는 살인자다. 평소에 하지 않던 행동을 하게 된다. 예를 들어 친구들이 터무니없이 과대평가된 기술주로 거금을 버는 모습을 보면, 사람들은 거품 붕괴 직전에도 시장에 뛰어든다. 질투심이 속에서 끓어오를 때에는 이 사실을 반드시 되새겨야 한다. 우리의 판단이 근본적으로 왜곡되어 합리적인 결정을 내릴 수 없기 때문이다. 옛날에 한 랍비가 말했다. "누가 강한 사람인가? 자신의 열정을 억제하는 사람이다."

벤저민 그레이엄은 미스터 마켓의 불합리한 행동을 탁월하게 묘사했다. 그러나 우리는 불합리한 행동도 인간 본성의 일부여서 떼어낼 수 없다는 사실을 인정해야 한다. 나의 가치투자 교육 핵심 요소는 자신의 감정적 약점을 감지하여 자신이 무너지지 않도록 적절한 전략을 개발하는 것이었다. 이러한 자기수정 과정은 자기 이해에서 시작된다.

사람들은 투자하는 과정에서 자신의 심리적 약점을 드러내게 된다. 탐욕, 권력과 사회적 지위에 대한 열망, 기타 결함 등이다. 당시에는 질투심이 나의 가장 큰 약점이었다. 나는 내 운명에 만족해야 했다. 그러나 나는 '상위 1%' 정도가 아니라, '상위 1%' 중에서도 '상위 1%'에 속하기를 바랐다. 당시 나는 시간을 내 마음대로 쓸 수 있었고, 내가 원하는 곳에 살면서 원할 때에는 언제든 휴가를 쓸 수 있었다. 내가 하기 싫은 일은 남에게 맡길 수도 있었다.

뉴욕이나 런던 같은 곳의 문제점은 나보다 잘난 사람들이 항상 많다는 점이다. 내 사무실에는 바닥에서 천정까지 이어지는 환한 창문도 없었고, 맨해튼 스카이라인 전경도 볼 수 없었다. 내 사무실은 런던 헤지펀드 중심지인 메이페어Mayfair에 있는 크리스 혼의 우아한 사무실과는 비교가 되지 않았다. 어퍼 웨스트 사이드가의 내 아름다운 집에서는 빌 애크먼의 집에서처럼 녹음이 무성한 센트럴파크를 볼 수 없었다.

나는 헤지펀드 게임에서 승리하고 싶었다. 옳든 그르든 나는 두 사람만큼 똑똑하다고 확신했는데도, 아직 최정상에 도달하지 못했다는 생각이 내 마음을 갉아먹었다. 단지 실적이 좋은 것으로는 만족할 수가 없었다.

나는 나 자신을 팔기로 했지만 방법을 몰랐다. 간혹 잠재 고객들에게 말할 기회가 생기면, 나는 긴장한 나머지 대학 시절에 써먹던 습관이 튀어나왔다. 강한 인상을 주려고 아이디어를 빠른 속도로 마구 퍼부어댄 것이다. 때로는 옥스퍼드대 교수가 말하듯이 "ceteris paribus(다른 조건이 같다면)"나 "sine qua non(필수 조건)" 같은 라틴 어구로 사람들을 현혹하려 했다.

그러나 이렇게 이기심에 사로잡혀 아무 생각 없이 성장을 추구한 것은 잘못이었다. 내 가족의 자금 대부분이 들어간 펀드는 좋은 실적을 내고 있었으므로, 외부 고객의 자금을 더 끌어오려고 시간 낭비할 필요가 없었다. 하지만 나는 빌과 크리스처럼 수억 달러나 심지어 수십 억 달러를 운용하면서 사람들에게 과시하고자 하는 질투심에 사로잡혔다. 그러나 질투에 허비할 시간을 종목 선정에 투입하여 실적으로 보여주는 편이 훨씬 나았다.

나는 다른 방식으로도 뉴욕 소용돌이에 휘말려 들었다. 나는 카네기 홀 타워Carnegie Hall Tower의 안락한 사무실을 임차하면서, 6만 달러였던 연간 임차료가 단번에 25만 달러로 급증했다. 그리고 연 2만 달러에 마약처럼 중독성 강한 블룸버그Bloomberg 단말기도 임차했다. 최고운영책임자, 분석가, 유력한 변호사도 고용했다. 질투심과 자존심은 정말 돈이 많이 드는 결함이다.

나는 단지 사람들로부터 인정받는 정도로 만족하지 않았다. 남들에게 성공을 과시할 때 기분이 좋아졌다. 나는 정상에 도달하고 싶어서, 계속해서 거짓 우상을 따라갔다. 아버지는 현명하게도 내게 이렇게 물었다. "왜 이런 식으로 일을 벌이는 거냐? 왜 헤지펀드 스타가 되려는 거야?"

다행히 나는 제대로 하는 일도 많았다. 무엇보다도, 나는 고객의 돈으로 도박은 하지 않았다. 버핏이 가르쳐 준 투자의 첫 번째 원칙 "돈을 잃지 마라."와 두 번째 원칙 "첫 번째 원칙을 잊지 마라."를 명심했기 때문이다. 특히 기술주 거품 기간에는 위험을 회피하는 방식으로 펀드를 운용했다. 그러나 내가 잘한 점보다 잘못한 점을 밝히는 편이 당신에게 더 유용할 것이다. 멍거는 말했다. "나는 자신이 완전히 얼간이였다고 인정하는 사람들을 좋아합니다. 이런 사람들은 실수를 되새기면서 개선되기 때문이지요. 이는 훌륭한 학습법입니다."

나는 뉴욕에서 활동하면서 후회할 일을 많이 벌였다. 그러나 하나는 내게 대단히 유익한 일이었다. 나는 '투자의 천재들'과 어울리기 시작했는데, 이들은 이후 평생 친구가 되어 내게 믿을 만한 조언을 해주었다. 혼자 힘으로 성공하기는 절대 쉽지 않다. 최고의 오페라 스타도 스승의 지도를 받는다. 로저 페더러Roger Federer(세계적인 테니스 선수)에게도 코치가 있고, 버핏도 주기적으로 생각이 비슷한 사람들을 만난다.

우리는 이 포럼을 '파시the Posse(패거리)'라고 불렀는데, 매주 한 번씩 만나 주식에 대해 토론했다. 참석자는 데이비드 아이건David Eigen, 켄 슈빈 스타인Ken Shubin Stein, 스테판 로젠Stefan Rosen, 글렌 텅Glenn Tongue이었고, 빌 애크먼도 가끔 참석했다. 나는 이 모임을 통해서 조엘 그린블라트Joel Greenblatt도 만났고, '밸류 인베스터 클럽Value Investors Club' 회원도 되었다. 파시는 1주일에 한 번 아침에 모였는데, 한 사람이 종목 아이디어를 준비해오면, 나머지 사람들이 토론하고 분석했다. 이 포럼은 교과서나 MBA 과정보다도 내 지식을 더 많이 넓혀주었다. 우리는 투자를 더 깊이 공부했을 뿐 아니라, 서로의 사고방식도 더 깊이 이해하게 되었다.

파시 모임에서 형성된 우정도 우리에게는 소중한 보상이었다. 순수하게 투자 관점에서 보더라도, 이 모임은 서로를 지켜주었으므로 경쟁력의 원천이 되었다. 나는 모임 회원들에게 전화해서 내 아이디어를 설명하고 의견을 구하곤 했다. 그러나 이들의 의견 자체가 중요한 것이 아니었다. 나는 이들을 잘 알고 있었으므로 이들의 의견을 평가할 수 있다는 점이 더 중요했다. 우리는 서로 편향성과 관심사까지 알고 있었기 때문이다.

한 번은 이 모임이 나를 구해준 적도 있다. 이때 나는 다른 사람들의 관점에 귀 기울여야 한다는 사실을 깨달았다.

한때 나는 환상적인 기업을 발굴했다고 생각했다. 파머 맥Farmer Mac이라는 회사였다. 내가 종목을 발굴하는 방법 중 한 가지는 대가들이 보유한 종목을 조사하여 같은 종목을 사거나, 특성이 비슷하면서 더 좋은 종목을 사는 것이다. 버핏은 프레디맥Freddie Mac과 패니메이Fannie Mae를 대량으로 보유하고 있었다. 이후 두 회사 모두 실적이 악화했다. 그러나 당시에는 두 회사 모두 사업이 번창했다. 두 회사의 핵심 자산은 미국 정부의 후원에서 오는 높은 신용이었다. 덕분에 이들은 거의 무위험 이자율로 자금을 조달할 수 있었다. 나는 비슷한 장점을 갖춘 기업을 찾던 중 파머 맥을 발견했다. 미국 농업 섹터에 속한 소규모 정부 후원 기업이었다. 나는 특성이 비슷한 숨은 보석을 발견했다고 생각했다.

2003년 나는 이 회사 경영진을 파시에 초청해서 프레젠테이션을 들었다. 유명한 헤지펀드 매니저이면서 저자 겸 TV 해설자인 휘트니 틸슨Whitney Tilson이 나중에 이 투자 아이디어를 빌 애크먼에게 전해주었다. 빌 애크먼은 하버드 경영대학원을 졸업하고서 고섬 파트너즈Gotham Partners라는 투자회사를 창업했는데, 그는 남들이 못 보는 측면을 꿰뚫어보는 탁월한 분석가였다.

몇 주 뒤 파시 아침 모임이 끝나고서 빌이 나를 한쪽 구석으로 데려가서 말했다. "가이, 자네와 할 말이 있어." 그는 도량이 크고 독신 친구들 사이에서 중매 서기를 좋아했으므로, 내게 여자를 소개해주려는 것으로 생각했다. 그러나 사실은 내가 파머 맥을 샀다는 이야기를 듣고 나서, 내게 파머 맥에 대해서 말해주려는 것이었다. 휘트니로부터 내 이야기를 듣고서 그는 새벽 4시까지 이 회사를 조사했다. 이튿날 아침 그는 휘트니에게 전화해서 "엄청난 수익기회를 제공해줘서" 고맙다고 말했다. 그러나 빌은 이 종목을 살 생각이 아니라 공매도할 생각이었다. 다시 말해서 빌은 파머 맥이 붕괴할 것으로 확신했다.

도심 사무실로 약 20블록을 걸어가면서 빌은 내가 놓친 부분을 설명해주었고, 그가 대량으로 매도 포지션을 구축한 이유도 말해주었다. 그는 이 종목이 폭락 정도가 아니라 휴짓조각이 될 것으로 생각했다. 그는 파머 맥이 프레디맥이나 패니메이와 다른 이유도 설명했다. 나는 속이 뒤틀렸다. 내가 그때까지도 제대로 이해하지 못하자, 그는 자기 사무실로 나를 데려갔다. 사무실에 들어가 보니, 10년치가 넘는 파머 맥 출력 자료가 선반에 가득 쌓여 있었고, 자료는 메모와 스티커로 덮여 있었다. 그리고 이 회사가 발행한 여러 자산유동화증권 자료도 출력되어 있었다.

첫눈에는 이들도 프레디맥이나 패니메이의 자산유동화증권처럼 보였다. 그러나 실제로는 전혀 다르다고 빌이 설명했다. 프레디맥이나 패니메이의 자산유동화증권 한 종목에는 비슷한 단일가구 주택담보대출이 수백 건 들어 있었다. 그러나 파머 맥의 자산유동화증권에 들어간 농장담보대출은 특성도 전혀 다른 데다가 건수도 얼마 되지 않았다. 이는 일반 기업대출에 가까워서 유동화할 수 없는 자산이라고 빌은 생각했다. 이런 유동화증권은 겉모습보다 훨씬 위험하므로, 회사가 파산하기 쉽다고 보았다.

나는 그에게 말했다. "그러나 정부가 후원하는 기업이잖아. 사실상 미국정부기관이라고." 그러자 빌이 대답했다. "가이, 자네는 미국정부기관에 대한 신뢰가 지나친 것 같아."

점심때가 되자, 나는 그에게 더 배우고 싶은 욕구도 있었지만 동시에 내 사무실로 돌아가 주식을 팔아버리고 싶은 충동도 느꼈다. 이제 나는 제대로 이해하지도 못한 채 파머 맥을 샀다는 생각이 분명해졌다. 나는 중대한 사실을 깨달았다. 종종 우리는 분석 방향을 잘못 잡아서 핵심을 놓치곤 한다. 따라서 우리 생각이 틀렸을 가능성을 항상 열어두어야 한다. 자선 점심을 먹을 때, 버핏은 매우 진지한 표정으로 나를 보면서 말했다. "내 투자분석은 절대 틀리지 않는다네." 버핏이라면 그 말이 맞을 것이다. 그러나 헤지펀드매니저 리사 라푸아노^{Lisa Rapuano}는 말했다. "나나 당신이나 워런 버핏이 아닙니다."

그날 나는 보유 주식의 3분의 2를 팔았다. 그리고 이튿날 나머지를 모두 털어냈다. 다행히 이익을 남기고 빠져나올 수 있었다.

이어서 나는 파머 맥 CEO 및 CFO와의 면담을 주선했다. 비 내리는 가을날 오후, 나는 펜^{Penn}역에서 빌과 휘트니를 만나 기차를 타고 워싱턴DC 파머 맥 본사로 향했다. 경영진은 준비해놓은 표준 프레젠테이션 자료로 파머 맥이 프레디맥이나 패니메이와 비슷하다는 점을 피상적으로 강조했다. 슬라이드 한두 장이 넘어간 다음, 빌이 손을 들어 말했다. "프레젠테이션을 다 보여주실 필요는 없고요, 몇 가지 질문에만 답해주시면 됩니다."

그는 전에 내게 설명해주었던 요점을 제시했다. 빌의 예리한 질문에 경영진은 답변할 의도나 능력이 없어 보였는데, 불쾌한 표정이 역력했다. CEO가 말했다. "우리 회사는 여러분이 투자할 만한 회사가 아닌가 봅니다." CEO가 더 설득력 있게 답변하지 못하는 모습에 나는 충격받았다.

1주일 뒤 나는 이 종목을 공매도했다. 내가 지금까지 살아오면서 공매도한 사례는 셋뿐인데, 그중 하나가 이 종목이었다. 공매도는 내 기질에 맞지 않는다. 그러나 경영진의 반응을 보고서 빌이 옳다는 확신이 들었다. 나중에 빌에게서 들은 이야기인데, 그는 이 회사의 분기 전화회의에서도 제외되었다.

나는 공매도라는 격투기에 자제력을 잃기 시작했다. 나는 이 회사 전화회의에 참가해서 약점을 겨냥하여 날카로운 질문을 던졌다. 이 회사의 허식 뒤에 숨어 있는 위험을 다른 투자자들에게 보여줄 생각이었다. 나는 〈뉴욕타임스〉에도 이런 위험성을 설명해주었다. 타당하고도 중요한 문제였으므로, 이 회사가 겉보기보다 위험하다는 사실을 투자자들이 마땅히 알아야 한다고 생각했다. 그러나 나는 정당한 분노라고 생각했던 내 태도가 다른 사람들 눈에는 곱게 비치지 않았던 모양이다.

돌아보니 나는 방향 감각을 상실한 채 속 좁은 폭군처럼 행동했다. 나의 투자 목적은 고객들의 돈을 복리로 증식하는 것이지, 쓸데없이 싸우거나 도덕성 회복운동가 행세를 하는 것이 아니다. 나는 그렇게 행동하는 다른 펀드매니저들을 비난하는 것이 아니라, 단지 내가 할 역할이 아니라는 뜻이다. 나는 불필요하게 손에 흙을 묻혔고, 집중력도 상실했다.

머지않아 나는 당연한 벌을 받았다. 〈월스트리트저널〉 기사는 헤지펀드매니저들이 공모해서 특정 종목을 공매도해놓고 주가 조작을 벌이는지도 모른다고 지적했다. 기사가 열거한 종목은 MBIA, 얼라이드 캐피털Allied Capital, 파머 맥 등이었다. 증권거래위원회SEC가 조사에 착수했고, 이어서 당시 뉴욕주 검찰총장이었던 엘리엇 스피처Eliot Spitzer도 조사를 시작했다. 이들은 기사에서 언급된 펀드매니저들이 회사에 관한 거짓 정보를 퍼뜨렸는지 조사했다.

나도 빌과 함께 조사받았는데, 유명한 헤지펀드매니저 데이비드 아인혼David Einhorn도 조사대상이었다. 조사는 아무 성과가 없었지만, 나는 주의가 분산되었고 스트레스에 시달렸다. 조사관들의 요청에 따라 많은 정보를 분석해서 제출해야 했기 때문이다. 금융위기 기간에 세 종목 모두 붕괴했으므로, 빌의 분석이 입증되었다. 파머 맥을 공매도한 빌과 나는 큰 이익을 거두었다.

그렇더라도 나는 공매도하지 않는 편이 더 나았을 성싶다. 짧은 인생에 이런 갈등을 겪을 필요가 없었고, 이렇게 얻은 이익보다도 이 과정에서 겪은 두통이 더 컸기 때문이다. 이상하게 들릴지도 모르겠지만, 남들을 거칠게 대하면 우리에게도 화가 미친다고 나는 생각한다. 내 경험을 돌아보면 쓸데없이 험악한 싸움에 휘말리는 대신, 선한 세력이 되어 긍정적인 일에 집중할 때 보답 받는다. 나중에 망신당한 엘리엇 스피처도 이 사실을 깨달았는지 궁금하다.

나는 더 단순하고 정신 건강에도 좋은 방법을 찾고 싶었다. 뉴욕에서 나는 길을 잃고 방황하면서 불필요한 일에 마음을 빼앗겼다. 그러나 마침내 깨닫기 시작했다. 내게는 근사한 사무실이 필요 없었다. 내가 거물임을 입증하려고 펀드 자산 규모를 키울 필요도 없었다. 공매도 탓에 불안과 고통에 시달릴 필요도 없었다.

다시 말해서, 이제는 내게 맞지 않는 것이 무엇인지 알게 되었다. 그래도 더 좋은 길을 찾아야 했다. 그러나 내가 투자의 거장 두 분을 만나 가르침을 받게 되리라고는 꿈도 꾸지 못했다.

05 스승을 만나다

투자를 시작한 초기에 나는 슈퍼스타가 되어 남들로부터 인정받고 싶었다. 그러나 나는 본래 마케팅 능력이 형편없었으므로, 마케팅 기술을 배워야겠다고 생각했다. 나는 자신을 더 효과적으로 마케팅하는 방법을 찾기 시작했다. 그런데 그 결과는 뜻밖에도 이상하게 나왔다. 나는 마케팅을 배우는 과정에서 내 인간성이 바뀌었다. 그래서 나 자신을 마케팅하려던 생각을 아예 던져버렸다.

나는 하버드에서 마케팅을 공부했었다. 그러나 나의 진정한 마케팅 교육은 세쿼이아 펀드 주주총회에 참석하면서 시작되었다. 나는 존 리히터라는 유쾌한 미국인 사업가와 친구가 되었는데, 그는 버크셔 해서웨이와 세쿼이아 양쪽에 투자하고 있었다. 그는 내게 찰리 멍거의 하버드 강연 '사람들이 잘못 판단하는 24가지 원인' CD를 주었다.

나는 이 강연 CD가 지혜가 가득 담긴 둘도 없는 보물임을 곧 깨달았으므로, 최대한 많이 듣기로 다짐했다. 곧바로 내 차 오디오 시스템에 들어 있던 팀 로빈스의 CD를 이 CD로 교체해서 이후 18개월 동안 나는 오로지 이 강연만 들었다. 멍거의 사고방식은 정말 놀라웠다. 멍거와 함께 지낸 적이 있는 모니시 파브라이가 나중에 말해주었는데, 멍거야말로 그가 만나본 사람 가운데 가장 현명한 인물이어서 버핏도 능가할 정도였다고 한다. 게다가 멍거는 다양한 학문을 섭렵했으므로, 이 강연에는 그의 심리학, 경제학, 경영학 지식이 놀라운 방식으로 증류되고 통합되어 있었다.

예를 들어 그는 '매우 생생한 증거'가 우리의 사고를 왜곡하는 과정을 설명했다. 기술주가 미친 듯이 급등하던 시기에 한 투자자는 야후 주가가 치솟는 모습을 보고 있는데, CNBC에서는 인기 인터넷 주식에 투자해서 모두가 돈을 벌고 있다고 방송한다. 그의 파충류 뇌는 이렇게 매우 생생한 증거에 비이성적으로 반응하므로, 주가가 내재가치를 뛰어넘었다는 사실을 이해하기 어렵다. 이런 원시적 본능이 야수를 상대하는 원시인들에게는 적합해도, 주식시장을 정밀하게 분석하기에는 비참할 정도로 부적합하기 때문이다.

멍거는 여러 판단 오류가 동시에 발생하는 이른바 "합주효과lollapalooza effect"에 대해서도 설명했다. 예를 들어 친구와 친척들이 인터넷주로 거금을 버는 모습을 보면, 그는 이 투자가 확실히 승산이 높다고 믿는다. 이때 상냥한 주식중개인이 그에게 전화해서 인터넷주를 사라고 권유한다. 중개인의 말이 매우 상냥한 탓에, 그는 권유를 뿌리치기가 쉽지 않다.

아마추어는 물론 투자의 전문가조차 이런 합주효과를 뿌리치기는 쉽지 않다. 우리는 이런 영향을 받지 않는다고 생각하고 싶지만, 이런 영향은 매우 강력해서 우리의 판단을 끊임없이 왜곡한다. 실제로 이렇게 판단 오류가 여럿 동시에 발생하는 사례는 매우 많다.

나는 멍거 덕분에 이런 오류를 이해할 수 있었고, 내 주변에서 발생하는 온갖 오류 패턴을 보기 시작했다. 그는 강연에서 로버트 치알디니Robert Cialdini도 언급했는데, 《설득의 심리학Influence: The Psychology of Persuasion》을 쓴 저명한 학자였다. 멍거는 자신의 "조잡한 심리학 체계에 뚫린 많은 구멍"을 치알디니의 저서가 메워주었다고 말했다.

해마다 5월 첫째 주에, 나는 성지를 순례하듯 버크셔 주주총회에 참석하러 오마하에 간다. 나는 늘 주주총회장에 가까운 오마하 메리어트Omaha Marriott 호텔에 묵는다. 주주총회 전날 밤 멍거는 여기서 비공식 만찬을 주최한다. 나는 로비에서 머물면서 그가 초청한 손님들(빌 게이츠, 아지트 제인Ajit Jain, 로버트 치알디니 등)이 지나가는 모습을 넋 놓고 지켜본다. 나는 치알디니가 주요 인물임을 알았으므로, 그가 쓴 여러 책을 읽고 또 읽으면서 그의 메시지를 머릿속에 반복해서 주입했다.

쉐보레Chevrolet 세일즈맨 조 지라드Joe Girard 이야기가 내게 가장 큰 영향을 주었다. 지라드는 "당신을 좋아합니다."라는 글이 인쇄된 카드에 서명해서 기존 고객 수천 명에게 정기적으로 보냈다. 이렇게 개인적으로 호의를 표현하자 놀라운 효과가 나타났다. 그는 15년 동안 자동차 1만 3,001대를 판매하여 기네스 세계 기록에 올라갔다. 치알디니는 이렇게 썼다. "우리는 아첨에 경탄스러울 정도로 잘 넘어간다. 우리는 남들이 해주는 칭찬을 믿으려 한다."

나는 이 말에 매료되었다. 원리가 정말로 이렇게 단순할까? 단지 "좋아합니다."라는 말만 하면 될까? 나는 극단으로 치닫는 경향이 있다. 어떤 아이디어에 깊이 공감하면, 나는 건드려보는 정도가 아니라 갈 데까지 가본다. 그래서 나는 매일 3통씩 매주 15통의 카드를 보내기로 마음먹었다. 나는 훌륭한 강연을 해준 사람, 투자 뉴스레터를 보내 준 사람, 훌륭한 음식을 제공해준 식당, 회의에 초대해준 사람에게 감사하는 카드를 보내기 시작했다. 사람들에게 생일을 축하하는 카드도 보냈고, 흥미로운 분석보고서나 책이나 논문을 보내준 사람들에게도 카드를 보냈다. 그리고 만나서 무척 즐거웠다는 카드도 보냈다.

치알디니의 책을 읽던 무렵 내가 우연히 읽은 책에는, 로널드 레이건의 편지가 여러 통 들어 있었다. 레이건은 매우 다양한 사람들에게 편지를 보냈는데, 이들 한 사람 한 사람에게 정말로 관심이 있는 듯했다. 그는 농담과 조언을 해주었고, 염려해주었으며, 아이들을 격려해주었다. 바로 이것이 그가 성공한 비결처럼 보였다. 그가 가장 지성적인 미국 대통령은 아니었을지 몰라도, 남들을 배려하는 솜씨는 뛰어났으며 이런 마음을 편지로 표현했다. 이 방법이 미국 최고의 자동차 세일즈맨은 물론 대통령에게도 효과가 있었다면 내게도 유익할 것으로 생각했다.

처음에는 편지 쓰기 실험이 매우 계산된 행동이었다. 내 사업을 키우려는 목적이 뚜렷했기 때문이다. 나는 그 결과에 대해서 기대하는 바가 분명했다. 그러나 나는 기분이 정말로 좋아지기 시작했고, 이 활동에서 오는 긍정적 감정에 중독되었다. 내가 사람들에게 더 많이 감사할수록 나는 진정으로 더 감사하게 되었다. 그리고 내가 선의를 더 많이 표현할수록 나도 선의를 더 많이 느끼기 시작했다. 신기하게도 이 과정에서 내가 이기심에서 벗어나 남들을 주목하게 되었다.

토니 로빈스는 우리가 행동을 조금만 바꾸어도 장기적으로는 커다란 변화가 생길 수 있다고 가르쳐주었다. 이렇게 편지를 쓰는 자그마한 행동을 통해서 나는 실제로 바뀌었다. 처음에는 편지 쓰기가 쉽지 않았다. 누구에게 무슨 내용을 써야 할지 모를 때가 많았다. 그래서 수위에게 쓰거나, 아침에 커피를 타 준 사람에게 쓰기도 했다. 간혹 쑥스러운 느낌도 들었다. 즉각적으로 나타나는 효과도 없었다. 지금 생각해보니, 중요한 효과가 나타나려면 5년까지도 걸릴 수 있으므로, 사람들 대부분이 성과가 나타나기 훨씬 전에 그만두게 된다.

이렇게 편지를 대량으로 보내면서, 나는 전에는 경험하지 못한 방식으로 사람들에게 마음을 열기 시작했고, 주위 모든 사람으로부터 내가 배울 수 있겠다고 생각하기 시작했다. 이제 돌아보니 이렇게 편지 쓰는 습관은 선의와 관계를 복리로 증식시키는 대단히 효과적인 방법이었다. 아인슈타인은 복리를 세계 8대 불가사의로 꼽았다고 한다. 그러나 선의와 관계의 복리는 이자복리 이상으로 더 소중하고 흥미로운 현상이다.

편지 쓰기는 내 펀드를 판매하는 수단으로 시작되었지만, 상상하기 어려울 정도로 내 인생을 풍요롭게 해주었다. 나는 펀드를 더 판매하는 대신, 사람들을 더 배려하고 도울 방법을 생각하기 시작했다. 아이러니하게도 내가 목적의식을 버리고 더 진정성을 보일수록 사람들은 내 펀드에 더 관심을 보였다. 내가 이기심을 버리고 더 정직한 모습을 보일 때 이렇게 뜻밖의 성과가 나타났다.

편지 쓰기를 시작하고 2년 뒤, 나는 와튼^{Wharton}(펜실베이니아대) 경영대학원생 아론 버드^{Aaron Byrd}를 만났다. 그는 멋진 녀석이어서 곧바로 통하는 느낌이었으므로, 그에게 인턴 자리를 제안했다. 그해 늦여름, 아론은 모니시 파브라이라는 투자가의 연례회의에 참석하러 시카고에 간다고 말했다. 나는 모니시에 대해서 들어본 적이 없었지만, 아론의 말로는 그의 투자수익률이 경이적이었다. 그래서 나는 함께 가보기로 했다.

나중에 알았지만 모니시는 배경이 다채로웠다. 그의 할아버지는 떠돌이 마술사였고, 아버지는 성공만큼이나 실패도 많았던 사업가였다. 1964년에 태어난 모니시는 뭄바이, 뉴델리, 두바이에서 자라 1980년대에 미국에 왔을 때에는 무일푼 학생이었다. 그는 신용카드 대출 7만 달러와 퇴직연금 3만 달러로 트랜스테크^{TransTech}라는 IT 컨설팅 회사를 설립했다. 이 회사의 매출이 2,000만 달러로 증가하자, 그는 600

만 달러에 매각했다.

나와 마찬가지로 모니시도 로웬스타인의 전기와 버크셔 '주주 서한'을 통해서 버핏과 가치투자를 알게 되었다. 버핏에 깊이 매료된 그는 1999년 투자회사를 설립했다. 파브라이 펀드의 수익률은 탁월했다. 2013년 9월, 〈포브스〉는 "2000년 이후 초과수익률 1,100%로 시장을 압도한 모니시 파브라이How Mohnish Pabrai Crushed the Market by 1,100% since 2000."라는 기사를 실었다.

시카고 연례회의에 참석했던 2003년 당시, 내 눈에도 그는 확실히 비범한 인물이었다. 그는 연 30%가 넘는 수익률을 기록하고 있었다. 그러나 특이하면서도 절제된 그의 사업 방식 역시 똑같이 충격적이었다. 뉴욕 투자업계 종사자라면 누구나 '행사장 공짜 점심rubber chicken lunches'을 먹어보았을 것이다. 공짜 점심을 주는 행사는 대개 피에르The Pierre 같은 고급 호텔에서 열리며, 경영진은 프레젠테이션에서 자기회사 주식이나 펀드를 사야 하는 온갖 이유를 제시한다.

파브라이가 진행한 방식은 완전히 달랐다. 행사장은 시내 고급 호텔이 아니라, 교통이 편리한 오헤어 공항 근처 칼루치Carlucci 식당의 강당이었다. 그리고 행사 시점이 주말이었다. 고객들은 평상복 차림이었는데, 가족을 데려온 사람도 있었다. 이것이 모니시 스타일이었다. 그는 사람들의 관례적인 기대에 부응하려고 애쓰지 않았다. 그는 색다른 방식을 두려워하지 않았는데, 이렇게 인습에 얽매이지 않는 그의 방식에 나는 전적으로 공감했다.

회의를 진행하면서 그는 펀드의 실적을 설명하였고, 그가 사용한 투자 기법 사례 두 가지를 제시했는데 성공 사례 하나와 실패 사례 하나였다. 약 100명 모인 고객들에게 그는 상품 선전을 하지 않았다. 고객들은 배우러 온 사람들이었다. 모니시는 다른 사람들의 시선을 의식하지 않은 채, 정직하고도 쉽게 설명했다.

그가 투자에 성공한 프런트라인Frontline Ltd.에 대한 설명이 특히 인상적이었다. 나는 앉아서 그가 설명하는 내용을 부지런히 받아 적었다. 그는 회사가 보유한 유조선 가격이 대체원가보다 훨씬 낮은 시점에 투자했다. 대체가격보다 낮은 가격에 자산을 사들인다는 개념은 나도 잘 이해하고 있었지만, 이런 가격이 촉매가 되어 유조선 공급이 고갈되는 시장 메커니즘에 대해 그는 깊은 통찰을 보여주었다. 모니시가 설명한 사례를 하워드 마크스Howard Marks는 나중에 "2차원 사고second-level thinking"라고 불렀는데, 이는 중요하지만 보기 드문 사고방식이다. 모니시의 세계관은 남달랐지만, 그의 역발상 투자전략은 설득력이 매우 높았다.

한 걸음 물러서서 관찰해보니 흥미로운 장면이 나타났다. 예를 들면, 참석자 중 홍보하러 온 사람 둘이 보였다. 한 사람은 펀드매니저였는데 질문을 통해서 자신의 운용실적을 극구 선전했다. 또 한 사람은 투자은행 간부로서, 자신이 제공하는 서비스를 홍보했다. 이에 대해 대부분 참석자가 불편해하는 기색이었다. 좋은 모임이 되려면 여러 사람이 함께 노력해야 한다. 그러나 두 사람은 노골적으로 선전하려 했으므로 경솔한 인상을 주었다.

반면에 모니시는 인격적으로 풍요로운 모습을 보여주었다. 그는 가식 없는 편안한 모습으로 기꺼이 자신의 지혜를 나눠주었다. 이후 그는 상류층이 모여 사는 캘리포니아 교외에서 사무실 근처의 수수한 주택으로 이사했다. 이는 워런 버핏이 말하는 이른바 '외면적 평가'에 그가 얽매이지 않는다는 증거이며, 그가 강한 주요 이유다.

모니시의 연례회의에 참석하고 뉴욕으로 돌아온 나는 만년필을 꺼내어 그에게 간단한 편지를 흘려 썼는데, 내용은 대략 다음과 같았다. "파브라이 귀하, 연례회의에 참석하게 해주셔서 대단히 감사합니다. 덕분에 인생과 투자에 대해서 많이 배웠으며, 훌륭한 분들도 만날 수 있었습니다. 고맙습니다. 가이 스파이어."

이는 내가 그 주간에 보낸 짤막한 편지 10여 통 중 하나에 불과했다. 별다른 주제도 없었고, 달리 기대한 것도 없었다. 나는 편지를 보낸 다음 잊고 있었다. 그러나 나중에 모니시가 말해주었는데, 연례회의 후 편지를 보낸 사람은 나뿐이었으므로 그는 나를 뚜렷이 기억하게 되었다. 약 6개월 뒤 그가 내게 이메일을 보내왔다. 코네티컷주 그리니치Greenwich 회의에 참석할 예정인데, 만찬을 함께 하겠느냐고 내게 물었다. 나는 기꺼이 하겠다고 답신했다.

그날 모니시와의 저녁 식사가 내 인생 경로를 바꿔놓았다. 이후 워런 버핏과 함께한 점심보다도 더 바꿔놓은 듯하다. 내가 모니시에게 감사 편지를 보내지 않았다면 이와 같은 커다란 변화가 절대 일어나지 않았을 것이다. 당시에는 몰랐지만 내가 보낸 편지는 모두 뜻밖의 행운을 불러다 주었다. 사람들에게는 편지가 시간 낭비처럼 보일지 모른다. 그러나 복권에 당첨되려면 일단 복권을 사야 하며, 이런 복권은 거의 공짜다. 어떻게 보면 이는 인생에 대한 가치투자다. 헐값에산 물건이 언젠가 보물이 될 수도 있기 때문이다.

우리는 델마 그리니치 하버 호텔Delmar Greenwich Harbor Hotel에서 만났다. 탁월한 투자가의 관심을 끌었다는 우쭐한 기분에 들뜬 나는 30분먼저 도착했다. 나는 젊은 시절에는 누군가를 만나기 전에 흥미로운아이디어를 준비했다. 그러나 그날 저녁에는 아이디어를 준비하지 않았다. 수많은 질문으로 그의 고수익 비결을 캐내고 싶은 유혹도 느꼈지만 자제했다. 나는 단지 그와 함께 시간을 보내는 것만으로도 감사하는 마음이었다.

모니시도 내 마음을 감지했는지 꾸밈없는 말투였다. 사람들은 상대의 생각을 감지하면 방어적인 태도로 바뀌기 쉽다. 그러나 이상하게 들릴지 모르겠지만, 나는 그와 함께해야 한다는 일종의 종교적 영감을 느꼈다. 그가 나를 진실하게 대했으므로 나도 그를 진실하게 대할 수밖에 없었다.

저녁을 먹는 동안 그는 자신의 모습을 있는 그대로 보여주었다. 그는 겉과 속이 똑같은 사람이어서, 가식이 전혀 없었다. 나는 살아오면서 겉과 속이 다를 때가 많았다. 그러나 모니시 앞에서는 나도 처음부터 겉과 속이 일치하게 되었다. 표리부동表裏不同은 대인관계는 물론 사업과 투자에도 위험하다. 찰리 멍거는 정직하면 항상 마음이 더 편하다고 말한다. 거짓말을 기억할 필요가 없기 때문이다. 우리 두뇌도 불필요한 정신노동을 그만큼 덜어낼 수 있으므로, 유용한 일에 더 집중할 수 있다.

모니시는 저녁을 먹으면서《의식 혁명: 힘과 위력, 인간 행동의 숨은 결정자Power vs. Force: The Hidden Determinants of Human Behavior》라는 책에 대해서 말해주었다. 저자 데이비드 호킨스David Hawkins는 우리가 자신에 대해 진실하면 남들의 깊은 심리 반응을 이끌어낼 수 있으므로, 남들에게 더 큰 영향을 미칠 수 있다고 설명한다. 모니시는 자신에게 솔직한 사람이 실제로 강하다는 생각을 스스로 구현한 듯했다. 우리 대화는 내 마음속에 희망의 씨앗을 심어주었다. 온통 거짓으로 가득 찬 DH 블레어를 떠나면서 시작된 나의 변신이 완성되어, 언젠가 정말로 진실한 내가 되고 싶다는 희망의 씨앗이었다.

알고 보니 모니시도 나처럼 세속적 지혜를 추구한 적이 있었다. 그러나 그는 세속적 지혜에 접근하는 방향과 의도가 나와 많이 달랐다. 토니 로빈스는 내게 성공한 사람들의 습관을 본받으라고 가르쳐주었다. 모니시는 이를 '복제cloning'라고 불렀는데, 그는 평생 독창적인 아이디어를 내본 적이 한 번도 없으며, 이에 대해 전혀 개의치 않는다고 가끔 농담했다. 실제로 우리는 훌륭한 아이디어를 복제해서 우리 자신의 것으로 만들며, 세상은 흔히 이런 방식으로 돌아간다.

이 방식이 사업에도 통한다는 사실을 모니시는 알고 있었다. 기업은 경쟁사의 강점을 연구해서 재현하면 큰 이익을 얻을 수 있다. 그는 길 건너 마주 보는 두 주유소의 예를 들었다. 한 주유소는 주인이 똑똑해서 절반 가격에 풀 서비스를 제공하면서, 앞유리 청소와 엔진오일 점검도 공짜로 해주었다. 다시 말해서 이 주인은 사업에 도움이 되는 사소한 행동을 계속 하면서 선순환을 만들어냈다. 그러나 건너편 주유소는 이렇게 하지 못해서 사업이 기울었다. 성공하는 경쟁자의 행동은 모두 모방하기가 어렵지 않았는데도 말이다. 훌륭한 아이디어 중에는 이미 공개된 것도 많다. 우리는 단지 복제하기만 하면 된다.

이것이 모니시와 내가 투자 과정에서 배운 요령이다. 우리는 버핏의 투자방식을 보았고, 의식적으로 모방하려고 노력했다. 그러나 모니시는 끊임없이 세부사항에 주목했으므로 나보다 복제를 훨씬 잘했다. 예를 들어 그는 보수구조와 상환 조건 등 버핏 투자조합의 특성을 세심하게 복제했다. 나는 10년이 지나서야 펀드를 설정할 때부터 버핏 투자조합을 복제했어야 했다는 점을 깨달았다.

저녁을 먹는 동안 모니시는 이미 공개된 훌륭한 투자 아이디어를 복제하지 못하는 바보들을 동정했고, 나도 그들을 동정하게 되었다. 그러나 몇 년 뒤, 모니시는 성공하는 주유소 주인과 비슷했지만 나는 길 건너 실패하는 주유소 주인과 비슷했음을 다시 깨달았다. 나중에 논의하겠지만 나도 그에게 배워서 마침내 눈을 뜨게 되었다.

모니시와의 다음 만남은 내 인생에 더 큰 영향을 주었다. 모니시도 나만큼 그날 저녁이 즐거웠는지 궁금했는데, 몇 달 뒤 그로부터 반

가운 이메일이 왔다. 뉴욕에서 아침을 함께 먹자는 내용이었다. 그는 뉴욕에서 열리는 '밸류 인베스팅 콩그레스^{Value Investing Congress}'에서 발표할 예정이었다. 나는 이날 만남이 내 인생에 중요하다고 직감했으므로, 기억에 남는 만남으로 만들고 싶었다. 나는 만다린 오리엔탈 호텔 식당을 선택했다. 센트럴파크 전망이 근사한 데다가 모니시의 행사장에서도 가까웠기 때문이다. 나는 약속 전날에도 식당을 방문하여 테이블 위치를 확인하고, 계산서를 내게 달라고 말해두었다.

이런 나의 행동이 지나쳐 보일 수도 있다. 그러나 나는 모니시에게 배운 대로 실천했을 뿐이다. 일부 사업은 하나만 잘해도 성공하지만, 대부분 사업은 사소한 일을 수없이 잘해야 성공하기 때문이다. 예컨대 월마트는 사소한 일을 수없이 잘해서 성공한 회사다. 내가 받은 현실 교육의 핵심은 미시적 수준에서 현명하면서도 실제적인 행동을 많이 하는 것이었다. 예를 들면 감사편지 보내기, 훌륭한 아침 식사장소 선택, 사람들의 말에 귀 기울이기, 내가 대접받고 싶은 방식으로 남을 대접하기 등이다. 평생에 걸쳐 이렇게 단순한 일을 계속 해나가면, 그 효과가 누적되어 평판이 높아지고 대인관계도 좋아질 수 있다. 이렇게 단순한 일들을 잘 해나가면 좋을 일들도 많이 일어나게 된다.

그날 아침 식사는 훌륭했다. 우선 모니시는 내가 경외하는 인물이었다. 나도 투자수익률이 높고 투자 지식이 풍부한 편이었지만, 그는 투자수익률이 눈부셨고 사고방식이 탁월해서 도저히 상대가 되질 않았다. 우리 사이에 차이점도 있었다. 인식 스타일이 달라서, 나는 주의력이 산만한 편이었고 그는 집중력이 대단했다. 그러나 우리 사이에는 공통점도 많았는데, 둘 다 자신이 이방인이라는 인식이 뿌리 깊이 박혀 있었다. 우리 집안은 독일계 유대인 난민으로서, 이스라엘과 영국에서 성공을 거두었다. 그는 인도에서 미국으로 이민 와서 크게 성공했다. 나는 그에게 가르쳐줄 것이 전혀 없었지만, 왠지 모르게 정서적으로나 지성적으로나 그와 갈수록 더 연결되는 느낌이었다.

만다린 호텔에서 센트럴파크와 뉴욕 스카이라인을 바라보며 앉아 있을 때, 나는 전혀 생각하지 못했던 아이디어를 모니시가 떠올렸다. 매년 이베이에서 경매하는 워런 버핏과의 자선 점심에 힘을 합쳐 응찰하자는 아이디어였다. 버핏이 내 인생을 바꿔놓은 투자가이긴 하지만, 한 끼에 수십만 달러나 지출하는 것은 미친 짓이라고 처음에는 생각했다. 나는 정중하게 말했다. "자선 점심 가격이 엄청날 텐데요. 사람들은 왜 그렇게 비싼 점심을 하려는 거죠?"

이는 통념상으로는 합리적인 문제 제기였으나, 모니시는 점심에 응찰해야 하는 합당한 이유를 색다른 방식으로 찬찬히 분석해주었다. 기부금은 매우 훌륭한 자선단체인 '글라이드 재단GLIDE Foundation'으로 가며, 덤으로 워런 버핏과 점심을 먹는 것이라고 그는 지적했다. 다른 자선 기부금은 대개 기부자의 이름이 새겨진 명판으로 기부자의 평판이나 자존심만 높여줄 뿐 의미가 없다고 말했다. 그러나 이 자선 점심은 지극히 현명한 자본가의 전형을 만나게 해주므로 더없이 소중하다고 설명했다.

이 점심에서 우리가 구체적인 이득을 찾을 필요가 없다는 점도 모니시가 깨우쳐주었다. 버핏을 직접 만나 그동안 그가 우리에게 가르쳐준 모든 것에 감사할 기회라는 말이었다. 아침 식사가 끝나갈 무렵 나는 전적으로 확신하게 되었다.

그래서 우리는 한 팀이 되어 버핏과의 점심 경매에 응찰하기로 했다. 첫해에는 더 높은 가격을 제시한 응찰자가 있어서 우리는 밀려났다. 이듬해 모니시는 다시 응찰하겠다고 굳게 결심했다. 나는 유럽을 여행하던 중 그의 전화를 받았다. 그가 말했다. "가이, 이번에는 꼭 우리가 낙찰받아야 해."

우리가 낙찰받으면 모니시는 점심에 아내와 두 딸을 데려오고, 나는 아이들이 아직 너무 어려서 아내만 데려올 계획이었다. 친절하게도 모니시는 자신이 데려오는 사람 숫자가 더 많으므로, 가격 불문하고 낙찰 금액의 3분의 2는 자신이 부담하겠으니, 3분의 1은 내가 부담하라고 제안했다.

그런데도 나는 낙찰가가 너무 높아질까 걱정스러웠다. 나는 펀드 운용 경력도 짧고 펀드 규모도 작은 데다가, 셋째 아이가 나올 예정이어서 맨해튼 내에서 더 큰 집으로 이사해야 할 형편이었다. 그래서 나는 모니시에게 25만 달러까지는 부담하겠지만, 그 이상은 감당하기 어렵다고 말했다. 그는 입찰가로 75만 달러를 넘길 생각도 하고 있었지만, 그렇다면 나는 포기하겠다는 뜻이었다. 모니시는 잠시 생각했다. 그리고서 만일 75만 달러가 넘어가면 초과 금액은 자신이 모두 부담할 터이므로, 내 부담액 상한선은 25만 달러가 될 것이라고 말해주었다. 그의 아량에 나는 깜짝 놀랐다.

우리는 웅찰에 대해서 계약서 작성은커녕 악수도 하지 않았다. 나는 이렇게 깊은 신뢰 관계에 감동했다. 버핏 역시 종종 계약서조차 작성하지 않은 채 거래에 합의하기도 했다. 지금까지 아버지 외에는 이런 방식으로 나와 거래해준 사람이 없었다.

마침내 우리는 두 번째 시도에서 65만 달러에 낙찰받았다. 나는 무척 흥분했다. 그리고 혹시라도 모니시가 걱정하지 않도록 바로 이튿날 낙찰금액의 3분의 1을 글라이드 재단에 송금했다. 나는 송금 완료를 확인한 다음에야 모니시에게 전화해서 나의 황홀한 마음을 전했다.

우리 점심 날짜는 2008년 6월 25일로 잡혔다. 준비할 시간이 몇 달 있었다. 투자의 달인을 만날 준비 기간으로 충분했다. 나보다 나은 사람을 만날 때에는 미리 준비를 해두어야 한다.

버핏과의
점심

이제 몇 년 더 지나면, 나의 인생행로는 워런 버핏의 인생행로에 더 가까워질 것이다. 기술주가 치솟던 1990년대 말, 버크셔 해서웨이의 실적이 뒤처지자 버핏의 기량이 예전만 못하다는 불평이 쏟아졌다. 회의론자들은 버핏이 왜 낡은 투자 방식을 고수하면서 따분한 기업에만 투자하는지 궁금해했다. 사람들은 주가가 주당 매출액보다 몇 배나 높은 인기 주식에 투자해서 거금을 벌어들이고 있는데도 말이다.

이렇게 미친 시장에서 소외된 버크셔 주식은, 내가 보기에 터무니없이 낮은 수준까지 폭락했다. 그래서 나는 버크셔의 비중을 펀드의 20% 이상으로 높였다. 한때 인기를 끌어모았던 기술주가 파멸의 길을 가는 동안 버크셔 주가는 네 배 이상 상승했다. 버크셔는 지금도 내 펀드의 주력 종목으로서 높은 비중을 유지하고 있으며, 앞으로도 장기간 높은 수익률을 내줄 수 있다.

그동안 나는 버핏처럼 생각하고 투자하려고 끊임없이 노력했다. 나는 계속해서 그에 관한 글을 읽었고, 그가 산 종목을 공부했으며, 그의 성공 요소를 복제하려고 온 힘을 기울였다. 자선 점심 무렵까지 나는 오마하 버크셔 주주총회에 10여 번이나 참석했다.

주주총회에 참석하던 초기에는 내가 뉴욕 소용돌이에 휘말린 탓에, 뉴욕의 거물급 금융인들이 그러듯이 주로 오마하 매리엇^{Omaha Mar-riott} 호텔에 머물렀다. 그러나 서서히 변화가 일어났다. 나는 뉴욕에서 온 사람들과 어울리는 대신, 더블트리 호텔^{DoubleTree Hotel}에 머물면서 '옐로 버크셔 주주^{Yellow BRKers}'라는 버핏 팬클럽 회원들과 합류하기 시작했다. 이들은 웹사이트에 다음과 같이 경고했다. "옐로 버크셔 주주 모임은 버크셔 주주들로 구성된 100% 비공식 모임입니다. 이 모임은 특정 제품이나 서비스를 홍보하지 않는 순수 포럼입니다."

이 모임 사람들은 출세를 지향하는 옷차림도 아니었고, 버크셔 주주총회를 사업에 이용하려는 의도도 전혀 없었다. 이들은 주주총회에서 배우고, 우정을 쌓으며, 지혜의 샘물을 마시려고 왔다. 대부분이 자기 돈을 버크셔에 투자한 아마추어들이었다. 수십 년 동안 주식을 보유한 사람도 많았다. 흔히 유니폼처럼 카키색 바지와 파란색 블레이저를 입는 뉴욕의 전문 투자자들과는 에너지의 원천이 달랐다.

나는 모니시를 통해서 인도인 버핏 팬도 만났는데, 수천 킬로나 떨어진 곳에서 온 사람도 있었다. 나는 거래나 사교에는 무관심한 이런 아마추어 주주들과 보내는 시간이 즐거웠다. 이들은 무게를 잡지 않았으므로 시끌벅적하게 웃으며 어울릴 수 있었다. 이런 소박한 집단의 가치와 기풍이 더 건전하고 현실적인 듯했다.

나는 닳아빠진 옥스퍼드-하버드-뉴욕 스타일을 과시하는 대신, 다른 버핏 팬과 신도들처럼 격의 없이 함께 어울려 즐겼다. 전에는 주주총회 당일에 인파를 피하려고 오전 8시 정각이 되어서야 천천히 숙소에서 걸어나왔었다. 그러나 이제는 새벽 5시 30분에 일어나서 골수 팬들과 함께 컨벤션 센터 남쪽 문앞에 줄을 섰다.

덕분에 나는 모니시와 함께 앞줄에 앉아 버핏과 멍거를 완벽하게 볼 수 있었다. 전에는 뒷줄에 기대어 소극적이면서 심지어 비판하는 듯한 태도로 관망했지만, 이제는 앞줄에 앉아 훨씬 더 잘 배울 수 있었다. 무슨 일이든 하려면 열정을 쏟아부어야 한다는 점을 실감했다. 프렘 왓사Prem Watsa, 리 루Li Lu, 마리오 가벨리Mario Gabelli 등 다른 진지한 투자자들도 틀림없이 똑같은 결론을 내렸을 것이다. 이들도 앞줄에 있었기 때문이다. 다시 실감했지만, 이런 작은 행동이 나중에 커다란 차이를 만든다.

오마하 컨벤션 센터 화장실 앞에서 잠깐 마주친 순간을 제외하면 나는 버핏을 직접 대면한 적이 없었다. 그동안 나는 멀리 떨어진 상태에서 그를 관찰하고 공부했을 뿐이다. 그러나 내가 편지를 쓴 덕분에 (모니시를 만났고, 그와 함께 자선 점심 경매에 낙찰되어) 이제는 완전히 새로운 영역에 들어서게 되었다. 갑자기 나의 영웅을 직접 만나 점심을 먹게 된 것이다!

실감이 나지 않았다. 이제 겨우 우주와 교감을 시작했을 뿐이고, 그동안 옳은 일을 그다지 많이 한 것도 아니다. 그러나 자신의 내면을 바꾸기 시작하면 내 주변 세상도 이에 반응한다. 나는 이 중요한 아이디어가 널리 퍼지길 바란다. 어쩌면 내가 워런 버핏과 점심을 먹는다는 사실보다도 이 아이디어가 더 중요하다. 내 경험을 돌아보면, 내 의식이나 정신 자세에 변화가 생길 때 놀라운 사건이 일어났다. 이런 변화가 궁극적인 사업의 수단이자 인생의 도구다.

나는 DH 블레어를 떠난 이후 이미 많이 바뀌었다. 그러나 내 헤지펀드 비즈니스모델에는 여전히 문제가 남아 있었다. 버핏과의 점심 날짜가 다가올수록 이 사실이 불편해졌다. 버핏이 나를 연간 운용보수 1%와 성과보수 20%를 뜯어먹는 탐욕스러운 뉴욕 헤지펀드매니저로 볼까 봐 두려웠다.

모니시는 연간 운용보수를 받지 않고, 실적이 좋을 때에만 보상받았다. 버핏은 버크셔를 경영하면서 받는 연간 보수가 10만 달러였다. 동료 주주들에게 벌어준 수십억 달러를 고려하면 우스울 정도로 적은 금액이었다. 그러면 나는 그날 점심에 모이는 세 사람 중 운용자산 규모도 가장 작고 수익률도 가장 낮으면서도, 가장 이기적인 보수구조로 가장 높은 보수를 받는 사람이 된다. 이런 이야기는 글로 표현하기가 고통스럽지만, 엄연한 사실이다.

연간 운용보수를 2%나 받는 헤지펀드매니저도 많다고 변명할 수도 있다. 그러나 이들의 보수구조가 더 터무니없다는 사실도 나에게 는 위안이 되지 않았다. 단지 최악을 면하는 것으로는 충분치 않았다. 나는 올바른 편에 서고 싶었다. 버핏은 훌륭한 보수구조 사례를 만들 어 냄으로써, 투자자들을 더 공정하게 대우하도록 은연 중에 나에게 영향을 미치고 있었다. 나는 그를 만날 예정이었으므로 그의 영향을 거부하기가 어려웠다.

헤지펀드는 투자자들을 벗겨 먹는 보수구조에 불과하다는 월스 트리트 농담이 있다. 나는 그런 시스템에 동참하고 싶지 않았으나, '업 계 표준'이라는 고문들의 말에 너무 쉽게 넘어가 동참하고 말았다. 그 러나 이제는 버핏과의 점심 자리에서 유일하게 연간 보수를 받는 사 람이 된다면 못 견딜 것 같았다.

그래서 나는 버핏 투자조합의 보수구조를 복제한 새 주식 클래스 를 내 펀드에 도입했다. 기존 주주들은 원하면 기존 주식을 계속 보유 할 수도 있지만, 장기적으로 더 유리한 주식 클래스를 선택할 수도 있 다. 새 주식 클래스는 연간 운용보수가 없으며, 연 수익률이 6%를 초 과할 때에만 성과보수를 지급한다. 나는 연 수익률 6% 초과분에 대해 서 성과보수 4분의 1을 받으므로, 투자자들이 높은 수익을 얻을 때에 만 푸짐한 보상을 받는다. 나는 10년 전에 이 방식을 받아들여 처음부 터 바른길로 들어섰어야 했다.

똑똑한 투자자들은 새 보수구조가 유리하다는 사실을 직관적으 로 안다. 따라서 이제는 내가 펀드를 팔려고 애쓰지 않아도 똑똑한 장기 투자자들이 몰려들 것이다.

내가 펀드를 운용하던 초기에, 교활한 마케터들이 내 펀드를 팔아 운용자산 규모를 키워주겠다고 접근했었다. 그러나 이들의 시도는 소용이 없었다. 올바른 방법이 아니었다. 가장 효과적인 방법은 나 자신을 돌아보면서 생각을 바꾸어, 투자자들의 이익을 앞세우는 것이었다. 다른 분야에서도 그랬듯이 버핏이 진작에 가르쳐준 것을 나는 오랜 세월이 흘러서야 깨달았다.

나는 버핏과의 점심 전에 그가 후원하는 자선 단체인 글라이드 재단을 방문하고 싶었다. 버핏이 이 단체를 선택한 이유가 궁금했기 때문이다. 극히 이례적인 인물을 만나면 시간과 노력을 들여서라도 그 인물의 역장力場:force filed 안에 들어가 볼 필요가 있다. 나는 글라이드 재단이 버핏의 역장 안에 들어간 이유를 알고 싶었다.

나는 이 자선단체에 대해서 더 알아보려고 샌프란시스코행 비행기에 올랐다. 이 단체의 사명은 '전혀 차별하지 않고 서로 사랑하는 공동체 건설'이었다. 글라이드 재단은 빈민가인 텐덜로인Tenderloin 구역에 교회를 운영하면서, 빈곤층에 공공의료 서비스와 매년 80만 인분이 넘는 음식을 제공하고 있다. 버핏에게 이 재단을 소개한 사람은 항상 아낌없이 베풀던 그의 부인 고故 수잔Susan이었다. 버핏은 수잔이 세상을 떠난 2004년 이후 매년 점심 경매를 통해 이 재단을 계속 지원하고 있다.

재단 설립자 세실 윌리엄스Cecil Williams 목사가 글라이드 재단 본사

현관 앞까지 나와 환한 얼굴로 맞아주었다. 그는 가난하고 소외된 사람들을 돕는 사회운동가였다. 그도 버핏처럼 자신의 일에 온 힘을 쏟아부었다. 나중에 글라이드 무료급식소에서 그와 점심을 먹으면서 보니, 그는 정감 어린 농담을 주고받으면서 모든 사람을 포용했다. 자포자기한 사람들을 정말로 따뜻하고 인간적으로 대우하는 훌륭한 단체임을 곧바로 실감할 수 있었다. 버핏도 글라이드 재단에 대해서 언급한 적이 있다. "이 재단은 환경에 상관없이 모든 사람에게 잠재력이 있다고 인식합니다. 사랑과 시간과 에너지와 자원을 결합하면 누구나 확실히 달라질 수 있다고 봅니다."

윌리엄스 목사는 버핏이 좋아하는 전형적인 경영자라는 생각도 들었다. 버크셔의 자회사를 경영하는 CEO들과 다르지 않아 보였다. 그는 지극히 진실했고, 가식이라곤 찾아볼 수가 없었다. 그는 관심과 에너지를 어려운 사람들에게 쏟아부었고, 이 일을 좋아하는 모습이 역력했다. 그날 늦게 나는 글라이드 재단이 촬영하는 비디오에서 이렇게 말했다. "버핏은 투자 대상 기업뿐 아니라, 지원 대상 자선단체도 엄선했음이 분명합니다."

나는 글라이드 재단 방문을 통해서 버핏이 지원 대상 선정에 지극히 관심이 많다는 사실을 깨달았다. 나도 도와줄 대상을 계속 찾아야겠다는 생각이 들었으며, 내가 남을 많이 도울수록 내 인생도 더 행복해지리라 생각했다.

경매 규정에 따라 우리는 모두 7명이 맨해튼 '스미스 앤드 월렌스키'Smith & Wollensky' 스테이크하우스에서 버핏과 점심을 먹게 되었다. 우리 참석자는 모니시와 그의 부인 해리나Harina, 두 딸 몬순Monsoon과 모마치Momachi, 내 아내 로리Lory와 나였다. 우리는 모두 6명이었으므로, 엄밀히 따지자면 한 자리가 남았다. 아는 사람들이 내게 남은 한 자리를 사겠다고 제안했다. 런던에서 활동하는 한 펀드매니저는 10만 달러를 내겠다고 했다. 한 허풍쟁이 사모펀드 운용자는 우리 가족들의 자리까지도 데이비드 캐머런David Cameron(영국 총리)에게 넘기라고 제안했다.

아내 로리는 이런 제안이 있다는 말을 듣자, 더 요긴한 사람에게 자기 자리를 양보하겠다고 사심 없이 말했다. 그러나 이 점심은 상거래가 아니므로, 아내의 자리를 팔 수는 없었다. 그래도 모니시에게 10만 달러짜리 제안이 들어왔다는 말은 전해야 할 듯했다. 그는 단호했다. 이 점심은 버핏에게 감사의 마음을 전하는 가족 행사라고 못박았다. 숨은 의도 같은 것은 없었다. 남은 자리를 경매에 부치거나 다른 사람들을 끼워넣는다면, 이 취지가 곧바로 퇴색할 터였다.

드디어 점심을 먹는 날이 왔다. 늦은 6월의 화창한 아침이었다. 로리와 나는 택시로 식당49th Street and Third Avenue에 갔다. 우리는 1시간 일찍 도착했다. 이 중요한 행사에 늦기 싫었고, 이 순간을 음미하고 싶었기 때문이다. 식당 밖에는 CNBC 등의 TV 카메라가 설치되어 있었다. 우리도 이 행사를 기념하려고 버핏의 허락을 얻어 결혼식 사진작가를 고용했다.

나는 지나치게 긴장한 나머지 체력이 떨어져서 감기에 걸렸다. 버핏은 사람의 마음을 꿰뚫어보는 능력이 있었으므로, 나는 두려웠다. 내 본성에 남아 있는 고든 게코Gordon Gekko(악명 높은 기업사냥꾼)의 흔적을 그가 감지하면 어떻게 하나? 그러나 한편으로는 짜릿한 흥분도 느꼈다. 모니시와 함께 식사를 하면서, 존경하는 사람과 한자리에 있는 것만으로도 엄청난 영향을 받는다는 사실을 나는 실감했기 때문이다. 그래서 나는 버핏을 가까이서 지켜볼 수 있다는 생각에 흥분했다. 이는 궁극의 자본가가 가르쳐주는 마스터 클래스였다.

오후 12시 30분경, 우리 7명은 주방 가까이 목재 패널로 장식한 안락한 방에 앉았다. 완전히 밀폐된 공간은 아니었으므로 워런 버핏을 본 다른 손님들이 웅성거렸다. 버핏은 흰 와이셔츠에 신사복 차림이었고, 검은 무늬의 연노랑 타이를 맸다. 모니시의 두 딸이 버핏의 좌우에 앉았다. 나는 모니시의 딸 모마치의 오른쪽에 앉았고, 아내 로리는 내 오른쪽에 앉았다. 모니시와 해리나는 버핏의 왼쪽에 앉았다.

우리 두 아내와 모니시의 아이들 덕분에, 공식적인 회의가 아니라 밝고 즐거운 가족 행사 분위기가 되었다. 두 아이에게 선물을 가져온 버핏은 기쁨과 선의로 환한 표정이었다. 역사상 최고의 투자가 겸 세계 최고의 부호라기보다는 정감 넘치는 할아버지의 모습이었다.

버크셔 주주총회에서도 보았듯이, 버핏에게는 가식이나 어색함이 전혀 없었다. 그는 자신을 워런으로 불러달라고 말하면서 특유의 따뜻하고 친근한 말투로 우리 모두를 편안하게 해주었다. 그는 두 아이에게 나이를 묻고서 말했다. "너는 12살, 너는 11살이고, 나는 77살이네." 이어 메뉴판이 오자, 그는 5살 이전에는 평소 먹던 음식이 아니면 손도 대지 않았다고 아이들에게 농담했다. 아니나 다를까 그는 약간 덜 익힌 스테이크, 해시 브라운, 체리 코크를 주문했다. 버크셔가 코카콜라의 최대 주주인 점을 고려하면 적절한 선택이었다. 메뉴에 시간을 낭비하기 싫어서 나도 따라서 스테이크, 해시 브라운, 다이어트 코크를 주문했다.

버핏은 우리에 대해 이미 많이 알고 있었다. 그는 아내 로리에게 그녀가 태어난 노스캐롤라이나 솔즈베리Salisbury에 대해서 물어보았고, 자기도 컬럼비아대학원생 시절에 친구와 함께 솔즈베리에서 지낸 적이 있다고 말했다. 그는 인도에서 어린이들을 교육하는 모니시의 자선 재단 닥샤나Dakshana의 훌륭한 사업보고서에 감명받았다는 말도 했다. 그는 이 사업보고서를 찰리 멍거와 빌 게이츠에게 보냈다고 말하여 모니시를 곤혹스럽게 하기도 했다. 실제로 버핏은 우리 점심에 대해 폭스 뉴스Fox News와 인터뷰하면서, 모니시의 자선활동에 대해서도 구체적으로 언급했다. "모니시는 투자에 대해서 생각하는 것만큼이나 자선에 대해서도 많이 생각합니다. 이 친구는 앞으로 벌 돈을 어떻게 쓸 것인가에 대해서 많이 생각하고 있습니다. 그는 실제로 수많은 사람에게 혜택을 베풀 것이라고 나는 생각합니다. 그래서 나는 그를 매우 높이 평가합니다."

그동안 버핏 자신도 돈을 어떻게 쓸 것인지에 대해 많이 생각했다. 그는 세 자녀에게 각각 자선 재단을 만들어줄 생각이라고 말하면서 사회 환원을 미루는 것은 대개 좋은 방법이 아니며, 돈을 복리로 불려 나중에 더 많이 환원하려는 것보다는 지금 당장 환원하는 편이 낫다고 덧붙였다. 나는 엄밀하게 따지자면 이 테이블에서 가장 가난한 사람이 버핏이라고 농담했다. 그는 버크셔 주식 대부분을 빌 앤드 멀린다 게이츠 재단Bill and Melinda Gates Foundation에 기부하기로 이미 서약했으므로, 글라이드 재단의 세실 목사처럼 현재 사실상 무료로 일하는 셈이라고 말했다. 그는 활짝 웃으면서, "절대적으로 옳은 말씀이오."라고 말했다. 버핏이 개인적 축재에는 관심이 없고 남을 돕는 일에 관심이 많다고 내가 말하자, 그가 기뻐하는 듯했다.

이 점심에 대해 우리가 버핏에게 감사의 마음을 전하자, 그도 기쁘다고 말했다. 우선 윌리엄스 목사와 작고한 아내 수잔에게 경의를 표할 수 있어서 기쁘다고 했다. 버핏은 18세에 수잔이 자신의 결혼 상대임을 곧바로 알았으며, 그녀가 없었다면 현재의 위치에 절대 도달하지 못했을 것이라고 말했다. 그녀는 말기 에이즈 환자들을 집으로 데려와 자신의 침대까지 내주면서 마지막 순간까지 고통을 덜어주려고 노력했다고 말하면서, 그녀의 친절한 행동을 높이 평가했다. 모니시의 두 딸에게는 올바른 배우자 선택이 인생에서 가장 중요하다고 말해주었다.

3시간 동안 우리는 대단히 다양한 주제로 즐거운 대화를 나누었다. 예를 들어 해리나와 모니시는 아이작 뉴턴 경에 대해서 물었는데,

버핏이 가장 점심을 같이하고 싶은 역사적 인물로 뉴턴을 꼽은 적이 있기 때문이다. 버핏은 뉴턴이 "십중팔구 역사상 가장 똑똑한 인물"이라고 설명하면서, 좀 더 생각해보니 사실은 소피아 로렌Sophia Loren(이탈리아의 여배우)과의 점심이 더 나을 듯하다고 농담했다. 그리고 찰리 멍거라면 벤저민 프랭클린Benjamin Franklin(미국의 초대 정치인)과 점심을 원할 텐데, "더 똑똑한 사람은 뉴턴이지만, 더 지혜로운 사람은 프랭클린"이기 때문이라고 말했다.

버핏은 빌 게이츠와 함께 중국을 여행했던 이야기도 해주었다. 두 사람은 배를 타고 양쯔강을 따라 올라가면서, 배를 항구에 대주는 도선사導船士에 대해서 이야기했다. 그 도선사가 아무리 똑똑해도 평생 다른 일은 해볼 기회가 없을 것이라고 버핏이 게이츠에게 말했었다. 버핏은 미국에서 태어나길 천만다행이라고 말했는데, 당시에는《현명한 투자자》번역본이 나오지 않아서 외국인들은 읽을 수가 없었기 때문이다. 그는 그레이엄의 저서《증권분석Security Analysis》이 자신의 '성배聖杯'라고 말하면서, 그레이엄이 컬럼비아대에서 가르친다는 사실을 알고 깜짝 놀랐다고 덧붙였다. 버핏은 그레이엄의 관심을 끌려고 쓴 편지에서 "당신이 돌아가신 줄 알았습니다."라는 말도 썼다.

대화 시작 무렵 나는 보수구조를 변경했다고 버핏에게 말하면서, 터무니없이 높은 보수를 받아먹는 탐욕스러운 헤지펀드매니저로 비칠까 두려웠다고 털어놓았다. 이 특이한 보수구조가 투자자들에게 더 공정한 방식이라고 펀드 고문변호사들을 설득하느라 고생했다는 말도 했다. 이에 대해 버핏은 내게 절대 잊지 못할 대답을 해주었다. "당신이 특이한 방식으로 옳을 일을 하려 하면, 사람들은 항상 말릴 것입니다." 나는 세월이 흐르면 옳은 일을 하기가 조금이라도 더 쉬워지는지 물었다. 그는 잠시 눈길을 돌렸다가 대답했다. "조금은 쉬워지더군요."

우리는 동료의 압력 등 외부의 영향에 흔들리지 않으면서 올바른 핵심 가치를 반드시 고수해야 한다고 버핏은 설명했다. "외면적 평가가 아니라, 항상 내면적 평가에 따라 인생을 살아가야 합니다." 그는 우리에게 다음과 같은 질문을 던졌다. "세상은 당신을 최상의 연인이라고 생각하지만, 실제로는 최악의 연인이 되고 싶습니까? 아니면 세상은 당신을 최악의 연인이라고 생각하지만, 실제로는 최상의 연인이 되고 싶습니까?"

이 순간 나는 "당신 말씀이 옳습니다."라고 대답했다. 그러나 나는 나중에 가서야 그의 조언을 뼈저리게 실감할 수 있었다. 몇 달 뒤 나는 외면적 평가에 매달려 오랜 세월을 허비했다고 실감하기 시작했다. 나는 늘 사람들의 사랑과 존경을 갈구했다. 옥스퍼드와 하버드에서는 교수들로부터 칭찬을 받고 싶었고, DH 블레어에서는 거래 유치에 능한 인물로 인정받고 싶었으며, 펀드를 설립한 다음에는 최고의 펀드매니저로 평가받고 싶었다. 나는 이런 욕구를 추구하다가 길을 잃었다. 내게 정말로 필요했던 것은 내면적 평가였다. 내가 내면적 평가를 했다면, DH 블레어의 해악을 깨닫자마자 그곳에서 필사적으로 탈출했을 것이다.

　버핏의 통찰은 아무리 강조해도 부족하다. 주택담보대출 중개인과 은행 간부 등이 내면적 평가를 따랐다면, 2008~2009년 금융위기를 불러온 이기적 방종과 도덕적 타락을 피할 수 있었을 것이다. 사람들은 남들도 모두 똑같은 잘못을 저지른다고 생각하면서 자신의 잘못을 너무도 쉽게 정당화한다.

　버핏의 뚜렷한 개성 하나는, 확실히 자신의 내면적 평가에 따라 살아간다는 사실이다. 버핏은 무엇이 옳은가를 따질 뿐 아니라, 무엇이 자신에게 맞는가도 따진다. 점심을 먹으면서 보니 버핏은 가식도 없었고 억지로 하는 일도 없었다. 그는 자신이 세운 기준을 변경할 필요도 없고, 신념을 저버릴 이유도 없다. 실제로 그는 버크셔 주주들에게 회사의 규모와 수익성을 더 증대시킬 수도 있지만, 굳이 그렇게 하고 싶지 않다고 말했다. 예를 들어 버핏은 직원들을 해고하고 수익성 낮은 자회사들을 매각할 수도 있지만, 그렇게 하지 않는다. 다른 보험사들이 그랬듯이, 버크셔 본사를 버뮤다Bermuda로 이전하면 세금을 절감하여 수익성을 훨씬 높일 수 있다고 불평하는 주주도 있다. 그러나 합법적으로 세금을 수백억 달러나 절감할 수 있더라도, 버핏은 본사를 버뮤다로 옮기려 하지 않는다.

　이것이 내가 점심을 먹으면서 배운 커다란 교훈이다. 버핏이 강한 이유는, 자신의 정체성과 인생철학에 대한 인식이 확고하기 때문이다. 그는 기교를 부리지 않는다. 다른 사람들의 기준이나 견해에 따라 살아갈 필요가 없기 때문이다. 점심을 먹으면서 곁에서 보니, 그는 자신의 행복에 관해서는 양보하지 않았다. 디저트처럼 사소한 즐거움에 대해서도 말이다. 그는 자신에게 잘 맞아서 마음껏 즐길 수 있는 인생을 살아가고 있다. 버크셔를 의도적으로 분권형 조직구조로 설계했느냐고 내가 묻자, 그는 수익률 극대화가 아니라 자신에게 맞는 조직을 구성하는 과정에서 그런 구조가 되었다고 강조했다.

버핏은 투자할 때에도 항상 자신에게 충실했다. 수많은 사람이 기술주 거품에 휩쓸릴 때에도, 그는 전혀 흔들리지 않고 원칙을 고수했다. 실적이 시장보다 훨씬 뒤처질 때에도 아랑곳하지 않았다.

남들이 차입금으로 투자하면서 수익률을 높일 때에도, 버핏은 차입금의 유혹을 단호하게 뿌리쳤다. 모니시가 릭 게린^{Rick Guerin}이 어떻게 되었는지 물었을 때, 우리는 또 커다란 교훈을 얻었다. 게린은 〈그레이엄-도드 마을의 위대한 투자자들〉에서 버핏이 언급한 친구였다. 게린은 한동안 투자실적이 탁월했다. 그러나 "빨리 부자가 되려고" 차입금을 동원해서 수익률을 높이려 했다. 1973~1974년 시장이 붕괴했을 때, 심각한 타격을 입은 게린은 버크셔 주식 수천 주를 포함해서 다양한 종목을 헐값에 처분할 수밖에 없었다.

워런은 이 천부적인 투자자가 고생하는 모습을 보면서, 부채는 위험하고 인내심이 중요하다는 사실을 깨달았다. "찰리와 나는 큰 부자가 될 것으로 늘 생각했지만, 서두르지는 않았습니다. 수익률이 시장 평균보다 조금이라도 더 높고, 버는 돈이 쓰는 돈보다 많으며, 인내심을 발휘한다면, 장기적으로는 큰 부자가 될 수밖에 없으니까요."

버핏은 스스로 조용한 환경을 조성한 덕분에, 차분하면서도 합리적으로 투자할 수 있었다. 그는 광기 어린 대중에게서 멀리 떨어져 오마하에 머물렀다. 그의 전설적인 비서 데비 보사네크Debbie Bosanek는 30년 넘게 버크셔에 근무하면서 버핏의 주의가 산만해지지 않도록 도와주었다. 그녀는 버핏이 평소에 휴대전화를 꺼놓으며, 이메일 주소조차 없다고 모니시와 내게 말해준 적도 있다. 버핏은 이렇게 적절한 필터를 이용해서 부적합한 정보를 차단하고 있다.

버핏은 상냥하고 매력적인 인물이지만, 자신의 판단을 흐릴 위험이 있는 외부 제안은 주저 없이 거절한다. 투자를 제안하려고 만나자는 사람은 많지만, 그는 거리낌 없이 거절할 때가 많다. 그리고 기업의 경영진을 만나는 것보다도 기업의 재무제표를 보고 판단하는 편을 선호한다는 말도 했다.

버핏은 좀처럼 회의를 하지 않는다. 그는 대부분 비어 있는 자신의 일정표를 보여주면서, 일정을 자신이 직접 관리한다고 말했다. 반면에 빌 게이츠의 일정표는 '6시 47분 샤워', '6시 57분 면도' 등, 정밀한 일정이 가득 들어 있다고 말했다. 그렇다고 어떤 시스템이 더 좋거나 나쁘다는 뜻은 아니다. 다만 월스트리트의 소음 등에 휩쓸리지 않고 조용히 생각할 여유를 즐기기 위해 버핏은 자신에게 잘 맞는 시스템을 선택했을 뿐이다. 소음을 걸러내려 한다면 자신의 지능에만 의존해서는 안 되며, 적절한 프로세스와 환경도 필요하다고 버핏이 가르쳐주었다. 나는 버핏과의 점심 6개월 뒤, 취리히로 이사하기로 했다. 그러면 뉴욕 소용돌이에서 벗어나 더 냉철한 자세를 유지할 수 있다고 생각했기 때문이다.

고맙게도, 이것은 다른 사람들도 복제할 수 있는 버핏의 장점이다. 우리는 버핏이 소음을 차단하려고 만들어낸 환경과 절차를 복제할 수 있다. 나는 월스트리트에서 멀리 벗어날 뿐 아니라, 내 생각을 흐리는 다른 소음도 차단하기로 했다. 예컨대 나는 시장 예측을 완전히 무시하고, 장기적으로 크게 성장할 기업에 집중하기로 했다. 점심을 먹으면서 나는 버핏의 행동을 공부하고 복제하려고 열심히 노력했다는 말도 전했다. 내 학습 자세를 설명하려고 나는 탈무드 이야기까지 인용했다. 랍비에게 배우려는 열정이 지극했던 두 학생이 랍비를 보고 배우려고 밤에 침대 밑으로까지 들어갔다는 이야기다. 버핏은 이제부터 내가 숨어 있는지 침대 밑을 확인해보겠다고 농담했다.

버핏에게는 우리가 도저히 흉내 낼 수 없는 장점도 있다. 지능이다. 점심을 먹으면서 보니, 그의 두뇌는 동시에 약 5개 차원에서 가동되는 듯했다. 그의 전기를 쓴 앨리스 슈뢰더Alice Schroeder 역시 버핏에게서 비슷한 느낌을 받았다고 표현했다. 설명하기는 어렵지만, 그와 함께 점심 테이블에 앉았을 때 그의 두뇌 회전속도가 나보다 훨씬 빠르다는 느낌이 왔다. 전에는 내가 옥스퍼드 경제학과를 수석으로 졸업했으므로 내 지능으로 버핏과 대적할 수 있다고 확신했으며, 언젠가는 내 지능이 그와 맞먹게 될 것으로 기대했었다. 하지만 그날 직접 버핏을 대면하면서, 나는 도저히 그의 적수가 될 수 없다는 사실을 분명히 깨달았다.

그러나 나는 낙담하는 대신, 이상하게도 속박에서 벗어나는 느낌이었다. 내게 주는 교훈은 분명했다. 버핏과 경쟁하려 하지 말고 진정한 기회에 집중해야 하는데, 그것은 최고의 가이 스파이어가 되는 것이다. 버핏이 즐겨 말하는 오래된 농담이 떠올랐다. "바비 피셔Bobby Fisher(체스 선수)를 물리치는 방법은? 체스 이외의 게임을 하는 것이다."

투자에서는 내가 버핏을 물리칠 수 없다. 그러나 그를 본받을 수는 있다. 그날 내게 가장 인상 깊었던 버핏의 장점은 그의 지능이 아니라 그의 본성과 완벽하게 조화된 생활방식이었다. 어긋난 부분이 전혀 없는 듯했다. 그는 틀림없이 자신에게 충실한 삶을 살아왔다.

이제 나의 목표는 워런 버핏이 되는 것이 아니라, 더 진실한 내가 되는 것이다. 진실한 나를 통해서 진정한 성공의 길로 들어서게 된다고 그가 가르쳐주었다.

금융위기:
허공 속으로

가치투자자들은 시장이 붕괴할 때에도 주식을 사들일 수 있다고 자부한다. 거의 모두가 겁에 질렸을 때에도 상황을 명확하게 파악하여, 침착하면서도 용감하고 합리적으로 행동할 수 있다고 생각한다. 그러나 실제로 시장이 붕괴하여 거리에 유혈이 낭자하면 어떻게 될까? 2008~2009년 금융위기가 발생하여 내 펀드가 허공으로 사라질 위기에 처하면서, 나도 이런 상황을 몸소 체험했다. 우리는 겁을 먹어야 관심을 기울이게 된다고 버핏이 말했다. 내가 그토록 겁먹게 될 줄은 꿈에도 몰랐다.

당시 시장 붕괴는 내게 너무도 고통스러운 경험이어서, 지금도 사실 그대로 정직하게 쓰기가 어려울 정도다. 내가 의도적으로 왜곡하려는 뜻은 아니다. 다만, 당시에 너무도 괴로운 나머지 내 잠재의식이

숨긴 기억도 틀림없이 있다는 말이다. 내 펀드에 투자한 친구 윌리엄 그린William Green은 이 책 저술을 도와주고 있는데, 당시에 나누었던 통화 내용을 일깨워주었다. 나는 절반쯤 농담을 섞어 그에게 "우리는 모든 구멍에서 피를 쏟고 있어."라고 말했다고 한다. 그러나 나는 이렇게 말한 기억이 전혀 없다. 반면에 잊고 싶어도 잊을 수 없는 몇몇 순간도 있다.

악몽 같은 순간은 2008년 3월 아침 〈파이낸셜타임스Financial Times〉가 배달되면서 시작되었다. 아침을 먹으면서 1면 기사를 보니, 베어스턴스Bear Stearns가 부도 직전이었다. 베어스턴스는 우리가 이용하는 주식중개회사였으며 우리 펀드 자산을 모두 맡겨놓은 증권회사였다. 아내 로리는 내가 신문에 몰두한 나머지, 가족들을 거들떠보지도 않는다고 화를 냈다. 나는 아내를 보면서 말했다. "큰일 났어! 아쿠아마린 펀드 자금이 모두 베어스턴스에 들어가 있다고. 내일 모두 사라질 수도 있단 말이야."

나는 월요일에 베어스턴스가 파산하면 우리 펀드를 어떻게 해야 하는지 조언해줄 전문가들의 이름을 찾으면서 주말을 사무실에서 보냈다. 나는 파산 관재인이 회사의 재산을 조사하는 동안, 우리 계좌가 장기간 동결되는지 파악하고 싶었다.

나는 위험을 피해서 펀드를 보수적으로 운용했으므로, 자산을 모두 우리가 소유한 현금계좌에 넣어두었다. 신용거래(자금을 빌려서 하는 투자)를 하면 최악의 순간에 증권회사가 신용거래계좌에 있는 증권을 매각할 수 있으므로, 참혹한 결과가 나올 수 있다. 몇 년 전 롱텀 캐피털 매니지먼트Long Term Capital Management: LTCM가 파산할 때, 실제로 이런 일이 벌어졌었다.

나는 이런 위험을 피하려고 차입자금을 단 한 푼도 쓰지 않았다. 베어스턴스는 보관회사에 불과하므로, 이론상 우리 현금계좌는 전혀 위험하지 않았다. 그래도 상황을 예측할 수가 없었으므로 나는 두려웠다. 만일 베어스턴스가 파산한다면 실제로 우리 계좌가 어떻게 될지 누가 알겠는가? 아무도 장담할 수 없었다.

3월 16일 일요일 오후, 나는 금융 역사가 전개되는 모습을 지켜보면서 맨해튼 사무실 내 책상 앞에 앉아 있었다. 사무실은 으스스할 정도로 조용했다. 만사가 느린 동작으로 진행되는 듯했다. 내 운명은 행크 폴슨Hank Paulson(재무부 장관), 벤 버냉키Ben Bernanke(연준의장), 기타 정책 입안자들의 손에 달렸지만, 이들의 유일한 관심사는 내 펀드가 아니라 세계 금융시스템을 보호하는 일이었다. 내 가족과 친척, 친구와 동업자 수십 명의 재산이 거의 모두 날아갈 수도 있었다. 그런데도 이 위기의 순간에 나는 이상할 정도로 침착했다.

갑자기 내 블룸버그 모니터에 뉴스 속보가 떴다. JP모건체이스가 베어스턴스를 인수하기로 했다는 소식이다. 나는 전화로 아버지에게 이 소식을 전했다. 그날 늦은 저녁 나는 전화회의에 참여해서 JP모건체이스 제이미 다이먼Jamie Dimon 회장의 확약을 듣고 크게 안심했다. "우리가 베어스턴스를 책임지므로, 베어스턴스의 거래 상대방 위험도 보장합니다." 평범한 표현이었지만, 내게는 더없이 소중한 의미로 다가왔다. 이 글을 쓰는 지금도 나는 감정의 여파를 느낀다.

며칠 전만 해도 존재조차 몰랐던 베어스턴스라는 폭탄이, 간발의 차이로 우리를 스쳐 지나갔다. 다행히 우리는 목숨을 건졌다. 나는 제이미 다이먼 회장을 만난 적이 없지만, 그날 이후 해마다 크리스마스 카드를 보내고 있다. 이후 다보스 칵테일파티에서 그를 본 적이 있는데, 나는 그에게 다가가 안아주고 싶었다.

2008년 9월에도 잊을 수 없는 시련이 있었다. 우리 가족이 유럽에서 멋진 휴가를 보내고 막 돌아온 시점이었다. 그 무렵 우리는 셋째 아이를 낳고서 맨해튼 어퍼웨스트사이드의 새 아파트에 편안하게 자리를 잡았다. 9월 어느 화창한 날 오후, 아버지가 내게 전화로 청천벽력 같은 질문을 던졌다. 리먼 브라더스가 파산할 것 같냐는 질문이었다. 아버지의 돈은 대부분 아쿠아마린 펀드에 들어 있었다. 그런데 알고 보니 아버지는 숨겨두었던 유동자산 중 상당액을 리먼 브라더스 채권에 투자하고 있었다. 당시 리먼은 빠르게 침몰하는 모습이었다.

나는 말문이 막혔다. 최근 베어스턴스 재난에서 간신히 빠져나왔는데, 이번에는 또 무슨 일인가? 나는 거실을 맴돌면서 아버지의 말을 듣고 있었지만 도무지 믿을 수가 없었다. "리먼 브라더스 채권이요? 리먼 채권을 샀다고요? 왜 사셨죠?"

나는 아버지가 어쩌다가 그런 지뢰밭에 들어가게 되었는지 상상할 수가 없었다. 내가 '밸류 인베스팅 콩그레스'에서 리먼 브라더스에 관한 데이비드 아인혼의 발표를 들은 지가 1년도 채 지나지 않았다. 그는 재무제표 분석을 통해서 리먼이 매우 취약하다는 점을 보여주었으므로, 나는 리먼 근처에도 가지 않겠다고 생각했다. 그런데 지금 보니 다름 아닌 아버지가 내게 한마디도 하지 않고 리먼에 거금을 투자하고 있었다.

아버지는 세계적으로 유명한 거대은행의 재무설계사가 전화해서, 무디스로부터 트리플 A 등급을 받았다고 안심시키면서 이 채권을 권유했다고 설명했다. 아버지는 우량 종목에만 투자하는 내가 무디스에도 투자하고 있다는 사실을 알고 있었으므로, 안심하고 리먼 채권을 샀다고 말했다.

그러나 나는 이 게임이 어떤 식으로 진행되었는지 잘 안다. 전문 투자자들은 리먼이 발행한 증권을 대량으로 팔아치우고 있었다. 그러자 월스트리트의 판매 전문가들이 순진한 고객들에게 이 쓰레기를 극구 선전하면서 본격적으로 팔아넘긴 것이다. 평소에 리먼 증권을 사던 투자자들이 등을 돌렸으므로, 리먼은 잘 속아 넘어가는 투자자들을 찾아 나설 수밖에 없었다. 아버지가 거래한 은행도 이 과정에서 틀림없이 두둑한 보수를 챙겼을 것이다.

나는 화가 나서 오랫동안 비난을 쏟아냈다. "월스트리트가 파는 상품은 절대 사지 말라고 내가 몇 번이나 말했나요? 나는 무디스의 사업을 좋아할 뿐, 무디스의 신용등급을 좋아하는 것은 절대 아니라고요. 신용등급은 항상 뒷북이거든요." 나는 목이 타들어가는 기분이었다.

아버지는 현재 채권 가격이 1달러당 34센트인데도 팔아야 하느냐고 물었다. 나는 "네. 지금이라도 파세요."라고 대답했다. 그러나 거래가 완전히 말라버린 탓에 주문이 전혀 체결되지 않았다. 며칠 뒤인 9월 15일, 리먼은 연방파산법 제11장에 의한 파산보호신청을 했다. 미국 역사상 최대 규모의 파산이었다.

나는 분노와 굴욕감을 느꼈다. 내가 보는 내 정체성의 핵심은 내 가족과 친구들의 재산을 지키고 키워주는 역할이다. 나는 이 역할에 실패했다. 아버지가 내게 알리지도 않고 무심코 채권을 샀다는 사실이 마음 아팠다. 그러나 문제는 내 자존심이 상한 것으로 끝나지 않았다. 어쩌면 내게 다른 약점이 또 있을지 모른다는 생각에 당황했다.

나는 그동안 확고하게 대비했다고 믿었으나, 실제로는 그렇지 않다는 생각이 들기 시작했다. 첫째, 내 펀드에 단연 최대 투자자인 아버지 때문이다. 아버지가 속아서 리먼 채권을 산 것은 내 펀드에도 심각한 파급 효과가 미칠 수 있다. 나는 시장이 붕괴하면 터무니없이 폭락한 주식을 냉정하게 사들이려고 오래전부터 기회를 노렸다. 나는 오랫동안 경제사를 공부했고 버핏 같은 투자자도 연구했으므로, 지금이야말로 내 평생에 가장 좋은 매수 시점이라고 생각했다.

그러나 주식을 사들이려면 아버지를 비롯한 투자자들이 시장붕괴 기간에도 침착하게 기다려주어야 한다. 만일 아버지 마음이 흔들려서 펀드를 환매하면, 나는 사람들이 겁에 질려 헐값에 내던지는 주식을 사들이기가 매우 어려워진다. 나는 얼음처럼 차가운 분석력을 유지해야 했지만, 내 펀드 투자자들이 심리적, 재정적으로 압박 받고 있다는 사실에 부담감을 느꼈다.

전혀 예상 못한 일이 벌어져 내 부담감을 가중시키기도 했다. 예컨대 내가 고용한 한 분석가가 문제를 일으켰다. 그는 똑똑하고 근면했으므로, 나는 그를 믿을 만한 협력자라고 생각하고 있었다. 그런데 2008년 가을 어느 날, 그가 내 사무실로 들어와서 개인 계좌에 보유한 주식을 모두 팔아버렸다고 내게 말했다. 그는 말했다. "저는 모두 현금화했습니다. 상황이 안정되어서 전망이 뚜렷해질 때까지 기다릴 작정입니다."

나는 어리둥절했다. 그리고 혐오감을 숨길 수 없어서 말했다. "자네 제정신인가?" 그는 자신이 가치투자자라고 당당하게 주장했고, 그래서 그를 고용하고 있었다. 나는 그가 동지여서, 하늘이 준 이 놀라운 기회를 잡는 데 보탬이 될 것으로 생각했었다. 그러나 그는 감정을 전혀 다스리지 못하고 공포감에 휩쓸려버렸다. 그는 이제는 견딜 수가 없었다. 지금까지 펀드에 상당한 이익을 안겨주었던 똑똑하고 침착한 분석가조차 이런 상황에서는 엄청난 스트레스를 받는다는 뜻이었다.

나는 은연중에 이런 사고방식에 물들고 싶지 않았으므로, 다시는 분석가를 고용하지 않겠다고 마음먹었다. 버핏과 모니시처럼 나도 정규직 분석가를 고용하지 않았다면 더 나을 뻔했다. 겁에 질린 투자자들이 주식을 헐값에 내던지던 바로 그 시점에, 버핏과 모니시는 싼 주식을 사들이고 있었다.

세계 금융위기가 더 깊어짐에 따라, 혼란도 더 커졌다. 그러나 주택거품 붕괴가 내게는 놀라운 일이 아니었다. 몇 년 전 버크셔 주주총회에 참석했을 때, 버핏과 멍거의 설명을 경청한 적이 있기 때문이다. 버핏은 프레디맥을 처분한 이유를 설명했고, 멍거는 대출 기준과 회계 공시 기준이 불안할 정도로 왜곡되기 시작했다고 경고했다. 헤지펀드매니저 마이클 버리Michael Burry가 쓴 탁월한 투자 서한도, 주택 및 관련 금융시장에서 대참사가 일어나는 이유를 설득력 있게 기술했다. 나는 총명한 사람들과 교류한 덕분에 커다란 혜택을 얻었다. 아인혼, 버핏, 멍거, 버리 등 두뇌가 명석한 투자가들 덕분에 나는 눈을 부릅뜨고 경계할 수 있었다.

그 결과 나는 위험지대를 멀찍이 피해 갈 수 있었다. 나는 주택 사업 및 관련 금융 회사들을 모두 피했다. 대신 주택 사업과는 거리가 아주 먼 가스 파이프라인 회사 주식 등을 보유했다. 셰일가스 시추는 거대한 성장산업이었으며, 파이프라인은 가스전과 최종 소비자를 연결해주는 가장 저렴한 수송 수단이었다.

일부 금융주를 보유하긴 했지만, 재정이 튼튼하고 안전한 종목들이었다. 예를 들어 마스터카드는 세계 양대 지급결제 시스템 중 하나를 보유하고 있었으며, 자본시장에 직접 참여하는 사업은 하지 않았다. 보유 종목 중 금융위기의 중심에 가장 가까운 종목은 무디스Moody's로서, 금융위기에 기름을 부은 금융상품에 평가등급을 부여한 회사다. 그러나 무디스의 대차대조표는 위험하지 않았다. 기업의 신용을 보증하는 것이 아니라, 단지 신용에 대한 의견을 제시할 뿐이기 때문이다. 그리고 이러한 의견 표명에 대해서는 법적 책임이 없다는 판례도 많았다.

나는 주가가 내재가치보다 훨씬 낮은 회사에 투자하려고 열심히 노력했다. 보유 종목 모두 해자가 우수했고, 모두 엄청난 현금을 창출하고 있었다. 부채비율이 높거나 주기적으로 자본을 조달해야 하는 회사도 없었다. 부채비율이 높거나 계속해서 자금을 조달해야 하는 회사라면 금융위기에 위험하겠지만, 내가 보유한 종목들은 장기적으로 매우 건전해 보였다. 그래서 리먼 브라더스가 파산하면서 유동성이 고갈되고 있다는 소식이 처음에는 하찮은 일처럼 들렸다.

그러나 금융위기는 결국 모두에게 영향을 미쳤으며, 특히 나처럼 약 15개 종목에 집중투자하면서 매수 포지션만 유지하는 사람에게는 더 큰 영향을 미쳤다. 나는 그동안 여러 조정기를 겪으면서도 아쿠아마린 펀드를 잘 이끌어왔다. 1997년 아시아 통화위기, 1999~2000년 기술주 거품 붕괴, 2001년 9월 11일 테러에 의한 시장 폭락 등을 잘 넘겼다. 지난 10년 동안 나는 지수보다 훨씬 높은 수익률을 올리면서 펀드 규모를 네 배로 키웠다. 실적이 가장 나빴던 1999년에도 수익률이 -6.7% 정도였다.

그러나 2008년은 달랐다. 내 포트폴리오가 이렇게 무너져내린 적은 한 번도 없었다. 내 펀드는 6월 11.8% 하락하면서 심각한 타격을 받기 시작했다. 다음 달에도 또 3.5% 하락했다. 이어서 상황이 더 악화하기 시작했다. 9월에 6.8%가 하락했고, 10월에는 20.3%나 폭락했으며, 11월에 또 12.5% 내려갔다. 1년 전체로 보면 46.7% 하락이었다. 서류상으로는 내 가족과 투자자들의 자금 거의 절반이 허공으로 사라졌다.

전에 나는 주주 서한을 통해서, 언젠가 우리 펀드가 반 토막 날 가능성이 통계적으로 확실하다고 분명하게 경고했다. 격동으로 가득 찬 금융시장의 역사를 돌아보기만 해도 분명히 알 수 있었다. 물론 이런 사태가 일어날 시점을 예측하기는 어렵다. 당시나 지금이나 장기 투자자인 나는 그 시점을 예측하려 하지 않는다. 적어도 나로서는 불가능한 일이라고 보기 때문이다. 나는 지수선물 매도나 풋옵션 매수 등으로 위험을 헤지하지도 않는다. 이런 방식으로 변동성을 줄일 수는 있지만, 장기 수익률도 하락하기 때문이다.

이런 방식은 내 기질에도 맞지 않는다. 물론 나는 2008년에 고생했다. 그러나 나는 당시 내 보유 종목의 주가가 내재가치와 무관하다고 믿었으므로, 막대한 서류상의 손실을 견뎌낼 수 있었다. 외부 압력에 굴복하지만 않으면 이 위기를 마침내 극복할 수 있다고 생각했다. 거시경제 측면에서는 대공황이 반복되지 않을 것으로 판단했다. 그 위험을 아는 정책 입안자들이 모든 수단을 동원해서 대공황을 피할 것이기 때문이다.

나의 생활 방식도 이런 혼란 극복에 도움이 되었다. 나는 성인이 되고서는 분수에 넘치는 생활로 빚을 져본 적이 없다. 내가 졌던 부채 최대 금액은 신용카드 사용액 수천 달러였으며, 그것도 반드시 곧바로 상환했다. 나는 자동차 할부구매도, 주택담보대출도 받아본 적이 없다. 시장이 붕괴하던 2008년, 나는 아파트를 임차하고 있었고, 위기를 견뎌낼 만큼 현금을 충분히 보유하고 있었다.

이렇게 빚지기 싫어하는 태도는 우리 가족의 뇌리에 깊이 박혀 있다. 1936년 할아버지가 나치 독일에서 탈출할 때 가지고 나온 돈은 영국 화폐 1,000파운드가 전부였다. 할아버지는 한 푼도 빌리지 않고 이 돈만으로 이스라엘에 집을 지었다. 1977년 우리 가족이 영국으로 이사했을 때, 부모님도 무리하지 않으려고 런던의 저렴한 주택가에 집을 장만했다. 내가 뉴욕 업스테이트에서 집을 장만할 때에도, 대출을 받지 않고 현금으로 샀다. 할아버지는 독일에서 탈출하면서 막대한 재산을 잃었다. 나도 이런 손실을 볼 수 있다는 극심한 두려움이 내 마음 깊숙한 곳에 자리 잡고 있다. 이런 태도가 내 뇌리에 깊이 박혀 있으므로, 나는 빚이 없어야 합리적인 사고능력을 유지할 수 있다. 그래서 침착하고 명료한 사고를 유지하려고 나는 차입 자금으로는 투자하지 않는다.

버핏은 점심을 함께 먹으면서 릭 게린 이야기를 해주기 전부터도 빚지기 싫어하는 나의 태도에 영향을 주었다. 버핏도 오마하 집에 대해 대출을 받았지만, 오래전에 모두 상환했다. 과거에 버핏은 자신의 부채상환 능력을 확인하고 싶지 않으므로, 무거운 부채를 절대 지고 싶지 않다고 말했다. 함께 점심을 먹으면서 나는 이스라엘에서 자라던 시절 이야기를 했다. 내 부모는 가족이 함께 여행하거나 TV를 살 돈이 없었다. 그러나 부모는 돈을 빌려서 즐기려 하지 않고, 돈이 모일 때까지 참을성 있게 기다렸다. 대신 우리 가족은 가끔 헤르츨리야Herzliya에 있는 근사한 호텔 댄 아카디아Dan Accadia에 가서 냉커피를 마셨다. 우리는 이렇게 저렴하고도 신중한 방식으로 생활을 즐겼다.

거시경제 관점에서 보면, 부채는 경제의 흐름을 매끄럽게 해주는 윤활유다. 적정 수준의 부채는 경제에 보탬이 된다. 그러나 개인투자자에게는 부채가 재앙을 부를 수 있다. 시장흐름이 예상과 반대로 가면 금전적으로나 심리적으로나 버텨내기 어렵기 때문이다.

버핏은 2001년 주주 서한에 "썰물이 되어야 누가 벌거벗고 수영하는지 드러납니다."라고 썼다. 내 펀드 고객 중에 마케팅 대행 전문가가 있었다. 그녀는 함께 유럽으로 가서 상품 설명회를 열어 펀드 투자자를 모집하자고 내게 권유했다. 그녀는 나의 장기 가치투자 기법을 깊이 신뢰했으므로, 자기 돈 200만 달러를 내 펀드에 투자했다. 그러나 그녀는 갑자기 신뢰를 상실하고 2009년 1월 투자금을 환매했다. 나는 깜짝 놀랐다. 그녀가 주가 하락의 고통을 참기 어려웠는지, 아니면 갑자기 돈이 필요했는지는 분명치 않다. 그러나 그녀의 절망은 시장의 비관론이 절정에 도달했음을 알려주는 완벽한 신호였다. 몇 달 뒤 시장은 바닥을 치고 반등하기 시작했다.

내 펀드에 투자한 기관투자들도 유동성이 필요했으므로, 한 곳만 제외하고 모두 환매했다. 그러나 개인투자자 절대다수는 상황이 호전될 것으로 믿으면서 굳건하게 기다려주었다. 특히 (이스라엘 군인으로 복무하면서 치명적 위험에 직면했던) 아버지가 이례적으로 냉정을 유지했다. 평생 모은 재산의 거의 절반이 날아갔던 위기의 정점에, 아버지는 펀드 일부를 환매해야 하는지 내게 물었다. 나는 지금이 펀드를 환매하기에 가장 나쁜 시점이므로, 차라리 판잣집에 살더라도 환매해서는 안 된다고 말했다.

아버지는 손쉽게 환매할 수도 있었지만 나를 끝까지 믿고 한 푼도 환매하지 않았다. 내 펀드는 아버지의 지분이 매우 컸으므로, 아버지가 환매했다면 나는 사실상 사업을 접어야 했다. 그러나 아버지는 나에 대한 신뢰를 절대 잃지 않았다. 돌이켜 생각해보니, 나는 거인의 어깨 위에 서 있었다. 아버지가 조용한 동업자가 되어 내 뒤를 받쳐주지 않았다면 나는 성공하지 못했을 것이다.

환매는 펀드매니저들에게 커다란 어려움을 안겨준다. 금융위기 이전에는 내 펀드의 자산규모가 약 1억 2,000만 달러였다. 시장이 붕괴하면서 펀드의 자산규모는 6,000만 달러 남짓으로 줄어들었다. 설상가상으로 투자자들이 환매한 금액이 1,000만 달러가 넘었다. 내 펀드는 90일 전에 환매신청할 수 있었으므로, 현금화가 비교적 쉬웠기 때문이다. 다른 헤지펀드들은 약삭빠른 변호사들이 모집제안서 깊숙이 환매제한 조항을 숨겨두었으므로 환매하기가 어려웠다. 이는 비양심적인 수법이다.

주가가 이렇게 싸 보인 적이 없었는데도, 투자자들의 환매요청 탓에 나는 주식을 팔 수밖에 없었다. 하필이면 이렇게 나쁜 시점에 빠져나가는 몇몇 고객 탓에, 나는 헐값에 주식을 살 수 있는 절호의 기회를 활용하기가 어려웠다. 오히려 매도 종목을 선택하느라 내 에너지가 고갈되었다.

여기서 나는 커다란 교훈을 얻었다. 버핏의 탁월한 지능보다도, 그가 누린 구조적 이점이 더 중요하다는 사실이다. 버크셔는 펀드가 아니라 회사이므로, 버핏은 자본을 영원히 투자할 수 있다. 즉, 투자자들의 환매 요청을 걱정할 필요가 없다. 따라서 버핏은 완벽한 시점에 막대한 자본을 마음대로 투자할 수 있었다. 버핏은 지능보다 기질이 투자에 더 중요하다고 말했다. 의심할 여지없이 옳은 말이다. 그러나 나는 구조적 이점이 더 중요하다고 확신한다.

모니시는 펀드 환매를 1년에 한 번만 허용했다. 시장이 붕괴했을 때, 그의 투자손실은 나보다도 더 컸다. 그러나 그가 금융위기 기간 중 환매요청을 받은 것은 2008년 말 한 번뿐이었다. 이런 구조적 이점 덕분에 그는 나보다 더 펀드를 유연하게 운용할 수 있었다. 반면에 내 펀드 고객들은 분기마다 환매를 요청할 수 있었다. 내가 이런 구조로 펀드를 만들고 이미 10년이 지났지만, 아직도 그 잘못에 대한 대가를 치르고 있다. 처음 시작할 때 구조를 올바르게 만들어야 한다는 사실을 나는 뼈저리게 느꼈다.

금융위기가 한창일 때, 나는 버핏이 월스트리트에서 멀리 떨어진 곳에서 지낸다는 점도 부러웠다. 대부분 투자 전문가들은 공포와 혼란에 휩쓸려 지냈지만, 버핏은 완벽하게 벗어나 있는 듯했다. 버핏이 근무하는 오마하의 자그마한 사무실은 도로, 교량, 터널 등 인프라를 건설하는 키윗Kiewit Corporation과 함께 키윗 플라자 Kiewit Plaza 건물에 들어 있다. 역발상 투자가들이 냉정한 사고를 유지하기에 이상적인 장소다.

반면에 맨해튼 카네기 홀Carnegie Hall Tower에 있던 내 사무실은 금융위기 기간에 그야말로 끔찍한 장소였다. 뉴욕은 금융위기의 한가운데였다. 게다가 이 건물에는 큰 타격을 입은 헤지펀드 매니저들을 포함해서 겁에 질린 투자 전문가들이 그득했다. 나는 이제 택시비 한 푼이라도 아끼려고 매일 아침 버스로 출근했다. 유리문을 통과해서 멋진 로비에 들어설 때, 이제는 예전처럼 풍요로운 분위기를 느낄 수가 없었다. 내가 처음 이 고층건물로 이사할 때에는 월스트리트의 왕이 된 기분이었다. 그러나 지금은 병원에 들어가는 기분이다. 다소 과장처럼 들리겠지만, 건물 사람들의 표정을 보면 9.11 테러사건이 터졌을 때 맨해튼 거리 사람들의 표정이 떠올랐다.

25층 내 사무실에 도착해보면, 암울한 분위기였다. 그 잔인한 기간에 직원들은 평소보다 더 조용하고 진지했다. 쾌활한 농담도 없었다. 아무도 말을 하려 하지 않았다. 명시적으로 언급하는 사람은 없었지만 직원들은 월급을 걱정했고, 새 이력서를 준비하고 있었다. 전에는 내 사무실 문을 조금 열어두었지만, 지금은 닫아두었다. 바깥의 암울한 분위기에 내 사고가 오염될까 두려웠기 때문이다.

지금 금융위기 기간을 돌아보면, 나는 감정을 잘 억제했다는 생각이 든다. 당시 내 심리는 매우 튼튼했으므로 강력한 압박에도 휩쓸리지 않고 잘 버텼다. 가치투자의 힘을 깊이 신뢰했던 것도 도움이 되었다. 지난 10년 동안 가치투자 기법이 내게 효과적이었으므로, 내가 정도에서 벗어나지만 않는다면 앞으로도 장기간 효과가 있을 것이라고 절대적으로 믿었다.

그렇더라도 침착하게 긍정적인 자세를 유지하기가 마냥 쉬운 것은 아니었다. 나는 토니 로빈스에게 배운 전략으로 스트레스에 대처했다. 그것은 역경을 극복한 영웅들을 연구하고, 이들이 내 곁에 있다고 상상하면서 태도와 행동을 본받는 전략이었다. 내가 이런 식으로 본받은 역사적 인물은 스토아 철학자였던 로마 황제 마르쿠스 아우렐리우스였다. 밤에 나는 《명상록Meditations》 발췌본을 읽었다. 그는 역경을 용기, 불굴의 정신, 회복력을 입증하는 기회로 받아들이면서 환영하고 감사해야 한다고 썼다. 내가 두려움에 맞서야 하는 순간에 이 말이 큰 도움이 되었다.

나는 어니스트 섀클턴Ernest Shackleton 경도 내 곁에 있다고 상상했다. 그는 남극 대륙 탐험 과정에서 중대한 실수를 저질렀다. 예를 들면 그는 자신의 배 인듀런스Endurance에서 내릴 기회를 놓쳤고, 이어서 첫 번째 캠프를 너무 일찍 포기했다. 그런데도 그는 이런 실수를 극복하고 마침내 팀원들의 생명을 모두 구했다. 그래서 나도 내 실수 역시 충분히 받아들일 수 있다고 생각했다. 내 가족과 친구들의 재산을 운용하면서 어떻게 실수나 역경을 모두 피해갈 수 있겠는가? 섀클턴처럼 나도 희망의 끈을 놓지 않으면서 위기를 극복할 수 있다는 신념을 유지해야 했다.

나는 이렇게 역사적 인물의 도움을 받으면서 침착하게 대응태세를 갖추었다. 나는 조용히 포트폴리오를 두 번 세 번 점검하면서 보유 종목들의 생존 가능성을 평가했다. 그리고 내 분석을 확신했으므로, 아메리칸 익스프레스 같은 주력 종목은 단 한 주도 팔지 않았다. 2009년 3월에는 약 10달러까지 폭락했지만, 계속 보유하자 이후 아홉 배나 상승했다.

지나치게 위험해 보이는 종목은 하나뿐이었는데, 중고 자동차를 판매하는 카맥스CarMax였다. 주가는 이미 반 토막이 났지만, 자동차 구입자들이 저금리 융자를 얻기가 매우 어려웠으므로 사업모델이 무너졌다고 생각했다. 그러나 내 생각과는 다르게 카맥스마저 반등했다. 이 사례만 보더라도 나 역시 시장의 공포감에서 완전히 벗어나지는 못했다. 내가 아무리 조심하더라도 불합리한 공포감에서 벗어나기 어렵다는 사실을 뼈저리게 깨달았다.

나는 고객들의 환매요청에 응하는 동안에도, 믿을 수 없이 싸진 주식을 사들였다. 예를 들어 내가 사들인 런던 마이닝London Mining PLC은 주가가 보유 현금보다도 낮았다. 브룩필드 오피스 프로퍼티Brookfield Office Properties는 주가가 보유 부동산의 대체가격보다도 훨씬 낮았다. 아르헨티나에 값진 농장을 대량 보유한 크레수드Cresud는 공짜나 다름없었다. 이 회사가 보유한 상장 부동산회사 IRSA 주식의 시가총액이, 이 회사의 시가총액보다도 훨씬 컸기 때문이다. 나는 포테스큐 메탈 그룹Fortescue Metals Group에도 투자했는데, 철광석 채굴비용이 이례적으로 낮은 회사였다. 철광석 가격은 폭락했지만, 나는 중국 수요가 계속 증가할 것으로 확신했다.

이는 멋진 아이디어였다. 이들은 가격도 대단히 낮았을 뿐 아니라, 확실한 촉매도 있었다. 수익력도 강한 데다가 담보가치도 높았다. 따라서 성공 가능성이 이례적으로 높았다.

이 모든 투자 아이디어는 모니시와 대화를 나누던 중 떠올랐다. 나는 그의 탁월한 분석력 덕분에 엄청난 이득을 보았다. 그의 생각과 통찰이 폭포수처럼 쏟아졌으므로, 나는 간혹 따라가기가 버거웠다. 모니시는 내가 "소화전에서 분출하는 물"을 마시는 듯하다고 농담했다. 우리의 우정은 버핏과의 점심을 통해서 얻은 가장 소중한 보상이었다. 그 점심을 계기로 우리가 훨씬 더 가까워졌기 때문이다. 그는 자신의 독특한 지혜를 놀라울 정도로 아낌없이 나누어 주었고, 덕분에 나는 금융위기 기간 내내 올바른 투자결정을 내릴 수 있었다.

투자가 식은 죽 먹기처럼 쉽게 느껴졌다. 이후 몇 년 동안 세계경제가 회복되면서 서서히 정상으로 돌아왔고, 내가 투자한 주식은 모두 치솟았다. 예를 들어 브룩필드는 두 배, 크레수드는 세 배, 런던 마이닝은 네 배로 뛰었다. 당시 내가 생각했던 대로, 금융위기는 평생 한

번 만날 만한 기회였다.

　나는 금융위기에 훌륭하게 대응했다. 내가 종목을 선정한 과정도 훌륭했다. 그러나 펀드 운용 방식은 근본적으로 바꿀 필요가 있었고, 이와 관련해서 내 생활방식도 바꿀 필요가 있었다. 나는 금융위기를 통해서 성공투자가 단지 대박 종목 발굴에 좌우되지 않는다는 사실을 깨달았다. 온갖 부정적 영향에서 벗어나 더 효과적으로 운용할 수 있도록 물리적, 지성적, 심리적으로 최상의 환경을 조성해야 한다는 사실을 고통스러운 경험을 통해서 깨달았다.

　버핏과 모니시처럼 나도 더 전략적으로 환경을 조성할 필요가 있었다. 내가 두 사람의 지능을 복제할 수는 없어도, 구조적으로 유리한 환경은 복제할 수 있겠다고 생각했다.

　그래서 나는 리셋 버튼을 누르기로 했다. 그중에서 가장 큰 변화는 2009년 여름 뉴욕에서 취리히로 이사한 것이다.

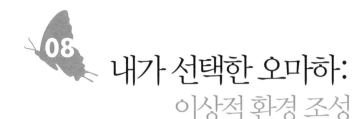

내가 선택한 오마하:
이상적 환경 조성

모든 투자자가 마주치는 최대 난제는, 온갖 요소가 우리의 사고를 방해한다는 것이다. 우리는 자신이 합리적인 존재라고 생각하지만 사실은 그렇지 않다. 금융위기는 투자자들이 극단적인 상황에서 얼마나 비합리적인지를 극명하게 보여주었다.

나를 포함해서 이른바 전문가라는 사람들도 이런 상황에서 벗어나지 못했다. 나는 두 눈으로 똑똑히 보았다. 내가 고용했던 주식 분석가, 내 펀드에 투자했던 기관투자가와 마케팅 대행 전문가들이 시장 붕괴의 압박감을 못 견디고 주식을 사야 할 바로 그 시점에 주식을 팔아버렸다. 사람들은 흔히 잘난 체하면서 '군중의 광기'를 논하지만, 금융 전문가들의 광기에 대해서는 어떻게 설명할 것인가? 내 경험을 돌아보면 전문가들도 크게 다르지 않다. 실제로 광기를 부채질한 사람들은 흔히 나와 같은 부류였다.

우리의 정신은 매우 혼란스러워서, 투자업무에 전혀 적합하지 않다. 이 책은 과학책도 아니고 두뇌 구조를 다루는 두꺼운 책도 아니지만, 합리적으로 생각하고 투자하기가 왜 그렇게 어려운지 잠시 생각해보자.

흔히 사람들은 우리 두뇌가 신피질 하나로 구성되어서, 합리적으로 정보를 받아들여 계산하고 답한다고 착각한다. 2002년 노벨 경제학상을 받은 선구적 심리학자 다니엘 카너먼Daniel Kahneman은 이렇게 합리적인 두뇌의 사고 과정을 '느리게 생각하기thinking slow'로 표현했다. 전에는 나도 내 두뇌가 작동하는 모습이 전투기 조종사와 같을 것이라고 착각했다. 즉, 전투기 조종석에 앉아 계기판에 집중하면서 전투기의 모든 레버를 완전하게 통제하여 최적의 결정을 내리는 조종사처럼 두뇌가 작동한다고 생각했다.

대부분 일류대학에서는 이렇게 합리적이고 고차원적인 사고능력을 개발하고자 한다. 내 친구 켄 슈빈 스타인Ken Shubin Stein은 컬럼비아 경영대학원에서 고급 투자학을 가르치고 있다. 이는 투자분석에 대해 유용한 통찰을 안겨주는 탁월한 과정이다. 그러나 이 과정에는 중요한 가정이 깔려 있다. 학생들이 졸업하고 나서 투자를 결정할 때, 합리적으로 작동하는 신피질을 이용한다는 가정이다. 문제는 실제로 우리 의사결정 대부분이 반이성적이고 본능적으로 작동하는 두뇌 부위에서 이루어진다는 사실이다. 카너먼은 이런 사고 과정을 '빠르게 생각하기$^{\text{thinking fast}}$'로 표현했다.

나는 지금 한없이 복잡한 주제를 지나치게 단순화하고 있다. 이 주제에 대해서 더 알고 싶다면, 더 명쾌하게 설명해주는 자료가 있다. 카너먼, 댄 애리얼리$^{\text{Dan Ariely}}$, 제이슨 츠바이크$^{\text{Jason Zweig}}$, 조셉 르두^{Joseph} ^{LeDoux}, 안토니오 다마시오$^{\text{Antonio Damasio}}$ 등의 글을 읽어보기 바란다. 나는 행동재무학과 신경경제학 전문가들의 글을 읽으면서 특이하고도 복합한 의사결정 프로세스에 매료되었다. 예를 들어 신경학자 벤저민 리벳$^{\text{Benjamin Libet}}$에 의하면, 우리 두뇌가 어떤 결정을 내려 행동한 다음에야 우리는 그런 의사결정이 이루어졌음을 인식하게 된다. 19세기에 발생한 피니어스 게이지$^{\text{Phineas Gage}}$ 사례도 유명하다. 그는 사고를 당해 두뇌 일부가 손상되었는데, 겉으로는 정상인처럼 보였으나 합리적으로 판단할 수가 없었다.

서로 다른 시점에 받은 신호를 두뇌가 인식하는 방식도 흥미로웠다. 우리 눈은 상대 입술의 움직임을 실시간으로 인식하지만, 우리 귀는 약간 뒤에야 소리를 인식한다. 그런데도 두뇌는 입술 신호와 소리 신호가 동시에 발생하는 것으로 인식한다. 다시 말해서, 우리 두뇌가 인식하는 현실은 실제 현실과 다를 수 있다는 뜻이다.

이런 연구를 공부하면서 나는 우리 두뇌를 다루기가 생각보다 훨씬 어렵다는 사실을 깨달았다. 예를 들어 주식 투자자들은 반이성적이고 본능적인 두뇌 부위가 분위기에 휩쓸려 불합리한 낙관론이나 비관론에 빠질 수 있다. 실제로 돈 관련 문제들은 종종 우리 두뇌의 반이성적 부위를 활성화한다. 금융 위험이 고조되어 위험해졌다고 느끼면 우리의 무의식적 본능이 활성화된다. 그리고 이후에는 신피질이 합리적으로 판단하게 된다.

우리 자신을 제대로 이해하려면 우리 주위 환경도 함께 고려해야 한다. 해부학적으로 두뇌가 큰 현대적 인간이 출현한 것은 약 20만 년 전이다. 가장 최근에 진화한 우리 두뇌 부위는 합리적 사고를 관장하는 신피질이다. 그러나 과거에 인간이 살아온 환경은 현재와 확연히 달랐다. 그래서 우리 수렵, 채집인 조상이 초원에서 생존하기 쉽도록 진화한 부위가 지금도 우리 두뇌에 많이 남아 있다. 이렇게 우리 두뇌에 남은 원시적 생존본능은 신피질을 손쉽게 우회할 수 있다.

우리는 자신을 아이작 뉴턴처럼 합리적인 존재로 인식하고 싶어 하지만, 우리에게 원시적 생존본능도 있다는 사실을 망각하면 위험하다. 뉴턴 자신이 이 사실을 인식했다면 좋았을 것이다. 그도 남해회사 거품사건에 휩쓸려 투자했다가, 평생 모은 재산을 날려버렸기 때문이다. 그래서 뉴턴은 씁쓸하게 말했다. "천체의 움직임은 계산할 수 있지만, 사람들의 광기는 계산할 수가 없더군요."

문제는 우리 두뇌가 매우 비합리적이라는 사실에서 그치지 않는다. 경제가 돌아가는 방식 역시 어지러울 정도로 복잡하다. 나는 옥스퍼드와 하버드에서 배운 우아한 경제이론에 눈이 멀어 엄청나게 복잡한 현실을 보지 못했다. 내가 투자를 시작하고서 몇 년 뒤, 펀드매니저 닉 슬립Nick Sleep이 초학문적 연구기관인 산타페 연구소Santa Fe Institute를 소개해주었다. 레그 메이슨Legg Mason의 매우 똑똑한 펀드매니저 빌 밀러Bill Miller도 이 연구소 이사회에 참여하고 있었다. 나는 이 연구소 논문을 읽기 시작했다.

이후 나는 경제를 복잡한 적응 시스템으로 생각하게 되었다. 복잡한 적응 시스템은 모형을 개발할 수도 없고 수학을 적용할 수도 없으므로, 경제학자들이 싫어하는 개념이다. 흔히 사람들은 일반균형이론general equilibrium theory처럼 조화로우면서 난해한 이론에 매력을 느낀다. 이 이론은 세상이 마땅히 굴러가야 하는 방식을 훌륭하게 설명해주며, 정책 입안자들에게도 유용한 지침을 제공한다. 그러나 우리의 현실 인식을 왜곡한다.

빌 밀러와 찰리 멍거 같은 박식한 투자가들은 이런 표준 모델이 시장에 적용하기에 부적합하다는 사실을 곧 깨달았다. 그리고 생물학적 모델이 더 적합하다는 사실도 알았다. 나는 산타페 연구소에서 영감을 얻어, 베르트 휠도블러Bert Holldobler와 에드워드 윌슨Edward O. Wilson의 저서 《개미 세계 여행Journey to the Ants》을 읽었다. 이 책은 여러 개미 종이 사용하는 다양한 생존전략을 자세히 묘사했으며, 여러 종이 공진화하고 경쟁하는 방식도 탐구했다. 나는 경제학에 대해서 대학생활 내내 배운 것보다도 이 책 한 권에서 더 많이 배웠다. 미친 소리처럼 들리겠지만 사실이다. 왜 그럴까? 개미집단도 경제와 마찬가지로 복잡한 적응 시스템이기 때문이다. 이 책을 읽으면서 뜻밖의 사실을 발견했다. 예를 들어 개미집단은 단순한 기본원칙들을 이용해서 수많은 생존 난제들을 해결한다.

　나는 금융과 경제를 분석할 때에도 이 모형이 유용하다는 사실을 즉각 깨달았다. 나는 멍거의 격자형 정신모형이 떠올랐다. 그래서 멍거에게 이 책 한 권을 보냈다. 기쁘게도 그가 친필로 짤막하게 답장했는데, 오래전부터 이 책을 읽을 생각이었다고 썼다. 나는 생물학에 관한 책을 더 읽기로 했다. 이후 경제를 진화하는 무한히 복잡한 생태계로 생각하게 되었다. 기업들도 개미처럼 생존전략을 받아들이지 않으면 멸종위험에 처하게 된다.

　그런데 다른 복잡한 연구분야에서도 경제분석에 유용한 모형을 제공하고 있었다. 예를 들어 덴마크 이론물리학자 페르 박Per Bak은 공동저술한 모래더미 연구에서, 한 곳에 모래알을 계속 떨어뜨릴 때 나타나는 현상을 설명했다. 모래더미가 '자체 임계 상태'에 도달한 다음에는 모래 사태가 발생하지만, 그 시점이나 규모는 예측할 수가 없다. 시장붕괴도 모래 사태와 공통점이 많으므로, 이 모형에서 시장붕괴에 대해 흥미로운 통찰을 얻을 수 있다. 요는 투자자들도 2008~2009년 금융위기 이전의 시장 같은 '자체 임계 상태'를 피해야 한다는 말이다.

　내가 대학에서 배운 깔끔한 경제이론들은 정말로 복잡한 금융시장이나 경제를 도무지 설명해주지 못했다. 게다가 우리 두뇌는 가망 없을 정도로 결함투성이였다. 이렇게 불합리한 두뇌와 지나치게 단순한 경제이론으로 엄청나게 복잡한 세계를 어떻게 이해할 수 있겠는가? 그 가능성이 얼마나 될까?

이는 내 멋대로 내세우는 이론이 아니다. 모든 투자자에게 닥친 매우 현실적인 난제다. 그러면 현재 매우 낮은 우리의 승산을 조금이라도 높일 방법은 있을까? 이 질문에 대해서는 다음 몇 챕터에서 답을 찾아보기로 한다.

돌아보면 나는 대학에서 배운 경제이론을 훨씬 더 의심했어야 했다. 짐작하겠지만, 나는 지루하게 경제이론을 논할 생각이 없다. 블랙숄즈 옵션가격 결정모형Black-Scholes Option Pricing Model, 케인스의 거시경제와 경직적 가격모형, IS/LM 모형, 합리적 기대, 허핀달Herfindahl 지수, 루디거 돈부쉬Rudiger Dornbusch의 오버슈팅 모형 등.

물론 멘사(지능지수가 높은 사람들의 모임) 칵테일파티나 중앙은행장들의 모임에서 사랑받고자 한다면 이런 주제가 유용할 것이다. 명문대학에서 학위를 받아 훌륭한 교수가 되려는 사람에게도 유용할 것이다. 그러나 내 경험상 투자에는 그다지 도움이 되지 않는다. 이런 경제이론들은 우리가 사는 지저분한 현실이 아니라, 우아한 가정에 바탕을 두고 있기 때문이다.

물론 내가 대학에서 배운 내용 중 유용한 것도 많다. 예를 들어 진지한 투자자라면 반드시 회사의 재무제표를 읽을 줄 알아야 한다. 단지 현금주의 회계와 발생주의 회계를 구분하는 정도로는 부족하다. 투자자는 회사가 다양한 회계규정을 이용해서 순이익을 왜곡할 수 있다는 점도 이해해야 하며, 이익의 질이 개선되는지 악화하는지도 판단할 수 있어야 한다. MBA나 CFA라면 이런 분석의 기본 구조를 파악한 사람들이다. 그렇지 않다면, 기본 지식을 얻을 수 있는 책이 많이 있다. 벤저민 그레이엄Benjamin Graham과 데이비드 도드David Dodd, 마티 휘트먼Marty Whitman, 존 미하일레비치John Mihaljevic, 세스 클라먼Seth Klarman, 조엘 그린블라트Joel Greenblatt 등이 쓴 책이다.

그러나 안타깝게도, 대부분 투자서적은 기술적 요소에 집중하는 경향이 있다. 투자수익률, PER 등 기본 개념을 배우는 것은 좋다. 하지만 이런 기본 요소만으로 큰 성과를 기대하기는 어렵다. 경영대학원을 나온 사람이라면 누구든 SEC에 제출하는 연차 보고서와 분기 보고서 등은 분석할 수 있다. 진정한 난제는 우리 두뇌가 결함투성이라는 사실이다. 우리 두뇌는 불합리의 바다에서 표류하면서 태풍에 시달리는 작은 배와 같다. 게다가 가장 탁월한 신경과학자조차 우리 두뇌를 완벽하게 이해하지는 못한다.

나는 행동재무학과 신경경제학을 처음 읽기 시작했을 때, 우리 두뇌의 깊은 신비를 통찰하는 짜릿한 기분이 들었다. 처음에 나는 자신의 지능으로 불합리한 사고를 극복할 수 있다고 가정했지만, 이는 착각이었다. 처음에 두뇌의 결함에 대해서 읽을 때에는, 이런 결함을 이해하면 실수를 저지르지 않을 것으로 생각했다. 그러나 지식과 자각만으로는 부족하다는 사실을 점차 깨달았다. 결함투성이 두뇌로 두뇌의 잘못을 바로잡기는 어렵기 때문이다. 우리는 뻔히 알면서도 두뇌의 결함에 무너지기 쉽다.

그러면 해결책은 무엇일까? 이에 대해 지금까지 내가 경험한 바를 나누어줄 수 있다.

DH 블레어와 금융위기를 경험하고 나서, 나는 합리적으로 생각할 수 있다는 잘못된 가정을 내던져야겠다고 실감했다. 나의 유일한 장점은 내 두뇌가 결함투성이라는 사실을 겸허하게 받아들인 것이었다. 일단 이 사실을 받아들이자, 내 정신 속 지뢰밭을 피해갈 방법을 설계할 수 있었다.

내 지뢰밭은 유난히도 위험했다. 2004년경, 마운트 사이나이 의대 교수인 내 친구가 동료 의사를 내게 보냈다. 그녀는 종합검사를 하고 나서 내가 주의력 결핍증(ADD)이라고 진단했다. 나는 강한 스트레스를 받으면 주의력이 이례적으로 높아지지만, 일상생활에서는 주의력이 부족해질 수 있다는 결과가 나왔다. 나는 집중하면 중요한 생각을 해낼 수 있지만, 이 집중력이 사라지면 (시간 경과를 의식하지 못하거나 열쇠 보관 장소를 잊는 등) 사소한 실수를 하기 쉬웠다.

나는 주의력 결핍증에 대처하려고 단순한 해결책을 개발했다. 예컨대 내 사무실에 큼직한 벽시계를 설치하였고, 평소에 책상을 깨끗이 정리하고 물건을 항상 같은 장소에 두어 찾기 쉽게 했다. 개인 비서를 고용하면, 내가 사소한 일을 잊지 않도록 잘 챙겨달라고 부탁했다. 예를 들면 비행기 탑승 시간을 놓치거나, 업무약속을 빠뜨리거나, 문을 열어둔 채 퇴근하지 않도록 확인해달라고 말했다.

이렇게 일상생활에서 해결방안을 찾고 안전장치를 설치했더니, 주의력 결핍증에는 물론 투자에도 매우 효과적이었다. 사람마다 차이는 있지만, 누구에게나 정신적 결함이 있다. 따라서 투자자들은 자신의 정신적 결함, 특성, 비이성적 태도에 대응해서 반드시 적절한 환경을 구축해야 한다.

취리히로 이사하고 나서, 나는 더 합리적으로 투자할 수 있는 이상적인 환경을 구축하려고 엄청난 에너지를 쏟아부었다. 내가 더 똑똑해지겠다는 뜻이 아니었다. 내 정신이 산만해져서 비합리적으로 작동하는 일이 없도록 환경을 구축하겠다는 뜻이었다. 이는 내 인생을 바꾸는 아이디어였다. 그렇게 해서 내 투자기법도 극적으로 개선되고, 내 생활도 더 행복하고 차분해지길 기대했다.

나중에 더 논의하겠지만, 나는 환경만 바꿀 생각이 아니었다. 나는 기본 습관과 투자 절차까지도 바꿔서 두뇌의 결함을 피해갈 작정이었다. 내 두뇌는 여전히 절망적으로 불완전하기 때문이다. 이렇게 바꾸면 내 승산이 조금이라도 높아질 것이다. 그리고 (대부분 투자자를 사로잡는) 분석가들의 분기실적보고서, 토빈의 Q, 전문가들의 쓸모없는 시장예측에 집중하는 것보다 절대적으로 유용할 것이다.

나는 금융위기를 겪고 나서, 내 두뇌의 비이성적 부위 관리야말로 주식 포트폴리오 관리의 핵심이 되어야 한다고 믿게 되었다. 뉴욕에서는 내 두뇌의 비이성적 부위를 관리하기가 지극히 어려웠다. 사람마다 차이는 있지만, 나는 (끊임없는 에너지, 경쟁심, 막대한 돈이 떠도는) 뉴욕에서 생활할 때 투자를 방해하는 비이성적 본능이 고개를 처들었다. 나는 사람들의 기대감이나 온갖 방해에 시달리지 않고 조용하게 생각하면서 장기로 투자할 수 있는 장소가 필요했다.

그러나 뉴욕이 어느 투자자에게나 나쁜 장소라는 말은 아니다. 데이비드 아인혼은 뉴욕에서 성공했고, 세쿼이아 펀드도 뉴욕에서 번창했다. 그러나 나처럼 뿌리가 없는 이방인이 뉴욕에서 성공하기는 어렵지 않을까 생각된다. 뉴욕과 런던 같은 금융 중심지에서, 이방인은 탐욕과 질투 등 욕구를 억제하지 못하여 균형을 잃기가 매우 쉽다.

나심 니콜라스 탈렙Nassim Nicholas Taleb은 저서 《블랙 스완The Black Swan》에서 이런 대도시를 '극단의 세계Extremistan'라고 불렀다. 다양한 연구를 통해서 알 수 있듯이, 자신과 이웃의 빈부격차는 행복감에 커다란 영향을 미친다. 그렇다면 블랙스톤 그룹Blackstone Group의 스티븐 슈워츠먼Stephen Schwarzman 같은 뉴욕 거부는 나의 비합리적 두뇌 부위를 자극할 수 있다. 이런 방해요소에 강력하게 대처할 방법이 없다면 우리는 경로를 이탈하게 된다. 예를 들어 근처에 거부가 살면, 조용히 장기 복리수익에 집중하는 대신 단기 대박을 터뜨리려는 유혹을 느끼기 쉽다.

적어도 나는 빈부격차가 극심하지 않은 곳에 사는 편이 나을 듯했다. 나의 결함과 취약성을 고려하면, 탈렙이 '평범한 세계Mediocristan'라고 부른 곳에서 살 때, 내가 합리적으로 운용할 가능성이 더 크다고 생각했다.

그래서 나는 이사할 곳을 적극적으로 찾기 시작했다. 버핏이 사는 오마하를 진지하게 고려해보기도 했다. 모니시가 사는 캘리포니아 어바인Irvine도 생각해보았다. 보스턴, 그랜드래피즈Grand Rapids, 볼더Boulder 같은 미국 도시도 검토했다. 뮌헨, 리옹Lyon, 니스Nice, 제네바, 옥스퍼드처럼 비교적 눈에 띄지 않는 유럽 도시도 생각했다.

그러나 결국 로리와 나는 취리히로 결정했다. 나는 어린 시절 취리히에 자주 갔으며, 항상 좋아했다. 최근 조사한 바로도 취리히는 생활의 질 면에서 늘 세계 상위권에 들었다. 그 이유는 쉽게 알 수 있었다. 작고, 안전하며, 건물이 근사하고, 공기와 물이 맑으며, 기반시설도 탁월하다. 공립학교도 훌륭하다. 겨우 몇 분 거리에 아름다운 산악과 멋진 스키장이 있다. 공항도 우수해서 도심에서 쉽게 접근할 수 있으며, 뉴욕, 샌프란시스코, 싱가포르, 상하이, 시드니 등으로 향하는 직항노선도 있다.

취리히 물가는 비싸지만, 평등주의가 강해서 모두가 비슷한 혜택을 누릴 수 있다. 예를 들어 공공 수영장은 내가 뉴욕에서 애용하던 멋진 컨트리클럽의 회원전용 수영장보다도 좋다. 취리히는 대중교통 시스템도 매우 효율적이어서 현지 억만장자들도 이용할 정도다. 이렇게 부자들도 전혀 다른 세상에 사는 것처럼 보이지 않으므로, 뉴욕이나 런던처럼 사람들이 박탈감이나 질투심을 느낄 일도 많지 않다.

그렇다고 취리히가 완벽하다는 말은 아니지만, 취리히에는 눈에 띄는 요소가 또 하나 있다. 사람들이 서로 신뢰한다는 점이다. 예를 들어 지하철역에는 회전식 개찰구도 없으며, 차표를 확인하는 일도 드물다. 고객이 상점에서 와인 등을 외상으로 사면, 청구서와 함께 집으로 배달해준다. 주민들은 거미줄 같은 신뢰의 망으로 연결되어 편안하고 효율적으로 생활한다. 어떻게 보면, 이는 버핏의 인생관이다. 버핏은 자회사 경영자들을 깊이 신뢰하여 의사결정권을 위임하였고, 경영자들은 버핏의 기대에 부응하려고 온 힘을 기울인다.

취리히는 조용하고 즐거우며 다소 단조로워서, 내가 정신적 평화도 누릴 수 있다는 생각이 들었다. 여기서는 방해받지 않고 내 가족과 펀드에 집중할 수 있을 듯했다. 가끔 사람들이 내게 "거기 지루하지 않아?"라고 묻지만, 나는 "지루한 게 좋아. 투자를 잘하려면 지루해야 해."라고 대답한다. 집중 방해야말로 심각한 문제다. 내게 정말로 필요한 것은 평범하고 소박하며 지나치게 자극적이지 않은 환경이다. 취리히가 사색하기에 좋다고 생각한 사람은 나 말고도 많이 있었다. 티나 터너는 물론 칼 융, 제임스 조이스, 리처드 바그너, 블라디미르 레닌, 알베르트 아인슈타인 등이 취리히에 살면서 자유롭게 사색을 즐겼다.

그리고 취리히에 살면 투자업계 사람들을 자주 만날 일도 없다. 그러면 그들 탓에 내 생각이 오염될 일도 없으므로 역발상을 펼치기도 쉬워질 것이다. 취리히는 멀어서 가까운 친구와 친척을 제외하면 나를 찾아오는 사람이 많지 않을 것이므로, 대인관계에 들어가는 시간도 많지 않을 것이다. 이 말이 냉정하게 들릴지도 모르지만, 내 특이한 성격과 우선순위에 맞춰 환경을 구축하려면 고려해야 하는 요소다. 나는 취리히로 이사하면서 백지에서부터 다시 시작할 기회를 얻었으므로, 그동안 내가 터득한 운용개선 방안을 모두 실행할 수 있었다. 나는 실수하고 싶지 않았다.

나는 완벽한 사무실을 찾기 시작했다. 사무실도 새 환경을 구성하는 핵심 요소다. 처음에는 반호프스트라세Bahnhofstrasse 지역에서 1년 동안 사무실을 임차했는데, 실수였다. 이곳은 취리히판 극단의 세계로서, 값비싼 매장이 거리를 메운 화려한 지역이었다. 이렇게 거부들이 많은 지역은 불건전한 욕구를 자극하므로, 나에게 적합한 곳이 아니었다. 그래서 나는 곧 강 건너편으로 사무실을 옮기기로 했다. 반호프스트라세에서 걸어서 15분 거리였으므로, 나는 안전해진 느낌이었다.

심리학자 로이 바우마이스터Roy Baumeister에 의하면 의지력은 한정된 자원이므로, 고갈되지 않도록 주의해야 한다. 그의 연구실에서 피험자들은 초콜릿칩 쿠키를 먹고 싶은 욕망을 참아야 했는데, 이 사소한 행동만으로도 의지력이 감소하여 다음 과제에 지장을 받았다. 나는 반호프스트라세가 유발하는 탐욕과 질투를 경계하느라 나의 한정된 에너지를 낭비하고 싶지 않았다. 따라서 내가 교란 요인에 노출되지 않도록 환경을 구축하는 편이 낫다. 그러면 나와 내 고객들을 위해 더 건설적인 업무에 에너지를 집중할 수 있다.

알고 보니 내가 존경하는 다른 투자가들도 비슷한 방식으로 환경을 구축하고 있었다. 모니시의 사무실은 남가주의 화려하지 않은 복합상업지구에 있는데, 근처에는 금융기관이 없다. 나는 그에게 왜 어바인의 화려한 쇼핑센터에 멋진 사무실을 차리지 않았는지 물어본

적이 있다. 그는 대답했다. "이 친구야, 나는 요란하게 살 필요가 없다네!" 그는 주변 환경이 사고에 미치는 영향을 잘 알고 있었다.

세계에서 가장 성공적인 투자가로 꼽히는 세스 클라먼도 위험한 월스트리트에서 멀찍이 벗어나 보스턴의 소박한 사무실에서 근무한다. 그는 원하면 손쉽게 화려한 고층건물의 꼭대기 층을 임차하여 찰스강을 내려다볼 수도 있다. 닉 슬립은 킹스로드King's Road의 파이 요리점 근처에 사무실을 얻었다. 영국의 헤지펀드 중심지가 된 화려한 메이페어Mayfair에서 멀리 떨어진 곳이다. 화이트 리버 인베스트먼트 파트너즈White River Investment Partners를 경영하는 앨런 베넬로Allen Benello도 샌프란시스코 금융가에서 멀리 떨어진 평범한 사무실에서 일한다. 그리고 버핏도 오마하 키위트 플라자에서 근무하는데, 한적한 건물이다.

아직 사람들은 잘 인식하지 못하지만, 사무실 위치도 성공을 좌우하는 요소라는 생각이 든다. 그렇다면 나도 당연히 나에게 맞는 사무실 환경을 구축해야 한다.

그러나 나는 버핏과 다르다. 버핏보다 지능만 떨어지는 것이 아니다. 버핏은 사무실 전망에 관심 없지만, 내게는 사무실 전망이 중요하다. 버핏은 늘 사무실에 블라인드를 쳐놓지만, 나는 나무 등 유쾌한 조망을 즐기는 편이다. 그러나 다른 주요 측면에서는 버핏이 오마하에 구축한 환경을 의도적으로 모방했다. 예를 들어 버핏의 집은 사무실에서 10분 거리인데, 도심에서 살짝 벗어난 곳이다. 모니시의 어바인 사무실도 집에서 10분 거리이며, 역시 도심에서 약간 벗어난 곳이다.

그래서 나도 집에서 도보로는 12분, 전차로는 7분 거리이면서 도심에서 살짝 벗어난 곳에 사무실을 얻었다. 도심에서 벗어나면 우연히 사무실에 들르는 사람도 많지 않다. 대개 뚜렷한 이유가 있어야 들르게 되므로, 방문의 가치가 높아진다.

나는 깊이 생각해서 결정을 내렸다. 예컨대 나는 모니시와 출퇴근 소요시간도 논의했는데, 10~12분이 이상적이라는 결론에 도달했다. 생활의 질이 개선될 정도로 가까우면서도, 직장과 가정을 구분하기에 충분한 거리이기 때문이다. 나는 업무에 대해 강박관념이 있으므로, 직장과 가정을 구분할 필요가 있다. 일에 파묻혀 지내는 시간이 아니라면 집에서 가족과 함께 시간을 보내야 한다. 같은 이유로 취미생활도 중요하다. 나는 주로 달리기와 스키를 즐기는데, 건강과 행복에 보탬이 될 뿐 아니라 생각이 맑아지고 시장의 변덕에 더 초연해질 수 있다. 내가 그 시간에 사무실에서 주식 분석에만 골몰한다면, 내 건강과 가정생활은 물론 투자실적도 틀림없이 더 나빠질 것이다.

세상 일은 모두 서로 연결된다. 나는 원래 투자수익률을 높이려고 환경을 개선하였다. 그런데 환경을 개선하니까 생활도 개선되었다.

나는 운용의 합리성과 효과성을 높이려고 사무실 내부 환경도 세심하게 구축했다. 자기 자신을 알면 자신에게 맞게 환경을 구축할 수 있다. 나는 주의력이 분산되기 쉬우므로, 이에 대응해서 물리적 환경을 설계해야 한다. 버핏은 컴퓨터나 이메일 없이도 탁월하게 운용할 수 있지만, 나는 컴퓨터가 없으면 일을 하지 못한다. 그러나 인터넷이

나 이메일은 끔찍할 정도로 내 주의력을 분산할 수 있다. 이 문제를 방지하려고 나는 사무실 공간을 물리적으로 분리했다.

나는 복도 한쪽 끝에 '작업실'을 만들어 전화, 컴퓨터, 모니터 4개를 설치했다. 컴퓨터와 모니터는 높이가 조절되는 책상 위에 올려놓았는데, 선 자세로 작업하도록 배치했다. 이메일 관리는 큰 부담 없는 작업이지만, 일단 빠져들면 긴 시간을 낭비하기 쉽다. 그래서 내가 앉아서 작업하지 못하도록 책상을 배치했다. 빼딱한 방식으로 보일 수도 있지만, 조용하고 침착하게 사색하는 공간을 확보하려는 뜻이다. 이런 사소한 변화가 나의 승산을 높여준다.

복도 반대편 끝에는 이른바 도서실을 만들었다. 도서실에는 전화나 컴퓨터가 없다. 내가 생각하면서 이 방에서 더 오랜 시간을 보내도록, 따뜻하게 환영하는 분위기로 만들었다. 나는 서류 더미를 가져와서 공부할 수도 있고, 벽에 늘어선 선반에서 책을 가져다 읽을 수도 있다. 내가 방문을 닫으면 아무도 방해하지 말라는 뜻이다. 도서실에서는 낮잠을 잘 수도 있다. 모니시도 사무실에서 낮잠을 자며, 버핏도 사무실에서 낮잠을 잔다고 우리에게 말했다. 낮잠은 게으른 행동이 아니다. 낮잠을 자고 나면 정신이 맑아지고 잡념이 사라져서, 다시 새로운 마음으로 일을 시작할 수 있다.

사무실 실내장식도 무시할 수 없는 과제다. 옥스퍼드 대학 식당에는 저명한 졸업생들의 초상화가 걸려 있다. 이들은 재학생들에게 격려의 메시지를 전해준다. 나도 사무실에 찰리 멍거의 청동 흉상을 설치했다. 그를 신격화하려는 뜻이 아니라, 그를 마음속에 늘 떠올리려는 뜻이다. 특히 멍거가 하버드에서 강연한 '사람들이 잘못 판단하는 24가지 원인'을 기억하고자 한다. 나는 버핏과 모니시와 함께 자선 점심을 먹으며 찍은 사진도 작업실과 도서실에 놓아두었다.

나는 이런 이야기를 과학적으로 뒷받침하지는 못한다. 그러나 우리는 거울 신경세포 덕분에 훌륭한 사람들을 본받을 수 있는 듯하다. 그래서 나는 잠재의식 차원에서도 멍거와 버핏을 본받을 수 있도록 사무실 환경을 구성했다. 이런 방식은 매우 흔히 사용되는 것 같다. 나는 차트웰Chartwell에 있는 윈스턴 처칠의 서재를 방문했을 때, 그의 책상 위에 놓인 물건에 감명받았다. 나폴레옹 흉상, 넬슨 제독의 도자기 조각상, 남아프리카 연방 수상 얀 스뮈츠Jan Smuts의 사진 등이었다. 장식품으로만 보이지는 않았다. 아마도 처칠은 이 유명한 지도자들이 자신의 처지라면 과연 어떻게 행동할지 자신에게 물어보았을 것이다. 아마도 경건한 사람들이 십자가를 보며 행동을 삼가는 것과 같은 이치다. 모방의 위력을 생각하면, 우리는 역할모델을 신중하게 선택해야 한다.

내 사무실에는 초기 펀드 고객인 아버지와 아버지의 동업자 몇 분의 사진도 있다. 나는 이 사진을 보면서 고객에 대한 책임감을 절대 망각하지 않으려고 노력한다. 최근에는 사진사 한 사람을 써서 모든 고객의 흑백사진을 찍으려고 생각 중이다.

자선 점심 약 1년 뒤, 고맙게도 버핏이 즉흥적으로 모니시와 나에게 오마하 사무실 구경을 시켜주었다. 나는 버핏이 손수 구축한 환경에 매료되었다. 가장 인상적인 점은, 그의 정신을 어지럽힐 만한 요소가 사무실에 거의 없었다는 사실이다. 방에는 의자가 두 개뿐이고, 사람들이 모일 공간도 없었다. 다른 활동의 여지가 없었다. 아마도 업무에 집중하기 위함인 듯, 창문에는 블라인드가 쳐져 있었다.

책상 뒤 벽에는 그가 깊이 존경하는 아버지 하워드 버핏Howard Buffett의 사진이 걸려 있었다. 로저 로웬스타인은 전기 《버핏Buffett》에서 그에 대해 이렇게 설명했다. "하워드는 접대성 시찰여행 제안을 거절하고 스스로 세비까지 삭감한 지극히 윤리적인 정치인이었다. 그는 첫 번째 임기 중 세비가 1만 달러에서 1만 2,500달러로 인상되자, 자신은 세비가 인상되기 전에 당선되었다고 주장하면서 인상분을 의회 경리부에 반납했다." 버핏이 이러한 아버지의 영향을 받았음은 쉽게 짐작할 수 있다. 그가 버크셔를 경영하면서 받는 박봉에서도 이렇게 성실하고 이타적인 마음이 드러난다. 아무튼, 작업 환경을 구성할 때에는 역할모델의 이미지도 매우 중요한 요소다.

버핏이 쓰는 책상은 매우 작아서 자료를 쌓아둘 수가 없으므로, 버핏은 자료를 효율적으로 읽어야 한다. 버핏의 책상 위에는 미결 서류함과 기결 서류함이 있고, 그 서류함 옆에는 '너무 어려움'이라고 쓴 서류함도 있는데, 이는 완벽한 기회가 올 때까지 기다려야 하는 자료들이다. 그는 "나는 정말로 좋아하는 공에만 배트를 휘두르거든."이라고 말했다. 이 장난스러운 '너무 어려움' 서류함도 틀림없이 그의 사고

방식에 미묘한 영향을 미칠 것이다. 버핏이 비범한 인물이기 때문에 이런 서류함이 유용하다는 말이다. 한편으로는 버핏처럼 지혜로운 인물이 이런 서류함까지 이용해서 생각을 정리한다는 사실이 흥미롭다. 나는 여기서 버핏의 겸손한 자세를 보았다.

버핏의 사무실에 블룸버그 단말기가 없다는 사실도 인상적이었다. 이 건물의 반대편 끝에 버크셔 채권 펀드매니저가 사용하는 블룸버그가 하나 있기는 하다. 버핏은 원하면 가까이 두고 사용할 수 있지만, 일부러 먼 곳에 설치해두었다.

나는 런던에 있는 닉 슬립의 사무실도 방문했었다. 그의 사무실에서는 블룸버그를 보려면 매우 낮아서 불편한 의자에 앉아야 한다. 블룸버그는 연 사용료가 2만 달러가 넘는데도, 닉 역시 사용하기 불편하도록 환경을 구성했다. 왜 그랬을까? 계속 흘러나오는 정보가 투자 전문가에게는 활력의 원천일 텐데 말이다.

블룸버그 단말기는 나에게도 애증愛憎이 엇갈리는 대상이다. 주식 데이터와 뉴스를 신속하게 뽑아낼 수 있으므로, 유용할 때도 있다. 뉴욕 소용돌이에 휘말려 지내던 시절, 블룸버그는 내 자존심도 높여주었다. 나는 값비싼 장난감을 사용하는 특권층에 속한 기분이었다. 블룸버그가 없었다면 나는 동료집단에서 열등감을 느꼈을 것이다. 그러나 블룸버그(또는 선호가 다소 낮은 로이터Reuter나 팩스세트FactSet)에는 심각한 단점도 있다.

블룸버그는 끊임없이 정보를 제공하겠다고 약속하면서 가입자들을 유혹한다. 실제로도 뉴스와 데이터를 끊임없이 쏟아내므로, 우리는 자제력을 발휘해서 단말기를 끄고 중요한 일에 집중하기가 어렵다. 주식 시세가 눈앞에서 번쩍이고, 속보가 요란한 빛으로 시선을 끈다. 모든 정보가 다른 정보로 연결되므로, 우리는 정보의 지옥으로 더 깊이 빠져들어 간다.

처음부터 나는 블룸버그에 완전히 중독되었다. 펀드매니저 초년병 시절, 나는 맨해튼 사무실에 도착하자마자 블룸버그를 켰다. 그러면 크리스마스트리처럼 환해지면서, 밝은 빛깔로 내 잠재의식을 자극해서 거래를 유혹했다. 그러나 나는 이런 거래가 전혀 유용하지 않다고 깨닫기 시작했다. 끝없이 정보를 검색하는 것도 무익했다. 나는 스스로 "내가 집중력을 낭비하는 것은 아닐까?"라고 물었다. 내 의지력이 한정된 자원이라면, 이 달콤한 정보의 유혹을 상대하는 것도 낭비라는 생각이 들었다.

금융위기 기간에 나는 블룸버그 중독에서 오는 문제를 더 생생하게 체험했다. 나는 시장 소음에 휩쓸리지 말고 장기적인 관점에서 포트폴리오 관리에 집중해야 하는데도, 블룸버그에서 끊임없이 쏟아지는 악재에 난타당하여 판단력이 무뎌졌다. 그래서 나는 블룸버그 사용을 중단했다. 시장이 붕괴하던 2008년 말과 2009년 초, 나는 며칠 계속해서 블룸버그를 켜지 않았다. 나는 회사의 접속 아이디만 남기고, 내 아이디는 삭제해 보기도 했다. 모니터 화면 배색을 흐릿하게 바꾸고 소리를 죽여보기도 했다.

취리히에 사무실을 만들 때에도 블룸버그를 어떻게 해야 할지 고민스러웠다. 이제 나는 블룸버그 서비스에 익숙한 상태다. 그냥 내버려두면 심리적으로 고통스러워진다. 가끔 아주 유용할 때도 있지만 유익할 때보다 해로울 때가 더 많다. 그래서 결국 절충하기로 했다. 블룸버그를 작업실의 높이가 조절되는 책상 위에 올려놓았다. 이제는 서서 보아야 하므로 여러 시간 들여다볼 위험은 거의 없다. 요즘은 종종 블룸버그를 켜지 않은 채 여러 주를 보내기도 한다. 그러나 필요할 땐 언제든 쓸 수 있다. 블룸버그는 내게 혹시나 하는 불안감 때문에 계속 모셔두는 값비싼 애물단지다.

내 두뇌의 이성적 부위는 블룸버그를 아예 없애버리는 편이 낫다고 말한다. 없어도 상관없는 애물단지에 왜 해마다 2만 달러 이상을 치르는가? 물론 내가 실수하기 쉽다는 점은 인정한다. 그러나 내가 완전히 이성적인 척하는 것보다는, 나 자신에게 솔직한 편이 낫다고 생각한다. 나의 비이성적인 측면을 개선하려고 노력할 수 있으니까. 아마도 이 방식이 누구에게나 최선일 듯하다.

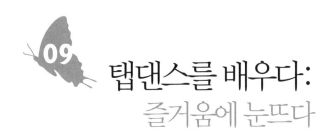

탭댄스를 배우다:
즐거움에 눈뜨다

취리히로 이사하면서, 나는 인생의 다른 측면도 바꾸기로 했다. 투자업무에 이상적인 환경을 구축하는 것만으로는 부족했다. 나는 내 인생에 대한 태도를 바꾸고 싶었다.

2008~2009년에 극심한 고통을 겪고 나서, 나는 생활의 균형을 유지하기가 어려웠다. 이는 투자자들이 부딪치는 커다란 난제다. 우리에게는 육체적 건강, 만족스러운 사생활, 정서적 안정감이 모두 중요하다. 이는 비현실적인 신시대의 이상이 아니다. 일상생활이 제대로 돌아가지 않으면 투자에서도 좋은 실적을 거두기 어렵기 때문이다.

위대한 투자가들은 자신의 정서 문제를 좀처럼 공개하지 않는다. 그러나 조지 소로스는 투자에서 오는 스트레스를 논하면서 자기가 펀드를 운용하는 것인지, 펀드가 자기를 운용하는 것인지 모를 때가 있다고 썼다. 반면에 버핏은 매일 아침 춤추면서 출근한다고 말했다. 그가 즐겁고도 기쁘게 살아가는 모습은 유머 감각과 브리지^{bridge} 게임 사랑에서도 나타난다. 그는 열정적인 삶을 즐긴다.

나는 그동안 잊고 지냈던 즐거움을 되찾아 인생을 좀 더 즐기면서 살고 싶었다. 금융위기 기간에 내 사업은 심각한 위험에 처하기도 했다. 시장에서 대량 참사가 발생하면서 수많은 펀드가 사라졌다. 빌 밀러^{Bill Miller}처럼 유명한 투자가조차 막대한 손실을 보면서 평판에 치명적인 타격을 입었다. 그는 지극히 똑똑한 하버드 선배였으나, 80%에 이르는 손실 탓에 펀드를 폐쇄할 수밖에 없었다. 그는 아직 40대 초반이었지만, 한때 화려했던 명성을 완전히 잃어버렸다. 나도 금융위기 기간에 죽을 고비를 간신히 넘겼다. 이를 계기로 내가 원하는 인생은 무엇이고 내게 진정으로 중요한 것은 무엇인지 다시 생각하게 되었다.

돌아보니 그동안 나는 목숨을 걸고 싸우듯이 인생을 살아왔다. 지나치게 극단적인 방식이었다. 나는 단순히 훌륭한 투자가 정도가 아니라, 워런 버핏이 되려고 했다. 오랜 세월 나는 거의 미친 듯이 목표 달성에 매달렸다. 마치 시험성적, 대학 학점, 펀드의 투자수익률에 따라 나의 정체성과 가치가 결정되는 것처럼 살아왔다.

아마도 내가 영국에서 받은 교육의 영향일 것이다. 나는 이란, 이스라엘, 남아프리카공화국에서 살다가 11세에 영국으로 이주하여 기숙학교에 들어갔지만 제대로 적응하지 못했다. 내게는 학교생활 전체가 투쟁이었고, 무조건 생존해야 한다는 생각뿐이었다. 이런 태도는 성인이 되어서도 이어졌고, 나는 검투사가 시합에 임하는 기분으로 투자업무에 임했다. 그러나 금융위기를 겪으면서 이런 태도가 투자실 적은 물론 인생에도 유용하지 않다는 사실을 뒤늦게 깨달았다.

나는 더 밝게 살아야 했다. 비유하자면, 나는 탭댄스를 추면서 살고 싶었다.

나는 훨씬 더 즐겁게 살기로 다짐했다. 그래서 자주 여행을 가기 시작했다. 예를 들어 2009년에는 모니시와 함께 열흘 동안 인도 여행을 했다. 지금까지는 이런 여행을 해본 적이 없다. 나는 끝없이 일해야 한다는 생각에 사로잡혀 항상 주식 포트폴리오를 지켜보았다. 그러나 이번에는 인도에 무작정 놀러 갔으며, 덕분에 세상을 보는 눈이 달라졌으므로 엄청난 소득을 얻었다.

무엇보다도, 아이들 교육을 대규모로 지원하는 모니시의 닥샤나 재단Dakshana Foundation 활동을 지켜보았다. 진부한 소리로 들리겠지만, 물질적으로는 매우 빈곤한데도 행복하게 살아가는 인도 사람들의 모습이 인상적이었다. 부유한 나라 사람들의 가치관이 매우 왜곡되었음을 깨달았다. 모니시의 일상생활을 가까이서 지켜보는 것도 놀라운 경험이었다. 약속을 지키지 못하거나 무례한 사람을 만났을 때 그의 반응을 지켜보는 것만으로도 나는 교훈을 얻었다. 그토록 침착하고도 합리적으로 반응하는 사람을 나는 거의 본 적이 없다.

우리는 여행 중 마이소르Mysore에서 열린 'TED 인도 TED India' 강연회에도 참석했다(TED는 Technology, Entertainment, Design의 약자로, 미국의 비영리 재단에서 운영하는 강연회). 정말 좋았다. 이후 나는 'TEDx 취리히 TEDx Zurich' 강연회를 공동개최했고, 스위스 아트 바젤Art Basel 같은 미술행사에도 참석했으며, 옥스퍼드, 하버드, 이스라엘의 바이츠만 과학연구소Weizmann Institute of Science 같은 기관에 대한 후원에도 참여했다. 이런 활동이 나의 투자실적 개선에 도움이 되었는지는 모르겠지만, 덕분에 내 사고의 폭이 넓어졌고, 유익한 관계를 많이 맺었으며, 생활에 활기가 솟았다. 그리고 이런 활동을 통해서 나 자신에게 충실해질 수 있었다.

나는 취리히에서 지내면서 특정 부류의 사람들은 의도적으로 피했다. 나는 스위스에서 살며, 그것도 도심에서 벗어난 지역에서 살기 때문에 '엉뚱한' 사람들이 나를 방문하기는 쉽지 않다. 그런 사람들이 나를 방문하려면 그럴 듯한 명분이 있어야 하기 때문이다. 덕분에 그 동안 마지못해서 유지했던 사람들과의 관계를 단칼에 끊어버릴 수 있었다. 펀드 마케팅 담당자, 주식 분석가, 기타 전문 '조력자'들로서, 그 동안 내가 뉴욕 헤지펀드매니저 방식으로 생활하도록 유도했던 사람들이다.

그렇다고 내가 틀어박혀 지낸 것은 아니다. 오히려 시간과 돈을 더 많이 들여 여행하면서 소중한 사람들을 만나보았다. 나는 켄 슈빈스타인과 함께 이스라엘에 다녀왔다. 캘리포니아로 가서 모니시와 함께 며칠을 보내기도 했다. 이번에도 내가 좋아하고 존경하는 사람과 즐겁게 지내려는 뜻이었다. 모니시와 나는 8명이 참여하는 래티스워크 클럽Latticework Club이라는 친목단체를 설립했다. 몇 달에 한 번씩 모여 교류하면서 서로 돕는 모임이다. 이 모임 덕분에 내 마음이 열렸고 더 체계적으로 자아성찰을 하게 되었다.

그리고 내 친구 존 미하일레비치와 함께 스위스에서 매년 모이는 밸류엑스VALUEx라는 공동체도 창설했다. 함께 식사하고 클로스터Klosters에서 스키도 타면서, 투자 아이디어를 교환하고 우정도 다지는 모임이다. 2014년에는 밸류엑스에 참여하려고 세계 곳곳에서 스위스로 몰려든 사람이 70명이 넘었다.

나는 항상 스포츠를 즐겼다. 그러나 스위스로 이사한 다음에는 더 열정적으로 즐겼다. 나는 매주 며칠씩 달리거나 자전거를 탔고, 주말에는 아이들과 함께 스키를 타러 갔다.

나는 게임도 다시 즐기게 되었다. 특히 금융위기를 겪으면서 인생을 즐겁게 살아야겠다는 생각이 들었기 때문이다. 나는 2007년경부터 브리지를 즐기기 시작했다. 모니시가 브리지를 열정적으로 즐긴 데다가, 버핏, 멍거, 빌 게이츠 모두 브리지의 열광적인 애호가였기 때문이다. 처음에 나는 맨해튼 브리지 클럽에 가입해서 교육을 받았다. 기초를 배우고 보니 브리지는 즐거운 오락일 뿐 아니라, 투자는 물론 인생에도 유용한 게임이었다.

실제로 브리지는 투자를 준비하는 사람들에게 정말로 최고의 게임이다. 내가 가치투자 교육과정을 구성한다면 틀림없이 브리지를 포함할 것이다. 브리지 게임의 절묘한 맛을 알고 나니, 찰리 멍거가 하버드 강연 '사람들이 잘못 판단하는 24가지 원인'에서 한 말이 떠올랐다. "올바르게 생각하려면 잭하우저Zeckhauser가 브리지를 하듯이 하면 됩니다. 아주 단순하지요. 그러나 잭하우저가 브리지 하는 방식을 여러분의 두뇌가 자연스럽게 터득하는 것은 아닙니다." 리처드 잭하우저Richard Zeckhauser는 하버드 정치경제학 교수이자 브리지 챔피언이고, '투자결정 및 행동재무학 최고경영자 프로그램'을 맡고 있다. 그는 매우 불확실한 상황에서 경제적 행동을 분석하는 전문가로서, 〈알지도 못하고 알 수도 없는 것에 대한 투자Investing in the Unknown and Unknowable〉 등 논문을 저술했다.

브리지 게임에는 확률 요소, 확률적 사고, 정보 비대칭이 포함되어 있어서 투자자들에게 유용하다. 처음 카드를 돌렸을 때에는 각자 자기 패만 볼 수 있다. 그러나 게임이 진행되면서 확률과 비대칭 요소가 정교하게 나타난다. 예를 들어 비딩할 때, 나는 스스로 이런 질문을 던지게 된다. '내 오른쪽 선수가 클로버 2를 비딩했다는 점을 고려하면, 확률상 그가 보유한 카드는 무엇일까?' 게임이 더 진행되면 이렇게 생각할 수도 있다. '아, 내 파트너가 방금 스페이드 에이스로 리드했어. 그러니까 스페이드 킹이나 기타 패도 있다는 뜻이야.'

우리는 늘 정보가 부족한 상태에서 투자한다. 예를 들어 얼마 전, 모니시와 나는 자동차와 배터리를 생산하는 중국회사 비야디 자동차BYD Auto를 조사했다. 우리는 〈월스트리트저널〉에 실린 기사를 보고 흥미를 느꼈다. 기사에 의하면, 멍거는 이 회사가 마음에 들어서 버핏에게 이야기했다. 버핏은 당시 자회사 경영자였던 데이비드 소콜David Sokol을 중국에 보냈다. 직후 버크셔는 비야디에 투자했고, 소콜은 그 이사회 구성원이 되었다.

우리는 모든 공개정보를 확률적으로 평가하기 시작했다. 예를 들어 중국계 미국인 리 루Li Lu가 멍거의 자금을 관리하고 있었다. 그리고 멍거는 비야디의 CEO 왕촨푸Wang Chuan-Fu, 王傳福에 대해서 다음과 같이 언급했다. "그는 토머스 에디슨과 잭 웰치를 결합한 인물입니다. 에디슨처럼 기술적 문제를 해결하면서, 웰치처럼 사업을 추진합니다. 나는 이런 인물을 한 번도 본 적이 없습니다."

분리해서 보면 이런 정보는 그다지 중요하지 않다. 그러나 종합해서 보면 큰 그림을 파악할 수 있고, 가장 최근 정보를 얻을 수 있다. 그리고 버핏, 멍거, 소콜, 리 루는 비야디에서 (다른 투자자들이 보지 못한) 어떤 요소를 보았을까? 라는 질문을 던질 수 있다.

당시 이 중국회사는 내 능력범위 밖에 있었으므로, 나는 모니시에게 회의적으로 이야기했다. 결국, 나는 1년 여가 지나서야 확신을 얻어 이 회사에 투자하게 되었다. 그러나 브리지 게임에 능숙하고 위험 수용도가 높았던 모니시는, 불완전한 정보를 추론하여 나보다 일찍 투자했다. 그는 버핏, 멍거, 소콜, 리 루 모두 비야디를 낙관한다는 점이 중요하다고 말했다. 모니시는 불완전한 정보를 추론한 덕분에 나보다 훨씬 낮은 가격에 비야디를 살 수 있었다.

이제는 나도 브리지 게임을 하듯이 불완전한 정보를 바탕으로 숨은 사실을 추론한다. 브리지 덕분에 나는 어느 분야든 완벽한 이해가 불가능하다는 사실을 깨달았다. 우리는 회사 내부에서 진행되는 일을 절대 알 수 없으므로, 확률추론을 할 수밖에 없다.

이런 사고방식은 특히 금융위기가 발생하여 거의 모든 사람이 주요 미국은행들(씨티코프, 뱅크 오브 아메리카, JP모건체이스 등)을 혐오할 때 매우 유용했다. 나는 이들을 면밀하게 연구하면서, 브리지 게임을 하듯 자신에게 질문을 던졌다. "내가 JP모건체이스의 2조 달러짜리 대차대조표를 제대로 이해할 수 있을까?" 나는 이해할 수 없다. JP모건체이스의 경영진조차 정확하게 이해할 수는 없다. 그러나 재무건전성과 수익력을 확률적으로 추론할 수는 있다. 나는 또 스스로 질문한다. "장래 실적이 투자자들의 기대보다 좋을까, 나쁠까?"

그 사이에 버핏이 뱅크 오브 아메리카 우선주에 50억 달러를 투자했다는 뉴스가 나왔다. 확률적 추론에 의하면, 연준이 주요 은행들의 재무건전성 회복을 책임질 것으로 버핏은 믿었다는 뜻이다. 따라서 은행들의 수익성이 다시 높아져서 건전성을 회복할 때까지 연준이 금리를 인상하지 않을 것이라고 나는 생각했다. 버핏의 투자는 내게 중요한 실마리였다. 모니시의 말에 의하면, 버핏은 1969년부터 은행주에 투자했으며, 은행주에서 손실을 본 적이 거의 없다. 따라서 버핏이 은행주를 인정했다는 점이 매우 중요했다.

게다가 뱅크 오브 아메리카의 경쟁사 중 절반 이상이 낙오했으므로, 뱅크 오브 아메리카의 위상이 더욱 강화되었다. 은행업에는 기술 비용이 막대하게 들어가므로 소규모 은행들은 경쟁력이 떨어진다. 그리고 은행의 법률위험도 사람들이 생각하는 것보다 낮아 보였다. 엑슨발데즈Exxon Valdez 원유 유출 사고 소송은 25년이 지났는데도 아직 진행 중이다. 따라서 은행 소송도 장기간 이어질 것이므로 그 사이에 손실을 충분히 회복할 수 있을 것이다.

나는 주요 은행 여럿에 대규모로 투자했다. 이후 버핏, 모니시, 내가 예상했던 대로 주가가 반등했다. 브리지 게임 덕분에 이렇게 불확실한 상황 속에서도 나는 능숙하게 투자할 수 있었다. 투자기회는 대부분 매우 불확실하지만, 처음에 생각했던 것만큼 위험하지는 않은 듯하다. 흔히 사람들은 나 같은 투자자들이 도박꾼 못지않게 커다란 위험을 떠안는다고 생각한다. 물론 손실위험을 무시하고 덤벼드는 무모한 투자자들도 많지만, 이런 사람들은 투자 게임에서 오래 생존하기가 어렵다. 오래 생존하는 사람들은 위험을 정교하게 파악하고, 위험보다 주가가 더 낮은 종목을 찾아낼 수 있는 투자자들이다. 당시 주요 은행들은 불확실성이 높긴 했지만 위험은 거의 없었다.

브리지 말고도 나의 사고력을 높여준 게임이 또 있다. 분석과 패턴 인식력 개선에 탁월한 체스다. 나는 체스가 주는 재미를 재발견했다. 처음에 나는 하버드 동급생 마크 핀커스Mark Pincus 덕분에 체스에 폭 빠지게 되었다. 마크는 나중에 소셜게임회사 징가Zynga를 설립해서 억만장자가 되었다. 학창시절 당시 마크는 내 기숙사에서 새 체스판을 보더니 한판 붙어보자고 했다. 나는 처참하게 패배했다. 그래서 체스 책을 한 무더기 사서 공부했다. 이후 내 실력이 점차 개선되었고, 가끔 이기기 시작했다.

졸업 후 나는 맨해튼 체스클럽 회원이 되었고, DH 블레어 근무 시절에는 공포감에서 벗어나려고 공원에서 체스를 즐겼다. 그러나 주의력이 부족했던 탓에 내 실력은 보통 수준을 넘어서지 못했다.

당시에는 체스를 재미로만 두었을 뿐, 유용하다는 사실은 알지 못했다. 그러나 세월이 흐르자 나는 체스에서 전술을 배울 수 있다는 점을 알았다. 예를 들어 체스에는 순진한 상대를 초반 몇 수만에 무너뜨리는 속임수가 있다. 처음에 내가 이런 속임수에 넘어갔을 때, 나는 상대에게 화를 냈다. 상대가 비열한 방식을 썼다고 생각했기 때문이다. 그러나 나중에는 속임수에 넘어간 나 자신에게 화가 났다. 이후 체스를 더 공부하고 나서 이런 기본 실수가 줄어들었다.

투자에도 이런 속임수가 있다. 예를 들어 회계 분야에도 속임수가 넘친다. 기업들은 종종 회계기법을 동원해서 숫자를 조작한다. 순진한 투자자들은 이런 숫자에 쉽게 넘어간다.

1990년대 말, 나는 법률보험 판매회사를 분석했다. 생명보험상품과 마찬가지로, 법률보험 상품도 대리점들이 두둑한 수수료를 받으면서 팔아주고 있었다. 이 회사의 수익성을 분석하는 열쇠는 고객 획득 비용을 정확하게 파악해서 상각하는 작업이었다. 그러려면 고객이 보험계약을 유지하는 기간이 얼마인지 알아야 한다. 나는 이 회사의 회계가 지나치게 낙관적이어서, 회사의 장래 모습을 오도한다고 판단했다. 즉, 이 회사의 회계가 체스의 속임수와 같다는 생각이 들었다. 그래서 나는 주식을 모두 처분했고, 이후 주가는 폭락했다. 줄줄이 소송이 이어졌고, 투자자들은 모두 좌절했다.

내가 체스에서 얻은 교훈이 또 있다. 나는 이른바 얼간이들과도 자주 체스를 두었다. 이들은 체스판을 세심하게 분석하지 않고, 닥치는 대로 즉흥적으로 두는 사람들이었다. 처음에는 내가 이들에게 자주 패배했다. 이들의 수를 종잡을 수가 없어서 냉정함을 잃었기 때문이다. 그러나 나는 게임에 익숙해짐에 따라 단련이 되었고, 상대가 제멋대로 두어도 냉정한 자세를 유지할 수 있었다.

증권시장에서는 전문가를 포함한 수많은 투자자가 단기 대박을 노리면서, 인기 기술주에서부터 과대 포장된 공모주에 이르기까지 온갖 종목에 손을 댄다. 가끔 이런 무모한 투기에서 대박이 터지면 사람들은 너도나도 무작정 이들을 따라간다. 그러나 체스에서와 마찬가지로 투자에서도 자제력을 유지하면서 세심하게 장기전략을 추구할 때 더 좋은 성과가 나온다. 2009년에 사람들이 주식을 내던진 것도 즉흥적인 행동이었다. 이 게임에서 나의 상대는 얼간이 체스 선수가 아니라, 광기 어린 시장이었다. 나는 냉정함을 유지하면서 시장의 광기를 이용해서 헐값에 주식을 사모았다.

체스 챔피언 에드워드 라스커Edward Lasker의 좌우명 "상대가 좋은 수를 두면, 나는 더 좋은 수를 찾는다."도 인상적이다. 나는 그의 좌우명을 수정해서 투자에 이렇게 적용하고 있다. "누군가 좋은 투자 아이디어를 찾아내면, 나는 더 좋은 투자 아이디어를 찾아낸다." 사람들은 머릿속에 처음 들어온 아이디어에 집착하는 경향이 있다고 멍거가 지적했다. 먼저 떠오른 아이디어가 과연 더 나을까? 체스에서는 처음에 좋은 수가 떠올랐더라도 계속해서 더 좋은 수를 찾아보아야 한다. 체스를 즐기면 더 좋은 아이디어를 찾으려는 태도가 강화된다.

나는 브리지와 체스를 즐기면서 유용한 전술과 사고습성을 배웠고, 감정 조절이 중요하다는 사실도 깨달았다. 그러나 더 단순한 진실도 배웠다. 나는 오랜 기간 너무 심각하게 살아왔으므로, 이제는 더 즐겁게 살아야 한다는 점이다. 그래서 세상만사를 목숨 건 싸움으로 보는 대신 게임을 하듯 살아가기 시작했다.

내 친구 마크 핀커스는 늘 이런 방식으로 살았다. 그는 온갖 게임을 즐겼으므로 인생을 게임처럼 생각했고, 이런 즐거운 태도가 성공의 밑거름이 되었다. 내 동급생들은 하버드 졸업 후 일류 투자은행과 컨설팅회사로 몰려가서 따분한 업무를 맡았다. 사람들은 졸업 후 첫 직장이 생사를 가르는 선택이라고 생각하지만, 이는 근시안적 사고방식이다. 실제로 첫 직장은 대개 잠시 거쳐 가는 자리에 불과하다.

동급생들은 졸업 1년 전부터 취직 준비를 했지만, 마크는 졸업 후 계획이 뚜렷하지 않았다. 그는 단지 인생을 게임처럼 즐길 수 있는 흥미로운 회사를 찾고 있었다. 결국 덴버 교외에 있는 존 멀론John Malone의 TCITele-Communications Inc.에 들어가서 통신산업을 배웠다. 이후 더 유망한 기회가 나타나는 순간, 그는 퇴직하고 첫 회사를 설립했다. 그 무렵 내가 샌프란시스코에 갔을 때, 그는 "돈을 얼마나 버느냐는 중요하지 않아. 나는 세상을 바꾸고 싶어."라고 말했다.

스티브 잡스도 마찬가지로 모험을 즐기면서 살았다. 그는 스탠퍼드 졸업식 연설에서 "닥치는 대로 살아라. Stay foolish."라고 말했다. 버핏 역시 투자를 게임처럼 대하며, 일상의 행복을 조금도 양보하지 않는다.

금융위기를 겪고 나서 나는 인생을 더 가볍고 즐겁게 살아야겠다고 생각했다. 워런 버핏을 본받아, 내가 원하지 않는 일은 억지로 하지 않았다. 요즘도 열심히 일하고 있지만, 쉬지 않고 일하는 것은 아니다. 낮에도 졸음이 오면 낮잠을 잔다. 2009년에는 내 펀드의 실적이 환상적이었다. 주로 시장붕괴 기간에 사들인 주식 덕분이었다. 동업자 한 사람은 적극적으로 홍보해서 펀드 고객을 더 모으자고 강하게 주장했다. 그러나 나는 이렇게 말했다. "그러고 싶지 않아. 나는 행복하게 살고 싶어. 굳이 펀드를 키울 필요 없어."

이런 태도로 살아가니 인생이 더 즐겁고 평온했다. 게다가 투자실적도 더 좋아진 듯했다. 조용한 연못에 돌을 던지면, 잔물결이 일어난다. 마찬가지로 나는 마음이 평화롭고 만족스러울 때 훌륭한 투자 아이디어가 떠오른다. 모니시가 내게 자주 인용하는 파스칼의 말이 떠오른다. "사람이 방에 홀로 앉아 조용히 지낼 줄을 모르는 데에서 인류의 모든 문제가 나온다." 취리히 생활에서 내가 받은 가장 큰 선물은 조용한 만족감이다. 여기서는 올바른 투자 아이디어가 터져 나온다. 내가 자전거를 타는 등 시장을 잊고 즐기는 동안, 좋은 아이디어가 놀라울 정도로 자주 떠오른다.

내가 인도 등으로 여행가는 모습을 보면 내 친구 투자가들은 어리둥절해한다. 한 친구는 "가이, 그렇게 여행 다녀도 수익률에 지장 없겠어?"라고 내게 잔소리했다. 그래서 나는 이제 최고의 투자가가 되려고 하지 않는다고 설명했다. 내가 워런 버핏처럼 될 수 있다고 하더라도, 이제 내 목표는 워런 버핏이 아니다. 나는 나 자신에 더 충실해지고자 한다.

내 펀드의 최근 주주총회에서 참석자 한 사람이 주식 매도과정을 어떻게 관리하는지 물었다. 나는 "관리가 서툽니다."라고 대답했다. 다소 장난스러운 대답이었다. 그러나 한편으로는 정직한 대답이기도 했다. 매도과정을 특별히 잘 관리하는 사람은 없다고 보기 때문이다. 사람들은 저마다 명확한 매도 기준이 있다고 주장할 수 있다. 예를 들어 주가가 내재가치의 80%에 도달하면 매도해야 한다는 식이다. 그러나 주식투자는 정밀과학이 절대 아니다. 내 주식 포트폴리오에는 합리적 기준에 의하면 팔아야 하는 종목이 있다. 그러나 나는 이런 종목도 종종 계속 보유한다. 그래서 나는 주식 포트폴리오뿐 아니라, 나 자신도 관리해야 한다. 나 자신의 파괴적 본성을 억제할 수 있다면 앞으로 수십 년 동안 내 투자실적이 개선될 것이다.

나는 주식 매도에 서툴다고 공개적으로 인정했다. 이제 나는 화려한 말로 사람들을 현혹하지도 않았고, 내 펀드에 투자하라고 설득하지도 않았다. 나는 판매보다도 솔직한 설명에 주력했다. 사람들이 내 펀드에 투자한다면 기쁜 일이다. 그러나 투자하지 않더라도 이제는 실망하지 않는다. 이는 생사를 가르는 문제도 아니고, 목숨을 건 싸움도 아니다.

그러나 솔직히 말하면, 돈이 생존의 문제라는 생각은 내 마음속 깊이 새겨져 있으므로, 절대 지워버릴 수가 없다. 내 두뇌 회로의 일부라는 뜻이다. 물론 주식투자를 게임으로 보면 유리한 점이 매우 많다. 그리고 이런 관점 덕분에 투자실적도 분명히 개선되었다. 그러나 이 게임에는 내 고객들이 평생 모은 재산이 걸려 있다. 따라서 투자가 게임일지는 몰라도, 내게는 지극히 중요한 게임이다.

투자 도구:
투자절차 개선

개미들이 단순한 기본원칙 몇 가지를 이용해서 무한히 복잡한 생존전략을 개발할 수 있다면, 우리 투자자들은 어떨까? 우리도 건전한 투자원칙들을 세우면 투자 의사결정을 더 현명하고 합리적으로 할 수 있지 않겠는가?

여기서 고려할 사항이 하나 있다. 인간의 두뇌가 사용하는 전력은 약 12와트라고 한다. 다시 말해서 60와트짜리 전구가 사용하는 전력의 5분의 1에 불과하다. 요즘 나오는 컴퓨터의 전력 소모량과 비교해도 12와트는 대단한 소모량이 아니다. 그런데도 우리는 이 연약한 두뇌로 엄청나게 복잡한 투자 관련 계산을 시도하면서, 뻔뻔하게도 그 계산이 정확할 것으로 기대한다.

앞에서도 언급했듯이, 우리가 투자에서 승산을 높이는 방법 하나는 더 합리적으로 판단할 수 있도록 환경을 구축하는 것이다. 그런데 우리가 사용할 도구가 하나 더 있다. 의사결정을 지원하는 원칙과 절차를 개발하는 것이다.

금융위기를 겪고 나서 나는 더 체계적으로 투자하려고 열심히 노력했다. 나의 행동을 더 체계화하고 복잡한 의사결정 절차를 단순화하려고 했다. 우리 두뇌의 능력에는 한계가 있으므로 무슨 일이든 단순화하는 편이 합리적이다. 그래서 나는 매우 다양한 분야에서 원칙을 개발했다. 예컨대 종목을 분석할 때 어떤 자료를 어떤 순서로 읽고, 관심 종목에 관해서 누구와 이야기하며, 기업 경영진은 어떻게 대하고, 주식 매매는 어떤 방식으로 하며, 고객들과 어떤 식으로 소통하느냐 등이다.

이런 원칙 중 일부는 누구나 광범위하게 적용할 수 있지만, 일부는 매우 특이해서 적용하기 어려울 수도 있다. 그리고 이런 원칙은 계속 개선되고 있다. 내가 경험을 통해 배우면서 계속 수정하고 있기 때문이다. 당신도 투자절차를 체계화하면 실적에 엄청나게 도움이 될 것이라고 나는 확신한다. 항공기 조종사들은 행동의 지침이 되는 원칙과 절차를 습득함으로써 자신과 승객들의 안전을 지킨다. 투자자들도 이런 사례를 따르면 과도한 위험을 피하면서 좋은 실적을 확보할수 있다. 왜 그럴까? 항공기 조종과 마찬가지로, 투자도 인간의 실수가 문제를 일으키기 때문이다.

나는 이 문제도 모니시와 대화하던 중 깨닫게 되었다. 2009년 함께 인도 여행을 하면서, 나는 모니시에게 주식 매매 방식 등 투자에 관한 온갖 질문을 던졌다. 그는 평소 이런 질문을 논리적으로 숙고하여 원칙을 세운 다음 철저하게 준수했다. 예를 들면, 그는 개장시간 중에는 주식 매매주문을 절대 하지 않기로 했다.

여행에서 돌아와서 나는 스스로 말했다. "가이, 자네는 모두 고쳐야겠어." 모니시의 사고방식은 여러모로 나와 다르다. 예를 들면 그는 불확실한 상황에서도 많은 위험을 기꺼이 떠안는다. 그래도 나는 그를 본받아 내 투자절차를 더 체계화하기로 했다. 다음은 이후 내가 실행하고 있는 8가지 원칙, 절차, 습성이다. 이 8가지로 충분하다는 말은 절대 아니다. 그러나 내가 그동안 배운 바를 맛볼 수는 있을 것이다.

I. 주가를 자주 확인하지 않는다.

취리히에 정착했을 때, 나는 블룸버그 단말기는 계속 임차했지만 아침 작업 시간에는 단말기 스위치를 켜지 않았다. 요즘은 몇 주씩 스위치를 꺼둔 채 지내고 있다. 이 밖에도 일상적인 시장소음에서 벗어나려고 여러모로 노력하고 있다.

투자자 중에는 매일 정도가 아니라 분 단위로 주가를 확인하는 사람도 많다. 우리가 주식을 지켜보면 주식도 이 사실을 인식한다고 사람들이 생각하는 듯하다. 우리가 주식을 계속 지켜보지 않으면 뭔가 악재가 발생해서 주가가 폭락한다고 두려워하는 사람도 있다. 이런 사람들은 주가를 계속 지켜보고 있어야 만사가 순조롭게 돌아간다고 생각하면서 안심하게 된다.

문제는 끊임없이 오르내리는 주가가 사람들을 유혹한다는 사실이다. 블룸버그 모니터에서 밝은 빛으로 깜빡거리는 주가를 보면, 내 불합리한 두뇌는 매매충동을 느끼게 된다. 인기 생명공학 주식이나 인터넷 주식에 투기하는 사람이라면, 주가가 미친 듯이 오르내릴 때마다 매매하는 편이 합리적일지 모른다. 예를 들어 증권회사에서 터무니없이 낙관적인 보고서가 나오고 다른 투기자들이 몰려들어 주가가 갑자기 20% 치솟는다면 팔아야 할 것이다. 그러나 나는 적어도 몇 년 정도는 보유할 주식에 투자한다. 버핏은 주식시장이 내일부터 5년 동안 문을 닫아도 걱정스럽지 않을 종목에 투자해야 한다고 말했다.

나는 펀드 고객들에게 매월 펀드의 순자산가치를 보고해야 하므로, 5년 동안 모니터를 꺼둘 수는 없다. 그러나 내가 오로지 내 계좌만 운용한다면, 보유 종목의 주가를 분기나 1년에 한 번씩만 확인하도록 시스템을 구축할 생각이다. 현재 상태로도 내가 보유 종목 주가를 확인하는 횟수는 1주일에 한 번 정도다. 게다가 나는 컴퓨터나 블룸버그 모니터에 보유 종목 주가를 한꺼번에 조회하는 화면도 만들지 않았다. 그래서 종목별로 하나씩 주가를 확인해야 한다. 다른 종목 주가도 동시에 보게 되면, 매매충동을 느낄 위험이 있기 때문이다.

이런 쓸데없는 소음이 우리 연약한 두뇌에 미치는 영향에 대해서 조금 더 생각해보자. 우리 의지력은 한정된 자원인데, 주가를 지나치게 자주 확인하면 단순히 매매충동을 참는 과정에서 소중한 의지력을 낭비하게 된다. 나는 의지력을 더 건설적으로 사용하고 싶다.

다니엘 카너먼과 아모스 트버스키가 연구한 행동재무학에 의하면, 투자자가 이득에서 느끼는 기쁨보다 손실에서 느끼는 고통이 두 배나 크다. 따라서 나는 주가 하락 때문에 내 두뇌가 고통을 느끼지 않도록 보호해야 한다. 평가 기간을 20년 이상으로 길게 잡으면, 주가는 거의 예외 없이 상승한다. 그러나 평가 기간을 줄여서 더 자주 확인할수록, 주가가 하락할 확률이 훨씬 높아진다(나심 탈렙이 탁월한 저서 《행운에 속지 마라Fooled by Randomness》에서 자세히 설명했다). 그렇다면, 왜 단기로 평가해서 내 두뇌에 불필요한 고통을 안겨주어야 하는가?

나는 상황을 매일 확인할 필요가 없는 기업에 투자하고 있다. 단지 시간문제일 뿐, 거의 모두 장기 실적이 '필연적으로' 좋아질 기업들이다. 바로 버핏이 보유하는 종목들의 특성이다. 실제로 버핏은 보유 종목에서 장기적으로 기대하는 성과를 표현할 때 '필연적으로'라는 단어를 쓴다. 그가 보유한 벌링턴 노던 산타페Burlington Northern Santa Fe 지분을 생각해보자. 미국 경제가 성장하고, 미국이 발전하며, 철도산업이 강해질수록, 이 철도망의 가치가 상승하리란 점에는 의문의 여지가 없다. 게다가 경쟁사가 근처에 철도를 깔 이유도 없으므로 벌링턴은 경쟁에 시달릴 일도 없다.

이렇게 정말로 필연적인 기업에 투자한다면, 모니터를 끄고 소파에 편히 앉아 책을 읽어도 전혀 문제가 없다. 버핏은 아메리칸 익스프레스나 코카콜라에 투자해서 거금을 벌었지만, 매일 주가 흐름을 지켜볼 필요가 전혀 없었다.

2. 누가 팔려고 애쓰는 것은 사지 않는다.

뉴욕 소용돌이에 휘말려 지내던 초기, 내 펀드 실적이 좋았는데도 관심을 끌지 못해서 나는 마음이 아팠다. 그런데 갑자기 전화가 줄지어 오기 시작했다. 모두가 내게 뭔가를 팔려고 했다. 주식을 사라고 권유하기도 했고, 값비싼 분석 시스템, 투자 뉴스레터, 새 전화 서비스, 기타 수많은 제품을 사라고 권유했다. 처음에는 내가 어느 정도 성공했기 때문에 관심을 받게 되었다고 생각했다. 그러나 곧 이들의 선전에 넘어가 내가 형편없는 것들을 샀다는 사실을 깨닫기 시작했다.

문제는 유능한 세일즈맨이 노련하게 선전하면, 내 두뇌는 도무지 합리적으로 판단하지 못한다는 사실이다. 그래서 나는 단순한 원칙을 도입했는데, 대단히 유용했다. 누군가 전화로 내게 무엇을 팔려고 하면 나는 최대한 공손하게 대답한다. "미안합니다만, 나는 누군가 팔려는 것은 사지 않는다는 원칙입니다."

그러면 세일즈맨은 깜짝 놀라 이렇게 질문한다. "그러면 좋은 전화 서비스를 어떻게 고르시려고요?" 그리고 증권회사 분석가들은 이렇게 묻는다. "그래도 이 종목은 훌륭해 보이지 않습니까?"

물론 분명히 이들의 말이 옳을 때도 있다. 더 좋은 전화서비스로 교체하거나 훌륭한 투자 아이디어를 수용하는 편이 아마도 합리적일 것이다. 그래도 나는 그렇게 할 생각이 없다. 그러면 단기적으로는 내게 손해일지도 모른다. 그러나 장기적으로 보면, 이기적인 세일즈맨들을 멀리하는 편이 훨씬 더 이득이다. 이 단순한 원칙으로 '역선택'을 피할 수 있기 때문이다. 찰리 멍거는 이렇게 기도했다. "제가 죽을 장소를 말씀해주시면, 그곳에는 절대 가지 않겠나이다." 나도 누군가 파는 종목이 있다면, 그 종목은 절대 사지 않겠다.

칵테일파티에서 누군가 자신이 보유한 종목이나 비상장회사에 투자하라고 내게 권유할 때에도 나는 이 원칙을 적용한다. 나는 그의 말에 귀 기울일 수도 있고, 깊은 인상을 받을 수도 있으며, 유혹을 느낄 수도 있다. 그러나 내가 사서 그들에게 이득이 돌아간다면 나는 사지 않을 것이다. 때로는 그들이 얻는 이득이 판매수수료나 금전적 혜택이 아니라, 아이디어를 팔았다는 심리적 만족감에 불과할 수도 있다. 그렇더라도 나는 사지 않는다. 아이디어가 개인의 이기심에서 나왔기 때문이다.

버핏은 나보다 훨씬 전에 이 사실을 알았다. 예를 들면 버핏은 경매에 절대 참여하지 않는다. 버핏이 그랬던 것처럼, 나도 지금까지 공모주에 투자해본 적이 없고, 앞으로도 절대 없을 것이다. 월스트리트 기관들이 막강한 판매력을 발휘하여 공모주에 대한 사람들의 인식을 왜곡하기 때문이다. 물론 일부 공모주는 완벽한 순풍을 타고 치솟을 수도 있다. 그러나 간혹 대박을 놓치는 한이 있더라도, 이렇게 출처가 불량한 공모주는 모두 멀리하는 편이 안전하다.

| 원칙 |

누가 팔려고 애쓰는 것은 사지 않는다.

3. 경영진과 면담하지 않는다.

똑같은 이유로, 나는 조사하는 기업의 경영진과 면담하지 않는다. 똑똑한 투자자 중 이 말에 동의하지 않는 사람이 많을 것이다. 일부는 경영진과 자주 접촉해서 성과를 거둘 수도 있을 것이다. 그리고 이렇게 경영진과 접촉한다는 사실은 기존 고객과 잠재 고객의 마음을 움직이는 유용한 마케팅 수단이 될 수도 있다.

이상하게 들릴지 모르지만, 내 경험으로는 경영진과의 접촉이 투자실적에 오히려 해가 된다. 문제는 경영진이 매우 노련한 세일즈맨이라는 사실이다. 이들은 회사의 실적이 아무리 나빠도, 회사 전망이 밝은 것처럼 보이게 하는 능력이 있다. 이들은 이사회 구성원과 주주 등 상대의 마음을 사로잡는 능력 덕분에, 회사 먹이사슬의 정상에 도달한 사람들이다. 그러나 이렇게 유능한 사람이 하는 말이 모두 신뢰할 수 있는 것은 아니다.

그렇다고 CEO, CFO 등 경영진이 부도덕하거나 악의적이라는 말은 아니다. 그들이 훌륭하지 않다고 말할 생각은 전혀 없다. 단지 그들은 업무, 관심사, 기술 탓에 정보를 제공할 때 회사의 긍정적인 측면은 과장하고, 부정적인 측면은 축소하기 쉽다는 뜻이다. 그들은 아무런 악의 없이 무의식적으로 정보를 왜곡할지도 모른다. 하지만, 아무래도 상관없다. 나는 합리적으로 판단하는 능력이 부족하므로, 이렇게 왜곡 가능성이 있는 정보는 아예 접하지 않으려고 한다. 특히 경영진에 의해서 그 회사에 대한 첫인상이 형성되면 위험하다는 생각이다.

내가 아는 일부 펀드매니저는 종목을 조사하고 나서 이렇게 말한다. "경영진을 만나보면 마음이 편해질 것 같아." 그러나 경영진이 이들의 판단에 해를 끼칠지 누가 알겠는가? 경영진을 만나봐야 주식을 사야 할지 알 수 있다면, 이는 심각한 적신호다. 다른 조사를 통해서 이미 명확히 판단할 수 있어야 한다. 그리고 경영진의 자질을 평가하고 싶다면, 나는 사업보고서와 신문기사 등 다른 공개 자료를 통해서 객관적으로 공정하게 평가할 생각이다. 왜곡의 위험을 무릅쓰고 직접 면담하는 것보다는 간접적으로 관찰하는 편이 나을 것이다.

돌이켜보니 경영진과 면담하지 말라던 모니시의 조언이 옳았다. 2008년경 모니시와 처음 논의했을 때, 나는 그의 말을 이해할 수가 없었다. 가치투자자들의 통념에도 역행하는 개념이었기 때문이다. 그러나 이 단순한 원칙을 쓰면 수많은 소음을 차단된다는 사실을 이제는 이해한다.

이 원칙에 예외가 있다. 자신이 주주의 관점에서 원할 만한 정보를 기꺼이 나눠주려고 하는 버크셔의 회장 겸 CEO 워런 버핏과, 작지만 성장하는 기업들(패어팩스 파이낸셜Fairfax Financial, 루카디아 내셔널Leucadia National, 마켈 인슈런스Markel Insurance)의 CEO들이다.

4. 올바른 순서로 투자자료를 수집한다.

찰리 멍거의 하버드 강연 '사람들이 잘못 판단하는 24가지 원인'에 의하면, 사람들은 머릿속에 처음 들어온 아이디어에 집착하는 경향이 있다. 그는 이렇게 설명한다. "인간의 사고방식은 난자와 매우 비슷해서, 차단하는 속성이 있습니다. 정자 하나가 난자로 들어오면 난자는 다른 정자가 들어오지 못하도록 차단합니다. 인간의 사고방식도 이런 경향이 강합니다." 이 말이 옳다면, 나는 정보를 수집하고 투자 아이디어를 탐색할 때 그 순서에 지극히 주의해야 한다. 나는 약자가 아니라 강자의 위치에서 아이디어를 평가하고 싶다. 세일즈맨으로부터 아이디어를 얻는다면, 나는 즉시 약자의 위치에 서게 된다. 그래서 나는 세일즈맨으로부터 아이디어를 얻을 생각이 전혀 없다. 증권회사 분석가의 아이디어가 나도 모르게 내 머릿속에 처음 들어오는 것을 나는 원치 않는다.

그러면 내가 존중하는 친구나 동료가 어떤 종목 매수를 고려해보라고 권유한다면 어떻게 해야 할까? 이런 식으로 아이디어를 듣는 것도 바람직하지 않다. 똑똑한 친구가 어떤 종목이 훌륭하다고 말하면, 객관적이고 합리적으로 그 종목을 평가하기 어려워지기 때문이다. 그래서 나는 설명이 길어지기 전에 이렇게 말한다. "와. 정말 흥미로운 종목이네. 내가 그 종목을 조사하고 나서 더 깊이 토론하면 좋겠어."

나와 거래하는 사람이라면 이렇게 말할 수 있다. "당신의 투자 아이디어가 아주 흥미롭습니다. 문서로 보내주시겠습니까?" 만일 상대가 "하지만 먼저 직접 설명해 드리고 싶은데요?"라고 말하면 나는 곤란하다고 말한다. 아이디어를 먼저 문서 형태로 요청하기가 어색할 수도 있다. 그러나 조사과정에서는 열기와 감정을 최대한 배제해야 한다. 내 경험으로는 아이디어를 들을 때보다 문서로 읽을 때, 열기와 감정을 걸러내기가 훨씬 더 쉽다.

나는 어떤 투자 아이디어가 유망해서 더 조사해야겠다고 판단하더라도 추가조사 순서에 대해서도 여전히 조심한다. 사람들은 순서가 중요하지 않다고 생각할지 모르지만, 나는 먼저 읽는 자료로부터 커다란 영향을 받는다.

그래서 나는 늘 가장 객관적인 자료부터 읽기 시작한다. 대개 회사가 공식적으로 제출하는 서류로서, 사업보고서, SEC에 제출하는 연차 보고서, 분기 보고서, 위임장 등이다. 이런 자료도 완벽한 것은 아니지만, 회사가 상당한 주의와 관심을 기울여 작성한 자료이며, 미국에서는 변호사들도 검토한 자료다. 기업은 소송을 원하지 않으므로, 신뢰도 높은 재무제표를 작성하려고 노력한다. 회계사가 작성한 감사 통보서도 유용하다. 가끔 회계사들은 기업으로부터 회계에 문제가 있어도 승인해달라는 압박을 받기도 한다. 감사 통보서를 보면 회계의 실상이 겉모습과 다르다는 미묘한 암시를 발견할 수도 있다. 재무제표 분석은 과학보다는 기술에 가깝다. 간혹 경영진이 유용한 정보를 은근히 숨기려 한다는 느낌이 올 때도 있다. 주석 등에서 이런 신호가 어렴풋이 나타나면, 뭔가 잘못되지 않았는지 의심하게 된다.

사업보고서에 실린 경영진의 서한도 중요하다. 서한이 화려한 홍보자료에 불과한가, 아니면 진정으로 소통하려는 의지가 담겨 있는가? 나는 과도하게 치장한 홍보를 앞세우는 회사는 피한다. 버크셔의 클래스 B 주식에 대한 투자설명서에서, 버핏과 멍거는 이 가격에 사지 않을 것이라고 솔직하게 밝혔다.

나는 기업의 공식서류를 살펴본 다음에는 다소 주관적인 자료도 읽어본다. 실적 발표, 보도자료, 전화 회의록 등이다. 회사나 설립자에 관한 책에서도 유용한 정보를 얻을 수 있다. 이런 책은 많은 시간을 들여 만든 자료이므로, 지나친 홍보자료가 아니라면 상당히 유용하다. 일부 책은 매우 깊이가 있어서, 기업의 공식서류보다 먼저 읽기도 한다. 버크셔에 처음으로 투자하는 사람이라면 로저 로웬스타인의 《버핏》과 앨리스 슈뢰더의 《스노볼The Snowball》을 읽어보면 좋다. 그리고 월마트를 분석한다면, 샘 월튼의 저서 《불황 없는 소비를 창조하라 Made In America》부터 읽어보는 편이 좋다.

순서에 따라 정보를 수집한다는 생각이 진부해 보일 수도 있다. 그러나 이런 사소한 차이가 커다란 영향을 미칠 수 있다. 나는 정보수집 방식을 끊임없이 개선하여, 장기적으로 더 유리한 환경을 창출하려고 한다. 그러나 사람마다 두뇌 회로구성이 다르므로, 내가 생각하는 건전하고 균형잡힌 정보수집 방법이 당신의 생각과 다를 수 있다. 〈월스트리트저널〉에 의하면 버핏의 사무실에는 작은 TV가 놓여 있는데, 채널은 CNBC에 고정된 채 소리는 꺼져 있다. 그러나 내 사무실에 TV를 놓으면, 주의력이 분산되어 내 머릿속이 엉망이 될 것이다.

나는 정신을 산만하게 하는 인터넷 사용도 최소화하려고 노력한다. 웹 페이지는 온갖 정보로 연결되므로, 읽다 보면 정신 에너지가 많이 소모된다. 나는 이런 방식으로 끌려 다니고 싶지 않다. 그래서 신문이나 잡지를 인터넷판 대신 종이판으로 읽는다. 〈월스트리트저널 Wall Street Journal〉, 〈파이낸셜타임스the Financial Times〉, 〈이코노미스트the Economist〉, 〈배런스Barron's〉, 〈포춘Fortune〉, 〈블룸버그 비즈니스위크Bloomberg Businessweek〉, 〈포브스Forbes〉와 더불어 〈아메리칸 뱅커American Banker〉, 〈인터내셔널 레일웨이 저널International Railway Journal〉처럼 난해한 잡지도 읽는다.

나는 회사의 공식서류를 모두 공부한 다음에만 언론보도를 읽어본다. 유용한 기사와 통찰을 제공하는 훌륭한 언론인은 많이 있다. 그러나 신문기사는 뚜렷한 근거가 없는 상태에서도 내 두뇌를 자극하기 쉬우므로, 먼저 읽지 않도록 주의할 필요가 있다. 반면에 회사의 공식서류는 주식主食과 같아서, 맛은 덜해도 영양은 풍부하다.

증권회사에서 발간하는 분석보고서는 거의 읽지 않으며, 절대 신뢰하지 않는다. 다른 조사를 모두 마치고 나서 가끔 볼 때도 있지만, 단지 월스트리트에서 기업이나 산업에 대해 어떻게 말하는지 궁금하기 때문이다. 그래서 내 의견이 정립된 다음에야 마지막으로 이런 분석보고서를 읽는다. 증권회사에도 똑똑한 사람들이 있다는 점은 부정하지 않는다. 이들은 특히 산업 동태에 관해서 탁월한 통찰을 제공하기도 한다. 따라서 증권업계를 통째로 무시하는 것은 현명하지도 공정하지도 않다. 그러나 이들의 월급은 중개수수료에서 나온다. 내가 분석보고서를 읽으면 거대한 판매기계인 월스트리트의 영향을 받게된다. 내가 지금까지 온갖 절차를 만들어낸 목적은 시장의 영향에서 벗어나려는 뜻이었다. 시장을 따라간다면 내 실적은 평균을 넘어서기 어렵기 때문이다.

| 원칙 |
정보를 수집하는 순서에 유의한다. 디저트는 반드시 주식을 먹고 나서 먹는다.

5. 투자 아이디어는 사심이 없는 사람과 논의한다.

지금쯤 경영진, 증권회사 분석가, 기타 증권업계 사람들과 대화를 거부하는 내가, 따돌림당하는 형편없는 속물처럼 보일 것이다. 이들 대부분은 천사 같은 아이들을 키우면서 주택담보 대출금을 상환하는 정직하고 멋진 시민이다. 그러나 이들은 팔아야 먹고산다는 점이 치명적인 결함이다. 그러면 내가 기꺼이 투자 아이디어를 논의할 사람이 있을까? 좋은 질문이다.

다른 사람의 견해가 필요할 때, 나는 자산운용업계에서 믿을 만한 동료에게 의견을 물어본다. 그동안 나는 여러 투자가와 소중한 논의를 해왔다. 닉 슬립Nick Sleep, 크리스 혼Chris Hohn, 빌 애크먼Bill Ackman, 스티브 월먼Steven Wallman, 앨런 베넬로Allen Benello, 켄 슈빈 스타인Ken Shubin Stein, 단테 알버티니Dante Albertini, 조너선 브랜트Jonathan Brandt, 그레그 알렉산더Greg Alexander 등이다. 이들 모두 내게 뭔가를 가르쳐주려 한 것은 아니지만, 나는 많이 배웠다. 내 경험으로는 투자를 논하기에 가장 좋은 사람은 똑똑하면서 사심 없이 대화할 수 있는 사람이다. 그런 사람과 하는 토론은 즐겁고 재미있으며, 침착한 마음상태도 흐트러지지 않는다. 내가 투자 아이디어를 가장 많이 논의하는 사람은 모니시다. 그는 분석력이 탁월한 데다가 사심도 없기 때문이다.

투자 아이디어 토론은 청년경영인협회Young Presidents' Organization 등에서 사용하는 세 가지 기본원칙을 준수할 때 가장 효과적이라고 생각한다. 첫째, 대화 내용은 철저하게 비밀로 유지되어야 한다. 둘째, 누구도 다른 사람에게 지시하지 않는다. 지시받으면 평가당하는 기분이 들고, 그러면 사람들은 방어적이 된다. 상대가 매수를 고려하는지 매도를 고려하는지조차 모르는 편이 낫다. 셋째, 거래관계가 없어야 한다. 금전 문제가 개입되면 대화가 왜곡되기 때문이다. 물론 이런 대화에서 가장 중요한 것은 상호신뢰다. 상대가 명확하게 허락하지 않는다면, 어떤 행동도 해서는 안 된다. 내가 주식 매수에 관심이 있거나 토론하고 싶다면, 구체적으로 질문해서 허락받아야 한다. 허락이 없으면 그렇게 할 수 없다.

이 대화의 목적은 '정답'을 찾거나 지적 토론을 벌이는 것이 아니라 경험과 정보를 공유하는 것이다. 이 목적이라면 개방형 질문이 유용하다. 예를 들어 어떤 회사의 내년 실적 추정치를 물어보는 대신, "내년 현금흐름을 대폭 증가시키려면 회사에 무엇이 필요할까요?"처럼 물어보는 편이 유용하다.

나는 친구이자 펀드매니저인 샤이 다다시티Shai Dardashti와 대화를 나누었는데, 그의 허락을 얻어 여기서 공개한다. 당시 그는 운동화 제조업체 K-스위스K-Swiss를 조사하고 있었다. 나는 나이키를 깊이 분석했는데, 나이키가 테니스와 축구를 후원하면서 미치는 영향을 살펴보고 있었다. 나는 K-스위스가 운동화업계의 낙오자라고 내 의견을 말하는 대신, 한 가지 분석 방법을 제시했다. 세계 20대 테니스 선수 명단을 열거하고 이들을 후원하는 회사를 표시한 다음, 승자독식의 스포츠계에서 대중의 관심을 끌어모으는 후원사가 어디인지 평가해보라고 했다. K-스위스가 후원하는 선수는 1명뿐이었고, 나이키는 6~7명이었다. K-스위스가 나이키와 경쟁해서 시장점유율을 늘리기에는 역부족이었다. 샤이가 주식을 이미 보유 중인지, 또는 매수를 고려하는지는 전혀 논의하지 않았다. 그러나 이 토론 과정에서 K-스위스가 유망하지 않다는 점은 분명해졌을 것으로 짐작된다.

| 원칙 |
지식을 공유하되, 사심 없는 사람만 상대한다.
상대가 버핏, 멍거, 모니시라면 더욱 좋다.

6. 개장 시간에는 절대 매매하지 않는다.

월스트리트는 인간 두뇌의 약점을 체계적으로 이용한다. 예를 들어 부도덕한 증권사들이 매끄러운 대본을 작성해서 중개인들에게 주면, 중개인들은 고객들에게 전화해서 특정 주식을 사도록 설득한다. 고객이 활발하게 매매하도록 유도해서 높은 수익을 얻으려는 것이다. 나는 장기 가치투자자이므로, 내 이해관계는 월스트리트와 정면으로 충돌한다. 나는 단지 저평가된 우량주 몇 종목에 투자하고서 기다리기만 하면 된다. 월스트리트는 고객이 움직여야 돈을 번다. 그러나 나와 내 고객들은 가만히 있어야 돈을 번다.

내가 항상 침착성을 유지하려면 일종의 안전장치가 필요하다. 이런 절차 중 일부는 너무 빨해서, 언급할 가치도 없어 보인다. 그런데도 이런 절차는 엄청나게 유익하며 큰 노력이나 생각 없이도 쉽게 실행할 수 있다.

주식을 사거나 팔 때, 나는 시장의 주가 흐름에서 벗어날 필요가 있다. 주가 흐름은 내 감정을 흔들어 매매 충동을 자극하고 판단력을 흐리기 때문이다. 그래서 나도 모니시의 영향을 받아 개장시간에는 주식을 매매하지 않는다는 원칙을 세웠다. 나는 개장시간이 끝날 때까지 기다렸다가, 거래 중개인 두 사람 중 한 사람에게 (직접 대화하지 않으려고) 이메일을 보내서 이튿날 평균 가격에 거래해달라고 요청한다. 나는 시장 평균보다 유리한 조건으로 매매하려 하지 않는다. 끊임없이 출렁이는 시장 분위기에 휩쓸리고 싶지 않기 때문이다. 벤저민 그레이엄은 시장을 우리 종으로 삼아야지, 주인으로 모시면 안 된다고 말했다.

개장시간 중에 매매해야 하는 뚜렷한 이유가 있으면 가끔 이 원칙을 위반하기도 한다. 원칙은 내 행동을 대체로 건전한 방향으로 이끌어주는 지침에 불과하므로, 지나치게 경직적으로 고수해서는 안 된다. 이 매매원칙에서 중요한 점은, 내가 시장 흐름에서 벗어난다는 것이다.

내가 펀드 운용을 시작한 초기에는 사무실에 트레이딩 데스크를 두고 있었다. 이는 사무실 한복판에 시장을 들여놓은 셈이었으므로,

블룸버그 단말기를 들여놓은 것보다도 훨씬 나빴다. 나는 트레이더들과 직접 대화하곤 했는데, 이들은 내게 "입회장에 연락해서 시장 분위기를 알아봐 드릴까요?"라고 묻곤 했다. 내가 아무 생각 없이 허락했기 때문에, 내 머릿속은 시장 흐름에 노출되어 뒤죽박죽이 되고 말았다. 이런 정보를 들으면서 나는 시장을 통제한다는 착각에 빠졌다.

이제 나는 우리 두뇌 회로가 끊임없이 쏟아지는 가격정보를 감당할 수 없다고 생각한다. 그러나 나는 오랜 세월이 흘러서야 이 사실을 깨닫고 자제력을 발휘하여 "이런 시장소음을 모두 무시하겠어."라고 말하게 되었다. 처음에는 시장소음을 무시하기가 매우 두려웠다. 그러나 막상 실행해보니까 해방되는 기분이었다.

| 원칙 |
시장과 안전거리를 유지한다.
시장이 사무실이나 머릿속으로 침입하지 못하게 한다.

7. 매수한 주식이 폭락하면 2년 이상 보유한다.

주식이 급등하면 즐거운 마음으로 팔 수 있다. 그러나 한편으로는 오랜 친구와 헤어지는 것처럼 괴로울 수도 있다. 주식이 폭락하면, 매도할 때 더 괴로워진다. 큰 손실이 난 종목에 대해서는 합리적으로 판단하기가 어렵다. 후회, 자기혐오, 두려움 등 부정적 심리 탓에 사고력이 저하되기 때문이다. 모니시는 이런 상황에서 나타나는 심리에 대처하려고 원칙을 개발했다. 매수한 주식이 하락하면, 2년 동안 팔지 않는 것이다.

워런 버핏과 함께 자선 점심을 먹던 무렵, 모니시는 이 원칙을 내게 설명해주었다. 이 원칙은 매우 합리적이었으므로, 나는 즉시 받아들였다. 이 원칙도 일종의 안전장치로서 내가 합리적으로 판단할 가능성을 높여준다. 특히 내가 주식을 살 때 더 신중을 기하게 해준다. 내가 실수를 저지르면 2년 이상 계속 보유해야 하기 때문이다. 실제로 주식을 사기 전에 나는 주가가 곧바로 50% 폭락한다고 상상하고, 이런 상황을 버텨낼 수 있을지 자신에게 물어본다. 그러면 나는 이런 일이 벌어지더라도 심리적으로 감당할 수 있을 만큼만 사게 된다.

모니시는 버핏이 공개한 아이디어를 응용해서 이 원칙을 만들었다. 버핏은 이렇게 말한 적이 있다. "내가 여러분에게 주는 표를 이용하면, 투자실적을 극적으로 높일 수 있습니다. 이 표는 20번만 사용할 수 있는데, 여러분이 평생 20번만 투자할 수 있다는 뜻입니다. 즉, 20번 투자한 다음에는 더 투자를 할 수 없습니다. 이 원칙을 따른다면 여러분은 투자를 정말로 신중하게 생각할 것이고, 정말로 깊이 생각한 종목만 사게 될 것입니다. 따라서 실적이 훨씬 좋아질 것입니다."

| 원칙 |
사기 전에 이 종목의 주가가 곧바로 반 토막이 나서 2년 이상 보유하게 되어도 괜찮은지 생각해본다.

8. 현재 보유한 종목에 대해서 말하지 않는다.

나는 보유 종목을 공개적으로 말하면 안 된다는 사실을 깨닫기 시작했다. 다른 사람이 내 아이디어를 훔쳐가기 때문이 아니다. 진짜 문제는 내 머릿속이 혼란스러워지기 때문이다. 일단 공개적으로 내뱉은 말은 나중에 후회스러워도 다시 주워담기가 어렵기 때문이다. 그래서 나는 절대로 공개석상에서 보유 종목에 대한 이야기를 꺼내지 않으려 한다.

나는 찰리 멍거의 하버드 강연 '사람들이 잘못 판단하는 24가지 원인'에서 이 아이디어를 처음 접했다. 그리고 로버트 치알디니의 저서 《설득의 심리학》도 읽게 되었다. 치알디니는 우리 두뇌의 이런 특성을 '일관성의 원칙'으로 표현했다. 이 원칙을 설명하려고 그는 1966년 팔로알토^{Palo Alto} 주민들을 대상으로 한 실험에 대해서 썼다. 주민들은 큰돈을 들이지 않으면서 이웃에 도움이 되는 일을 하겠느냐는 질문을 받았다. 며칠 뒤, 주민들은 못생긴 서행운전 표지판을 앞마당 잔디밭에 세워달라는 요청을 받았다. 처음에 질문받았을 때 하겠다고 대답한 주민들은 말을 뒤집기가 매우 어려워서, 잔디밭에 표지판을 세울 수밖에 없었다.

우리가 아이들에게 한턱 내겠다고 말하면 아이들은 흔히 "약속이야?"라고 묻는다. 약속을 하고 나면 말을 뒤집기 어렵다는 점을 직관적으로 알기 때문이다.

나는 2003년에 산 종목 EVCI를 통해서 이런 사례를 직접 경험했다. 이 종목은 18개월 만에 일곱 배로 뛰어, 당시까지 내가 투자한 종목 중 최고 실적을 기록했다. 나중에 논의하겠지만 당시 나는 이 주식을 모두 팔았어야 옳았다. 그러나 내가 인터뷰했던《밸류 인베스터 인사이트Value Investor Insight》에서 내 투자솜씨를 보여주는 사례로 EVCI를 꼽으면서 극찬했다. 그 결과 내가 EVCI에 투자했다는 사실이 공개되었고, 주가가 오를 만큼 올랐는데도 나는 팔 수가 없었다. 이후 다양한 이유로 이 종목은 반 토막 났다. 만일 내가 이 종목을 언급하지 않았다면 상황이 바뀌었을 때 아무 부담없이 처분할 수 있었을 것이다.

그런데도 나는 오랜 세월이 지나서야 보유 종목에 대한 공개 언급을 삼가게 되었다. 가끔은 보유 종목을 공개할 필요가 있었다. 예컨대 내 펀드가 금융위기에 난타당했을 때, 나는 고객들이 상심하지 않도록 안심시킬 필요가 있었다. 나는 크레수드와 런던 마이닝 같은 보유 종목에 대해 자세히 설명하고, 이들은 대단히 싸면서 전망도 밝다고 명확하게 밝혔다.

2010년 내 펀드가 급반등한 다음, 나는 마침내 방침을 변경했다. 주주총회, 언론과의 인터뷰, 주주 서한 등 공개석상에서 보유 종목에 대해 논하지 않기로 했다. 처음에는 이렇게 변경하기가 쉽지 않았다. 기대감이 형성된 다음에 방침을 바꾸면 사람들은 속았다고 생각하기 때문이다. 그러나 사람들이 화를 내더라도 방침을 바꿀 필요가 있었다.

나는 이 원칙을 무조건 고수하지는 않는다. 고객과 개인적으로 이야기할 때에는 특정 보유 종목을 언급할 수도 있다. 그러나 개인적인 대화에서도 나는 이 종목에 대한 열띤 토론은 자제하면서, 중립적인 태도를 유지할 것이다. 일단 말을 내뱉은 다음에는 그 말과 모순되는 결정을 하기가 매우 어렵기 때문이다. 쉽게 피할 수 있는데 왜 골칫거리를 만들겠는가?

이제 나는 주주 서한에서 보유 종목을 논하는 대신, 이미 처분한 종목에 대해 자세한 사후분석을 제시한다. 이렇게 하면 주주들은 투자 과정을 명확하게 알 수 있고, 나는 이후 아무런 지장 없이 합리적으로 투자할 수 있다. 이 방법으로 나는 심리적 부담을 확실히 덜어냈다. 대부분 개인 투자자도 자신의 보유 종목을 언급하지 않는 편이 유리하다. 남들의 평가를 걱정할 필요가 없을 때 합리적으로 판단하기가 훨씬 쉽기 때문이다.

| 원칙 |
보유 종목에 대해서 공개적으로 언급하지 않는다.

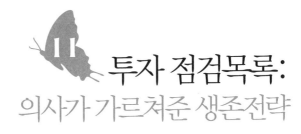

투자 점검목록:
의사가 가르쳐준 생존전략

환경을 잘 구축하고 확고한 투자원칙을 세워도, 우리는 여전히 혼란에 빠질 것이다. 우리 두뇌로는 투자 관련 온갖 문제들을 논리적으로 처리할 수가 없다. 기업과 경제가 대단히 복잡한 데다가 돈 문제가 걸리면 우리는 불합리해지기 일쑤이므로, 틀림없이 수많은 실수를 저지르게 된다. 지금까지 논의한 환경과 원칙이 실수를 어느 정도 줄여줄 수는 있다. 그러나 챕터 하나를 차지할 만큼 매우 소중한 투자 도구가 또 있다. 점검목록이다.

점검목록을 만드는 목적은 명백한 실수를 피하는 것이다. 나는 주식 매수를 결정하기 전에 마지막으로 점검목록을 확인한다. 신뢰할 수 없는 내 두뇌가 경고신호를 놓치지 않았는지 살펴보는 것이다. 점검목록은 내 의사결정 과정에서 마지막 안전장치다.

점검목록이라는 아이디어는 아툴 거완드Atul Gawande라는 외과의사에게 얻은 것이다. 그는 옥스퍼드 로즈 장학생Rhodes Scholar 출신으로서 현재 보스턴의 '브리검 여성병원Brigham and Women's Hospital' 외과의사이며, '하버드 의학대학원Harvard Medical School' 외과 교수이자 유명한 저자다. 그는 뛰어난 의사 겸 사상가이자 아주 좋은 사람이다.

2007년 12월 거완드는 '점검목록The Checklist'이라는 제목으로 〈뉴요커The New Yorker〉에 글을 실었는데, 난해하면서도 현실적인 문제에 대해 해법을 탐색하는 외과의사의 경험담이었다. 그는 이렇게 썼다. "중환자진료는 이제 지나치게 복잡해져서, 최고 전문의조차 일상적인 실수를 벗어나기가 불가능할 정도다." 그리고 이는 다른 분야에도 존재하는 근본적인 과제로서, 이른바 "극도의 복잡성을 관리하는 기술이 있는가?"와 "이런 기술을 실제로 인간이 숙달할 수 있는가?"의 문제라고 설명했다.

그는 논문에서 피터 프로노보스트Peter Pronovost의 획기적인 연구를 설명했다. 프로노보스트는 존스 홉킨스 병원Johns Hopkins Hospital 중환자진료 전문의로, 사망이 임박한 환자에 대한 점검목록을 개발했다. 프로노보스트는 감염 방지에 필요한 모든 조처를 종이 한 장에 열거했다. 이들 조처는 모두 아주 간단했는데도, 그동안 의사들은 환자 3명 중 1명에 대해 한 가지 이상을 빠뜨렸던 것으로 밝혀졌다. 병원에서 이 점검목록을 사용하기 시작하면서 수많은 환자가 목숨을 건지게 되었다. 이 점검목록 덕분에 '간과하기 쉬운 일상적인 문제'를 쉽게 기억

해낼 수 있었고, 특정 예방조치의 중요성이 밝혀졌기 때문이다. 다른 병원들도 점검목록을 도입하여 복잡한 중환자진료에 적용했다.

모니시는 거완드의 글을 읽고서 큰 깨달음을 얻었다. 점검목록 아이디어를 투자에도 적용할 수 있다고 즉각 인식한 것이다. 투자도 지극히 복잡한 분야여서, 쉽게 방지할 수 있는 실수를 최고 전문가들조차 일상적으로 저지른다. 물론 실수 탓에 목숨을 잃는 것은 아니지만 평생 모은 재산에 엄청난 손실이 발생할 수 있다.

어느 날 오후 내가 맨해튼 사무실에 앉아 있을 때, 모니시가 거완드의 논문을 이메일로 보내주었다. 우리는 전화로 이야기했는데 모니시는 정말로 흥분했다. 특이한 현상에서 연관성을 쉽게 찾아내는 모니시가 점검목록에서 중요한 아이디어를 얻은 것이다. 나도 흥미롭다는 생각은 했지만, 더 시간이 지나서야 이 점검목록이 중요하다는 사실을 이해했다. 이제는 모니시가 나보다 빨리 이해한다는 사실이 새삼스럽지도 않다. 나는 버핏의 현명한 말에서 위안을 얻는다. "인생의 열쇠는 훌륭한 선수를 찾아내서 그의 배트 보이(야구 배트 등을 관리하는 소년)가 되는 겁니다." 나는 오래전에 깨달았지만, 모니시의 배트 보이가 되는 것도 불명예가 아니다. 불명예와는 거리가 멀다. 그리고 내가 모니시를 부지런히 복제하는 동안, 모니시는 거완드를 부지런히 복제했다.

모니시는 점검목록 아이디어를 맹렬하고도 엄격하게 파고들었다. 그는 사람들을 모아놓고 그동안 투자하면서 저질렀던 실수들을 기억해내라고 했다. 실수 사례마다 우리는 실수가 발생한 원인을 파악하고, 사전에 원인을 파악할 수 있었는지도 확인했다. 간혹 내가 실수한 중요한 원인을 발견하면 나는 고개를 저으면서, "왜 이것을 못 보았을까?"라고 말했다.

모니시도 자신이 저지른 실수를 분석자료에 보탰다. 우리는 버핏과 멍거가 넷젯NetJets, 덱스터 슈Dexter Shoe Company, 다이버시파이드 리테일링Diversified Retailing 등에 투자하면서 저지른 실수도 분석자료에 포함했는데, 소매에서 돈 벌기가 생각보다 어렵다는 사실을 깨달았다. 버핏은 2007년 주주 서한에서 특유의 솔직한 표현으로 실수를 털어놓았다. "덱스터는 지금까지 내가 체결한 최악의 거래입니다. 그러나 장담하는데, 나는 장래에도 실수를 또 저지를 것입니다. 기업 인수에 너무도 자주 나타나는 현상이 바비 베어Bobby Bare의 컨트리송 가사에 나옵니다. '함께 자러 갈 땐 모두 미인이었는데, 깨어보니 몇몇은 아니더라.'"

모니시와 나는 버크셔가 하필이면 2000년에 코트CORT(사무용 가구)에 투자한 사실도 논의했다. 코트는 기술주 붐이 한창이던 1990년대에 신생 기업들에 가구를 임대하여 막대한 돈을 벌었다. 그러나 버핏과 멍거는 거품이 붕괴하면 이들의 수익성도 매우 취약해진다는 사실을 과소평가했다. 게다가 이베이eBay와 크레이그스리스트Craigslist 같은 회사가 등장하면서 중고 가구를 쉽고도 싸게 살 수 있었으므로, 코트의 매출이 감소했다. 나중에 멍거는 이 투자를 '거시 경제적 실수'라고 표현했다.

　나는 내 실수와 다른 투자자들의 실수를 세심하게 분석하면서 모니시를 도왔다. 모니시는 다른 사람들이 불안해할 정도로 연구에 몰두했다. 우리가 실수와 그 교훈 목록을 수집하여 정리하자, 그는 하버드 경영대학원생 둘을 고용해서 철저한 법의학적 조사를 진행했다. 두 사람은 (사우스이스턴 애셋 매니지먼트Southeastern Asset Management와 페어홀름 캐피털 매니지먼트Fairholme Capital Management 등) 훌륭한 가치투자회사 약 20개의 분기 속보를 분석했는데, 손실을 보고 판 종목을 실수로 계산했다. 이어서 두 사람은 이들 회사의 공개보고서와 주주 서한을 읽고 실수의 원인을 재구성했다.

　거완드도 우리 분석작업에 흥미를 느꼈다. 그는 모니시와 나를 만나 인터뷰하고서, 그의 2009년 베스트셀러 《체크! 체크리스트: 완벽한 사람은 마지막 2분이 다르다The Checklist Manifesto: How to Get Things Right》에 몇 페이지 분량을 실었다. 무엇보다도 부채 비율이 높은 회사의 위험성을 과소평가하여 '반복적 실수'를 저질렀음을 모니시가 깨달았다고 그는 언급했다. 나는 문제의 원인이 이른바 '코카인 두뇌cocaine brain'일지 모른다고 거완드에게 말했다. 즉 돈을 번다는 도취감에 빠지면 마약을 복용했을 때와 똑같이 그 대뇌보상회로가 흥분하여, 합리적인 사고를 하지 못한다는 말이다. 이런 정신 상태로는 투자위험을 냉정하고도 침착하게 분석하기 어렵다는 점은 두말할 필요도 없다.

　내가 취리히에 정착할 무렵, 우리는 진정한 실수를 풍성하게 수집

했다. 여기에는 모니시와 내가 금융위기를 맞아 일부 종목이 80% 이상 폭락할 때 저지른 실수도 포함되었다. 우리는 사후분석을 통해서 실수를 찾아낼 수 있었으며, 특히 똑같은 실수를 방지할 수 있도록 점검목록 항목을 설계할 수 있었다.

이 분석에서 가장 중요한 역할을 맡은 모니시는 점검목록을 부채비율과 경영진 등 6개 유형으로 분류했다. 이는 놀라운 지적 재산이다. 모니시의 점검목록을 뻔뻔스럽게 모방한 내 점검목록에는 70개 항목이 들어 있으며, 계속 발전하고 있다. 나는 투자를 실행하기 전에 컴퓨터나 파일 캐비닛에서 이 점검목록을 꺼내 빠뜨린 것이 없는지 확인한다. 때로는 확인작업에 겨우 15분이 걸리지만, 이 과정에서 지금까지 무려 수십 개 종목이 탈락했다. 예를 들면, "이 종목은 점검목록 4개 항목에서 걸리는군."이라고 평가한다. 평가가 이렇게 나오면 나는 대개 투자하지 않는다. 그러나 확인작업에 기계적으로 이분법을 적용하지는 않는다.

나는 주의력 결핍증이 있어서 일부 정보를 빠뜨리는 경향이 있다. 예컨대 열쇠를 어디에 두었는지 잊어버리곤 한다. 투자과정에서도 이런 일이 벌어진다. 점검목록은 산만해지기 쉬운 투자자의 주의력을 체계적으로 집중하게 해주므로 더없이 소중하다. 간혹 나는 기업을 더 깊이 이해하려고 투자과정 중간에 점검목록을 사용하기도 한다. 그러나 점검목록은 투자과정 마지막 단계에 안전장치로 사용할 때 가장 유용하다.

그러나 내 점검목록이 당신의 점검목록과 같아서는 안 된다. 당신의 점검목록은 당신 특유의 경험, 지식, 실수를 반영해야 하기 때문이다. 따라서 당신이 과거에 저지른 실수를 세심하게 분석해서, 반복적인 패턴이나 취약 분야가 있는지 파악해야 한다. 우리는 저마다 달라서, 흔히 개인적인 문제로 혼란에 빠진다. 예를 들어 일부 투자자는 부채비율이 높은 기업에 매력을 느낀다. 그러나 나는 그렇지 않으므로 부채의 위험성을 경고하는 점검목록 항목을 많이 넣을 필요가 없다. 반면에 모니시는 부채비율 높은 기업을 그다지 두려워하지 않으므로 관련 항목이 더 많아야 한다.

빌 애크먼 같은 투자가는 경영진이 순진한 투자자들을 속여서 논란을 빚는 회사에 매력을 느끼는 듯하다. 내가 애크먼이라면 점검목록에 이런 항목을 포함하겠다. "수익 전망이 밝지 않은데도, 단지 비리를 파헤치고 잘못된 세상을 바로잡는 전율을 즐기려고 이 종목에 투자하려는 것은 아닌가?" 나는 애크먼을 비난하는 것이 아니다. 그는 탁월한 투자가이며, 뛰어난 탐사 저널리스트도 될 수 있는 인물이다. 요는 각자 자신의 특성을 분석해서 약점을 파악해야 한다는 말이다.

나는 사람들의 환심을 얻고 싶어하며 내가 좋아하는 사람들의 요청을 거절하지 못하는 특성이 있다. 그래서 이런 심리 탓에 합리적인 판단을 내리지 못할 때도 있다. 이런 약점에 대처하려고 나는 점검목록에 다음 항목을 포함했다. "이 투자 아이디어는 누군가가 내게 제공한 것인가? 이 종목에 누군가의 이해관계가 걸려 있는가? 내가 이 종목에 투자하면 누가 이득을 보는가? 이 종목에 나의 개인적 편견이 개입되었는가?"

나는 수익률 극대화 대신 심리적 욕구를 충족하려는 것은 아닌지를 이런 질문을 통해서 확인할 필요가 있다. 점검목록은 자신의 약점에 스스로 넘어가지 않도록 마음을 관리하는 도구이므로, 자신의 약점을 바탕으로 구성해야 한다.

점검목록은 매력적인 기업을 찾아내는 쇼핑 리스트가 아니라는 사실도 명심하기 바란다. 내가 본 어떤 점검목록에는 이런 질문도 들어 있었다. "이 종목은 싼가? 자본이익률은 높은가?" 그러나 점검목록을 이런 용도로 사용해서는 안 된다. 조종사가 사용하는 방식이 바람직하다. 조종사의 점검목록에 이런 항목은 들어 있지 않다. "이 항공기의 속도가 빠른가? 현재 향하는 목적지는 햇빛이 밝은 곳인가?" 실제로 점검목록에 들어 있는 항목은 과거에 추락사고를 일으켰던 실수들을 방지해주는 항목들이다. 투자 점검목록도 마찬가지여서, 과거에 저질렀던 끔찍한 실수를 방지하는 안전장치가 되어야 한다.

그러나 점검목록을 설명하는 가장 좋은 방법은 내가 점검목록을 개발한 실제 사례일 것이다. 다음은 네 가지 사례연구로서, 내가 과거에 저지른 값비싼 실수를 바탕으로 구체적인 점검목록 항목을 개발한 과정이다. 당신도 이들 사례를 참고하여 자신의 실수와 맹점을 분석하고 자신만의 점검목록을 구성해보기 바란다.

| 사례연구 1 | **흥분한 경영자**

맨해튼에서 살던 2001년, 나는 영리학교 투자에 필요한 자료를 조사하고 있었다. 나는 영리학교 분야에서 유망기업을 발굴하려고 세계 곳곳을 돌아다녔다. 세계적인 선도기업 래플즈 에듀케이션Raffles Education Corporation을 조사하려고 나는 싱가포르, 상하이, 뭄바이를 방문했고, 필리핀으로 분석가도 보냈다. 그러나 알고 보니 가장 흥미로운 기업들은 바로 우리 뒷마당에 있었다. 나는 뉴욕시에 있는 영리학교법인 목록을 작성한 다음, BMW 오토바이로 하나씩 방문하면서 확인했다. 당시 나는 영리학교에 대해서 미국의 어느 투자자보다도 많이 알고 있었을 것이다. 그리고 나는 오토바이 운전을 즐겼다!

이렇게 방문하던 중, 나는 인터보로 인스티튜트Interboro Institute라는 이름 없는 대학을 알게 되었는데, EVCI 커리어 홀딩스EVCI Career Holdings Corp.의 자회사였다. 이 회사 경영진은 돈 없는 고등학교 중퇴생들에게 혁신적인 방법으로 대학교육을 제공하고 있었다. 학생들은 인터보로의 기본 교육비보다도 더 많은 학자금 지원을 받고 있었다. 그래서 학생들은 공짜로 교육을 받았고, EVCI는 돈을 벌었다. 나중에 이 사업모델은 맹비난을 받았다. 그러나 나는 인터보로 졸업식에 적어도 3회 참석했으며, 이 대학이 제공하는 사회적 가치를 직접 목격했다. 식료품 포장 등 하찮은 일을 하던 평범한 학생들이 이 대학에서 학위를 받아 의료비 청구나 보험관리 같은 분야로 이직했다.

나는 조사 초기에 EVCI를 휘트니 틸슨에게 알려주었고, 우리는 함께 용커즈^{Yonkers}에 있는 이 회사를 방문했다. 사업은 순조로웠지만, EVCI는 인터보로를 인수하면서 떠안은 부채 200만 달러 때문에 고전하고 있었다. 2003년 6월 휘트니와 내가 각각 100만 달러씩 투자하자, EVCI는 부채의 압박에서 벗어나 사업에 활기를 띠기 시작했다. 이후 인터보로 학생 수는 빠르게 증가했고, 이익도 급증했으며, 우리가 투자한 100만 달러는 18개월 만에 700만 달러로 불어났다.

이는 아쿠아마린처럼 소규모 펀드를 운용할 때 누리는 이점이었다. 대규모 펀드가 접근할 수 없는 아주 작은 기업에 펀드 자산의 상당 비중을 투자할 수 있었다. 내가 발품을 판 성과를 보는 기분도 짜릿했다. 나는 이 투자에서 성공한 기분이었고, 긍지를 느꼈다. 주식이 이렇게 날아가면 "와, 정말 돈 되네!"라며 기분 좋은 경이감을 맛보게 된다.

EVCI의 영업이익과 주가가 모두 일곱 배가 되자, 이사회는 최고경영자 두 사람의 급여를 대폭 인상해주기로 했다. 회장 겸 CEO는 기본급여를 연 32만 6,000달러에서 62만 1,000달러로 높여주고, 사장은 기본급여를 연 26만 7,000달러에서 48만 3,000달러로 높여주기로 했다. 나는 빈틈없이 경영해준 두 사람에게 고마웠지만, 이들이 투자자들과 함께 부자가 되기를 원했다. 이 작은 회사는 전년도 영업이익이 350만 달러에도 못 미쳤다. 이렇게 급여를 대폭 인상해주면, 두 사람의 급여가 이제 영업이익의 약 4분의 1을 차지한다는 뜻이었다. 투자자들이 보기에, 회사의 규모를 고려하면 터무니없는 액수였다. 회사의 주인이 누구인가? 경영진인가, 주주인가? 돌아보면, 나는 그 시점에 주식을 처분했어야 옳았다.

나는 충격받았고, 분노했다. 나는 회사의 결정이 근시안적이고 이기적이라고 생각했으므로, 곧바로 경영진과 이사회에 다음과 같이 솔직한 편지를 써서 보냈다. 이 어리석은 보상계획은 투자자들의 신뢰만 갉아먹을 것이라고 불평했다. 우선 이익 중 상당 부분이 소득세로 지출되므로 금전적으로도 비효율적이라고 설명했다. 게다가 막대한 급여를 위임장에 공개해야 하므로, 모두가 알게 된다. 인터보로의 경쟁사 경영진은 감히 넘볼 수도 없는 엄청난 급여다. 나는 인상된 급여가 분노를 불러일으킬 것이며, 특히 뉴욕주 교육 당국을 자극할까 걱정스럽다고 밝혔다. 그러면 교육 당국은 인터보로의 사업을 재조사하여 교육인가를 철회할 수도 있다.

나는 편지에서 설득력 있는 대안을 제시했다. 두 경영자에 대한 충분한 스톡옵션 보상계획이 통과되도록 주요 주주로서 영향력을 행사하겠다고 말했다. 주가가 계속 상승하면 두 사람은 수천만 달러를 벌 수도 있다. 나는 이 방법이 강력한 유인이자 적절한 보상이라고 생각했다. 그러나 경영진이나 이사회로부터 아무런 답신도 받지 못했다. 이해할 수가 없었다. 나는 그들이 거금을 벌도록 돕겠다고 했는데도, 그들은 대답하지 않았다.

나는 설득할 자신이 있었으므로, EVCI 회장 겸 CEO와 그의 용커즈 사무실 근처 식당에서 점심을 먹기로 했다. 화기애애한 대화를 나누던 우리 자리가 순식간에 아수라장으로 변했다. 그가 고성으로 내게 소리치기 시작하자, 식당에 있던 사람들 모두 놀라서 할 말을 잃었다. 마치 영화에 나오는 장면 같았다. 그가 한 말을 정확하게 기억하지는 못하지만, "내가 거짓말했다고 비난하는 거요?"라고 고함친 듯했다. "당신이 도대체 누군데?"라는 식으로도 말했다.

나는 할 말을 잃고 얼어붙었다. 나는 그에게 거금을 벌 기회를 준다고 생각했는데, 그는 나를 공개적으로 망신시키겠다고 작정한 듯했다. 도무지 믿기 어려운 반전이었다. 훨씬 뒤에 알았지만 그는 격렬한 이혼소송을 진행하고 있었다. 2009년 뉴욕 대법원 판결에 의하면, 그와 부인이 다투는 혼인재산에 그의 EVCI 주식이 포함되어 있었다. 그의 아내는 2003년 이혼소송을 시작했고, 이후 재판이 진행되어 나중에 재산 포기 조건으로 이혼을 허락받았다. 그러나 2006년 사실심(1심)에서는 "EVCI 주식 가치의 상승은 오로지 자신이 노력한 결과이므로, 공판기일을 기준으로 주식과 옵션의 가치를 평가해야 한다."라는 그의 주장이 기각되었다.

다시 말해 그는 EVCI 주식을 놓고 고통스러운 전쟁을 벌이는 중이었다. 따라서 급여 인상을 포기하고 대신 스톡옵션을 받으라는 나의 제안에 분통을 터뜨릴 만했다. 그는 장래에 스톡옵션으로 얻는 소득 대부분이 전처에게 돌아갈까 봐 두려웠던 것이다. 그는 사방에서 공격받는 기분이었을 것이다. 이렇게 중요한 돈 문제가 걸려 있을 때에는 누구나 합리적으로 행동하기가 어렵다. 그는 똑똑하고 훌륭한 회장 겸 CEO였지만, 어려운 상황에 부닥친 탓들이 학자금 지원을 받기가 훨씬 어려워졌다.

난장판이 된 이 점심은 앞으로 더 많은 문제가 일어난다는 신호였다. 얼마 지나지 않아 EVCI 주가가 반 토막이 되었고, 나는 이 시점에 주식을 모두 처분했다. 그리고 예상했던 대로 이 회사는 주州 교육 당국의 눈 밖에 났다. 뉴욕대학교육협의회New York Board of Regents는 새 시험규정을 제정했으므로, 인터보로 학생들이 학자금 지원을 받기가 훨씬 어려워졌다. 게다가 이미 학자금 지원을 받은 학생 일부가 부적격자로 밝혀졌으므로, EVCI는 학자금 수백만 달러를 상환하라는 지시를 받았다. 〈더 크로니클 오브 하이어 에듀케이션the Chronicle of Higher Education〉 2007년 12월호에 의하면, 인터보로는 "이제 대부분 학생이 주나 연방 학자금 지원을 받을 수 없게 되었으므로" 폐교를 결정했다. 게다가 회사는 증권사기 혐의로 집단소송까지 당했다. 한때 빛나는 성공사례로 보였던 회사가 결국 수치스러운 최후를 맞이했다.

나중에 다양한 투자 실수를 사후분석하면서 나는 EVCI 경험을 통해서 얻은 교훈을 정리해보았다. 가장 중요한 교훈은 생활환경이 경영진의 능력에 커다란 영향을 미칠 수 있다는 점이었다. 나는 아내와 가벼운 말다툼만 해도, 그날 하루 기분이 언짢아져서 판단력이 흐려진다. 그러니 이혼소송 중이라면 그 영향이 얼마나 크겠는가? 이 밖에도 가족의 사망, 동업자와의 분쟁, 과도한 개인 채무 등 경영진의 능력을 저해하는 인생사는 많다.

인생은 지저분하며, 사람들은 누구나 난관에 부닥친다. 그리고 난관에 부닥치면 경영진 역시 탈선할 수 있다는 사실을 인식해야 한다. 이성을 상실하면 누구나 판단력이 저하된다. 그래서 나는 어렵게 얻은 교훈을 되새기려고 점검목록에 항목 두 개를 추가했다.

| 점검목록 항목 |
핵심 경영진이 판단력이 저하될 정도로 심각한 난관을 경험했는가?
이 경영진이 과거에 자기 잇속을 차린 적이 있는가?

| 사례연구 2 | 상생을 추구하지 못하는 회사

듀폰화학DuPont Chemical에서 근무했던 얼 사일러스 타파Earl Silas Tupper는 1938년 타파 플라스틱Tupperware Plastics Company을 설립했다. 그는 석유를 정제하고 남은 폴리에틸렌 용재로 타파웨어 용기를 만들어 큰 인기를 얻었다. 오늘날 타파웨어는 플라스틱 용기를 상징하는 브랜드가 되어 약 100개 국가에서 판매되고 있다. 타파웨어는 매장이 아니라 '컨설턴트'를 통해서 판매되고 있다. 컨설턴트들은 홈 파티를 열어 집주인이 초대한 손님들에게 타파웨어를 판매한다.

1990년대 말, 나는 고급 사업의 특성을 두루 갖춘 타파웨어에 관심이 끌렸다. 특히 이례적으로 높은 이익률과 자본이익률이 인상적이었다. 이 회사가 5달러를 들여 만든 플라스틱 용기 타파웨어는 50 달러에 팔렸다. 회사는 막대한 현금을 창출했으며, 자본도 많이 사용하지 않았다. 멍거도 '사람들이 잘못 판단하는 24가지 원인' 강연에서 타파웨어 파티를 언급한 적이 있다. 로버트 치알디니가 저서에서 논의한 '심리조작 기법'을 다양하게 활용한 전형적인 사례가 타파웨어 파티라고 멍거가 언급한 것이다. 그 심리조작 효과가 매우 강력해서, 가격이 비싼데도 주부들이 타파웨어를 대량으로 사들였다고 말했다.

나는 심리조작 기법을 직접 경험해보고 싶었다. 그래서 친구와 함께 뉴욕 내 아파트에서 타파웨어 파티를 열었다. 이때 나타난 심리조작의 위력에 나는 경외감을 느꼈다. 먼저 보답의 원리가 작동했다. 파티를 주최한 우리는 매출 실적에 따라 공짜 타파웨어 제품을 받게 된다. 그래서 우리는 보상으로 받게 될 제품을 기대하면서, 행사 진행을 맡은 타파웨어 레이디에게 감사하는 마음이었다. 이어서 행사가 시작되면 빈손으로 돌아가는 손님이 없도록 타파웨어 레이디가 모든 참석자에게 작은 선물을 나눠주었다. 그 결과 치알디니가 예측한 대로, 참석자 모두에게 보답하려는 마음이 일었다.

이어서 호감의 원리도 작동했다. 우리는 좋아하는 친구들을 초대했으므로, 참석자들도 우리를 좋아하는 사람들이었다. 타파웨어 레이디가 공짜 선물을 나눠준 다음에는 우리 모두 그녀를 좋아하게 되었다. 처음에는 완전히 낯선 사람이었던 타파웨어 레이디가, 30분 뒤에는 우리의 친구이자 팀의 구성원이 되었다.

다른 원리도 작동했다. 예를 들어 타파웨어 레이디는 음식에 관한 지식이 대단히 풍부한 권위자였으므로, 권위의 원리가 작동했다. 그녀가 가져온 제품은 수량이 한정되어서 손님의 수요를 모두 채울 수가 없었으므로, 희소성의 원리도 작동했다. 게다가 타파웨어 용기는 모두 매우 밝고 선명한 색상이어서 사람들의 시선을 사로잡았다. 간단히 말해 이 파티는 판매 심리를 매우 효과적으로 활용한 탁월한 사례였다. 2시간 만에 타파웨어 레이디는 2,000달러가 넘는 매출을 기록하여, 거의 1,000달러에 이르는 소득을 올렸다.

심리조작 효과를 직접 목격하고 나서, 나는 이 회사가 크게 성공한 원인을 이해할 수 있었다. 파티를 통해서 놀라운 심리효과를 이용한 결과였다. 선진국 시장이 이미 포화상태에 도달했더라도, 신흥국 시장에서 끝없는 기회를 창출할 수 있다는 생각도 들었다. 이런 통찰을 바탕으로 나는 서둘러 타파웨어 주식을 사들였다. 나는 2분마다 한 번씩 세계 어디에선가 타파웨어 파티가 열리면서, 이런 원리들이 사람들의 마음을 사로잡을 것이라고 확신했다.

그러나 애석하게도 내 예상은 빗나갔다. 다른 종목에서는 나의 실수가 금방 드러났지만, 이 종목에서는 오랜 기간이 흐르고 나서야 실수가 드러났다. 그동안 나는 이 종목에 막대한 시간과 에너지를 투입했으므로, 그만큼 피해도 컸다. 내가 타파웨어를 보유하는 동안 항상 일부 지역에서는 실적이 부진했다. 매출도 도무지 증가하지 않았다. 문제점을 찾아보려고 회사의 분기 전화회의에도 귀를 기울였는데, 경영진이 매우 유능하고 열정적이어서 안심했다. 그러나 회사가 근본적인 문제에 직면했음을 서서히 깨달았다. 경쟁이 매우 치열해진 탓에 높은 가격이 성장을 가로막고 있었다.

나는 2년이 지나서야 문제를 파악했다. 타파웨어가 처음 출시되었을 때에는 제품이 독특했다. 고객들은 "완벽한 밀폐로 신선함을 지켜준다."라는 회사의 약속을 믿고 기꺼이 높은 가격을 치렀다. 그러나 수십 년이 흐르면서 경쟁사들이 증가했고, 이들의 밀폐기술도 비슷한 수준으로 향상되었다. 이런 경쟁 제품들은 매력도는 다소 낮아도 가격이 쌌고, 슈퍼마켓에서 쉽게 살 수 있었다. 그 결과 타파웨어는 높은 가격을 정당화하기 어려웠다. 타파웨어의 유능한 경영진도 이 가혹한 현실을 타개할 방법이 없었다. 버핏은 이렇게 말했다. "실력으로 명성 높은 경영진이 부실하기로 악명 높은 기업을 경영하면, 온전히 남는 것은 거의 예외 없이 기업의 악명이라는 점입니다."

1999년 여름, 나는 마침내 항복을 선언하고 2년 전에 샀던 가격 수준에서 주식을 처분했다. 이 종목을 다시 분석해보니, 나는 중요한 질문을 빠뜨렸었다. '이 제품이 그만한 가치가 있는가?' 라는 질문이다. 타파웨어 파티를 통해서 긍정적 심리에 도취한 나머지, 나는 객관적 태도로 이 위험을 보지 못했던 것이다.

이 실패를 통해서 나는 소중한 교훈을 얻었다. 생태계에서 함께 승리하는 회사에 투자해야 한다는 사실이다. 컨설턴트들은 생태계를 '가치사슬value chain'이라고 즐겨 부른다. 어떤 용어든 상관없다. 훌륭한 회사들은 고객들에게 진정한 가치를 보태주면서 돈을 번다. 처음에 타파웨어가 혁신제품을 출시할 때에는 고객들에게 진정한 가치를 제공했다. 그러나 지금은 아니다.

월마트(또는 코스트코, 가이코, 아마존)처럼 세계를 선도하는 기업을 생각해보자. 월마트는 유통비용을 끊임없이 낮춰 고객들에게 더 싼 값에 제품을 판매하려고 열심히 노력한다. 고객들은 이에 만족하므로, 월마트의 사업도 해마다 성장한다. 공급업체들은 이익률이 축소되므로 월마트에 분노할 것으로 생각할 수도 있다. 그러나 월마트 매장을 통해서 막대한 매출이 일어나므로 공급업체에도 혜택이 돌아간다. 따라서 월마트와 주주, 공급업체, 고객 등 생태계를 구성하는 모두가 함께 승리한다. (그렇더라도 나는 월마트 주식을 사본 적이 없다. 회사가 이미 지나치게 거대해졌고 주가도 너무 높아서, 내 기준에 맞지 않기 때문이다. 물론 월마트가 지역의 중소기업과 노동자들을 제물로 삼아 성공했다고 비판하는 사람도 있다.)

앞으로는 가치사슬을 더 잘 분석해서 상생을 추구하는 유망기업을 발굴할 작정이다. 그러면 타파웨어에서 저지른 실수를 피할 수 있을 것이다. 그리고 필립 모리스(고객의 건강을 해치면서 막대한 돈을 버는 회사)나 그리스의 국영 복권회사 OPAP(고객의 재산을 해치면서 막대한 돈을 버는 회사)도 피하게 될 것이다. 둘 다 그야말로 돈을 쓸어담는 회사들이다. 그러나 약점을 이용해서 사람들을 제물로 삼는 회사들이다. 사회적 관점에서 보면, 상생을 추구하는 회사가 아니다.

합법적일지라도 사회에 해를 끼치는 회사에는 투자하고 싶지 않다. 나는 비합리적이라는 소리를 듣더라도 나쁜 업보를 쌓고 싶지 않다. 어떤 일이 있어도 사회에 보탬이 되는 회사에 투자하고 싶다. 내가 이 교훈을 얻은 것도 버핏의 영향인 듯하다. 내가 알기로 버핏이 보유한 종목은 모두 이렇게 높은 기준을 충족한다.

| 점검목록 항목 |

생태계에서 상생을 추구하는 회사인가?

| 사례연구 3 | 가치사슬에 휘둘리는 회사

나는 월마트와 코스트코 같은 회사들을 연구하고 나서, 중고차 시장의 월마트나 코스트코에 해당하는 카맥스^{CarMax}에 투자하게 되었다. 카맥스는 1993년 버지니아에 첫 매장을 연 이후 400만대가 넘는 차를 판매했고, 현재 미국에 보유한 매장이 약 100개에 이른다. 이 회사는 영업이 매우 효율적이어서, 중고차 인수 가격과 판매 가격의 차이가 작다. 카맥스의 대형 매장에서 판매하는 중고차 가격이 업계 최저 수준이라는 사실을 고객들도 잘 알고 있다. 그리고 전시된 중고차의 종류도 2년 지난 벤츠 SUV에서 1950년대 무스탕 컨버터블에 이르기까지 매우 다양하다.

카맥스 사업모델의 핵심 요소 또 하나는 고객에게 제공하는 융자

서비스다. 미국은 자동차 리스 비중이 높다. 카맥스 고객 중에도 융자를 받아야 차를 살 수 있는 사람이 많다. 사실 카맥스는 자금 조달이 막혀서 고객에게 융자서비스를 제공하지 못하면 사업모델이 무너져 버린다. 실제로 2008년에 카맥스의 사업이 무너졌다. 세계금융위기로 카맥스의 자금 조달이 막히자 매출이 급감했다. 그 결과 주가도 폭락했다.

이번에도 나는 가치사슬의 중요성을 실감했다. 카맥스의 사업이 신용시장에 크게 좌우된다는 사실을 나는 충분히 고려하지 못했다. 그러나 이렇게 심각한 신용위기가 발생할 것으로는 전혀 예상하지 못했으므로, 나는 충분히 고려했더라도 이 종목을 샀을 것이다. 하지만 통제할 수 없는 가치사슬에 과도하게 노출된 회사가 위험하다는 값진 교훈을 얻었다. 만일 그런 회사라면 나는 높은 위험을 고려해서 더 낮은 가격에 사야 한다.

그래서 나는 사업의 특성을 더 깊이 파악하려고 점검목록 항목을 개발했다. "회사의 매출이 신용시장의 상황에 크게 좌우되는가?"이다. 그러나 나는 이 항목의 자구에 얽매이지 않고, 더 폭넓게 생각하려고 한다. 이를테면, "이 회사가 가치사슬에서 차지하는 위상은 어떤 수준인가? 이 회사가 통제할 수 없는 가치사슬 부위에서 변화가 발생하면 사업의 어떤 부분이 영향을 받는가?"라는 식이다.

요컨대, 통제할 수 없는 변수에 따라 운명이 결정되는 회사가 아니라 자신의 운명을 개척할 수 있는 회사에 투자하고 싶다는 말이다.

홀륭한 투자기회를 발굴하는 데에도 이 사고방식을 사용할 수 있다. 우선, 가치사슬 한 부분이 잘못되었을 때 사업이 통째로 붕괴하는 회사라면 피해야 한다. 그러나 가치사슬 한 부분이 잘못되더라도 회복할 수 있는 회사라면 주가가 폭락했을 때가 좋은 매수 기회가 된다. 가치사슬 문제가 해결되면 주가가 반등하기 때문이다.

2007년에 나는 이 사고방식을 이용해서 필리핀 최대 연유 제조업체인 알래스카 밀크**Alaska Milk**에 투자했다. 이 회사 제품의 핵심 원료는 외국에서 수입하는 분유였다. 당시 세계 분유 가격이 급등하자, 회사의 이익률이 축소되어 주가가 폭락했다. 중국의 분유 수요 급증 탓에 가격이 상승하긴 했지만, 나는 결국 분유 공급도 증가하여 가격이 정상으로 돌아올 것이라고 확신했다. 그러면 알래스카 밀크의 주가도 회복될 터였다. 내 생각은 적중했고, 5년 만에 다섯 배의 수익을 얻었다.

| 점검목록 항목 |
이 회사가 통제할 수 없는 가치사슬 부위에서 변화가 발생하면,
사업의 어떤 부분이 영향을 받는가?
예를 들어 신용시장 상황이나 원자재 가격에 따라
매출이 위험할 정도로 변하는가?

| 사례연구 4 | **과도한 가격을 치른 회사**

스마트 밸런스**Smart Balance**(이후 볼더 브랜즈**Boulder Brands**로 회사명 변경)는

마케팅의 귀재 스티븐 휴즈Stephen Hughes가 경영하는 혁신적 식품회사였다. 이 회사의 주력제품은 식물성 기름과 과일 기름 혼합제품으로서, '셰즈 카운티 크록Shedd's Country Crock', '아이 캔트 빌리브 잇츠 낫 버터I Can't Believe It's not Butter' 같은 주요 마가린과 경쟁하고 있었다. 스마트 밸런스의 스프레드(빵에 발라먹는 식품)는 브랜다이스Brandeis대학 식품과학자들이 창안한 기름혼합 과정에 따라 생산되었는데, 트랜스지방산이 잔뜩 들어간 경쟁사 스프레드와는 달리 정말로 건강에 좋은 식품이었다. 이 스프레드는 고객의 나쁜 콜레스테롤은 낮춰주고 좋은 콜레스테롤은 높여준다는 평판을 얻었다. 1997년에 출시된 이 제품 덕분에 스마트 밸런스는 랜드 오레이크Land O'Lakes를 가볍게 제치고 마가린 분야에서 3위 브랜드가 되었다.

네슬레Nestle에 장기투자하면서, 나는 이런 '기능성' 제품이 식품산업의 틈새시장에서 빠르게 성장하여 높은 수익을 거두는 모습을 지켜보았다. 나는 규모는 작지만 민첩한 스마트 밸런스도 빠르게 성장하여 약 5년 뒤에는 마가린 부문과 땅콩버터 등 관련 분야를 주도할 것이며, 그 무렵 대형 경쟁사에 인수될 것으로 기대했다. 게다가 스마트 밸런스는 제조와 유통을 외부에 위탁했으므로, 순수 마케팅 및 브랜딩 회사라는 점도 마음에 들었다. 그리고 경영진도 대단했다.

휴즈는 평판도 뛰어났다. 그는 트로피카나Tropicana의 주스 사업도 회생시켰고, '셀레셜 시즈닝스Celestial Seasonings'와 '실크 소이밀크Silk Soy-milk' 같은 브랜드에 대해서도 인상적인 솜씨를 발휘했다. 〈포춘〉에 실린 스마트 밸런스에 관한 기사는 이렇게 시작되었다. "지난 20년 동안 스티브 휴즈는 식품산업 어디를 가도 항상 성공이 따라다녔다." 휴즈 자신도 이렇게 말했다. "우리는 이 브랜드를 수십억 달러에 이르는 거대 브랜드로 키울 것입니다."

당시 나는 경영진과 면담하던 습관을 버리지 않은 상태였다. 휴즈가 내 사무실을 방문했을 때, 나는 곧바로 그의 매력에 사로잡혔다. 그는 이력도 화려했지만, 믿기 어려울 정도로 똑똑하고 카리스마도 넘쳤다. 사람들이 두루 좋아하고 칭찬할 만큼 훌륭한 인물이었다. 그가 이끄는 일류 경영진은 이미 월마트에 스마트 밸런스를 납품하고 있었으며, 이 브랜드를 좋아하는 수많은 소비자를 나는 직접 목격했다. 당시 내 밑에서 일하던 분석가도 이 종목을 좋아했으므로, 내게 매수하라고 강력하게 추천했다. 내가 좀처럼 신규 종목을 사지 않는 장기 투자자라서 답답했던 이유도 작용했을 것이다. 나는 유망종목을 발굴했다고 확신했으므로, 2007년 스마트 밸런스를 샀다. 문제는 단 하나였다. 너무 비싸게 샀다.

당시에는 너무 비싸게 샀다는 사실을 깨닫지 못했다. 바로 얼마 전 정점에서 30% 이상 하락한 가격이었기 때문이다. 그런데도 당기 이익과 현금흐름 대비 배수는 여전히 높았다. 나는 상대평가라는 전형적인 실수를 저질렀다. "절대 기준으로 싼 가격인가?"라는 질문을 자신에게 던졌어야 했다. 그런데도 정점에서 대폭 하락했으므로 상대적으로 싸게 샀다고 안심하고 있었다. 그리고 휴즈가 야심 찬 성장목표를 달성하여 주가를 띄워 줄 것으로 기대했다. 영광스러운 미래를 생각하면, 이 주가는 거저나 다름없다고 나는 생각했다.

이후 전개된 상황이 참사는 아니었지만, 내가 기대했던 대성공도 아니었다. 금융위기가 닥치자 소비자들은 스마트 밸런스 마가린 같은 고가 제품에 대한 지출을 줄였다. 사람들은 나쁜 콜레스테롤을 걱정하는 대신 가벼운 지갑을 걱정했다. 그리고 경쟁사들이 벌이는 가격 전쟁 탓에 스마트 밸런스의 수익성은 더 나빠졌다.

휴즈가 이끄는 경영진은 험난한 환경에 잘 대응했다. 이들은 가격을 세심하게 관찰했다. 저가 제품의 중요성을 깨닫고, 이들은 베스트 라이프Best Life라는 가치 브랜드도 인수했다. 어려운 기간에도 이 회사는 많은 현금흐름을 창출하여 마케팅, 부채 상황, 자사주 매입에 현명하게 사용했다. 모든 일을 제대로 했으므로 불평하기도 어려웠다. 그러나 5년 동안 보유하고 마침내 처분했을 때, 나는 약 30%에 이르는 손실을 보았다.

원망할 사람은 나 자신뿐이었다. 회사가 잠재능력을 모두 발휘했을 때에나 정당화되는 높은 가격에 사들인 탓이다. 매입 시점에 회사의 실제 가치에 주목하지 않고, 탁월한 경영자의 약속이 모두 실현될 것으로 가정하고 평가했다. 휴즈가 회사를 맡지 않았다면, 식품업계 사람들은 내가 치른 가격의 60~70%에 스마트 밸런스 주식을 샀을 것이다. 나는 이보다도 더 싸게 샀어야 했다. 그랬다면 그토록 골치가 아프지는 않았을 것이다. 나는 모든 브랜드가 다 똑같지 않다는 현실을 간과했다. 스마트 밸런스도 잠재력이 풍부한 좋은 브랜드였지만 네슬레의 상대는 되지 못했다.

나는 그동안 싼 주식을 많이 샀지만, 가끔은 좋아 보이는 주식에 터무니없는 가격을 치르고 나서 깜짝 놀라기도 했다. 그 대표적인 실수가 스마트 밸런스 투자였다. 나는 이렇게 과도한 가격을 치르는 실수를 방지하면, 장기적으로 막대한 돈을 절약할 수 있다는 교훈을 얻었다. 동시에 골치 아플 일도 대폭 줄일 수 있다. 지나치게 비싼 가격을 치르면 안전마진이 없으므로, 나는 회사를 속속들이 파악해야만 한다. 그러나 저평가된 가격에 사면 나는 온갖 실수를 저지르고서도 높은 수익을 얻을 수 있다.

우리는 자신의 약점을 파악해야 그 약점에 대응하는 점검목록 항목을 설계할 수 있다. 나는 2007년 모건 스탠리에서 분사한 카드회사 디스커버 파이낸셜 서비스Discover Financial Services(DFS)에 대해서도 과도한 가격을 치른 적이 있다. 내가 DFS에 묘한 매력을 느낀 이유는 분석하기가 어렵다는 특성 때문이었다. 회사의 수익성은 매우 높았지만, 사업이 너무 복잡해서 해자가 확대되는지 축소되는지 파악하기가 불가능할 정도였다. 나는 속으로 이렇게 생각했다. '다른 투자자들은 모두 이 종목이 너무 비싸다고 생각하지. 이 종목의 놀라운 장점을 정교하게 평가할 능력이 없기 때문이야. 그러나 나는 똑똑해서 이들이 놓친 장점까지 파악할 수 있으니까, 이렇게 높은 가격도 두렵지 않아.'

나처럼 자신의 지능과 학벌에 자부심을 느끼는 사람들은 이런 자아도취적 오만에 빠지기 쉽다. DFS 같은 기업은 분석 과정에서 함정에 빠지기 쉬우므로, 버핏처럼 '너무 어려움'이라고 쓴 서류함에 넣어두어야 한다. 그러나 당시 나는 자신의 약점을 제대로 인식하지 못하고 있었다. 그래서 2006년 1월 분석하기도 어려운 이 종목을 약 26달러에 샀다. 그리고 곧바로 후회하게 되었다.

금융위기가 절정에 달했을 때, 이 종목은 5달러 밑으로 떨어졌다. 나는 이 회사가 생존할지 확신할 수가 없었다. 그러나 비싸게 산 종목을 성급하게 처분하여 실수를 더 키우고 싶지도 않았다. 그래서 계속 보유했다. 이후 2011년 11월 주가가 급반등했을 때, 약 24달러에 팔아버렸다. 내가 처음에 산 가격과 비슷한 수준이었다. 만일 내가 자신의 두 가지 약점 즉, 과도한 가격을 치르는 경향과 분석능력을 스스로 과신하는 경향을 충분히 인식했다면 그동안 온갖 고통과 좌절감도 겪지 않았을 것이다. 스마트 밸런스와 DFS에서 타격을 입고 나서 나는 점검목록에 항목을 추가했다.

| 점검목록 항목 |
이 종목은 절대 기준으로도 싼가?
내가 미래의 장밋빛 전망이 아니라, 현재 상태를 기준으로 평가했는가?
내가 자신의 심리적 욕구를 충족시키려고 투자하는 것은 아닌가?
예컨대 내가 똑똑하다는 자부심을 느끼려고 사는 것은 아닌가?

버핏– 파브라이 방식

취리히의 내 도서실 서가에는 로버트 그린Robert Greene의 《권력의 법칙The 48 Laws of Power》이라는 책이 꽂혀 있다. 이 책은 미국에서만 120만 부 이상 팔렸으며, 패스트 컴퍼니Fast Company는 "엄청나게 숭배받는 고전"이라고 부른 책이다. 법칙 14의 "친구인 척하면서 첩자 행위를 하라."에서 우리는 그 비밀스러운 메시지를 맛볼 수 있다. 이 법칙은 다음과 같이 요약할 수 있다. "경쟁자 파악은 필수다. 첩자를 통해서 정보를 수집하여 한 발짝 앞서 나가라. 자신이 직접 첩자 역할을 맡으면 더 좋다. 정중하게 대하면서 철저하게 조사하라. 개별적인 질문을 던져 사람들의 약점과 의도를 파악하라. 어떤 상황에서도 교묘한 첩자행위는 가능하다."

사람들은 교활한 권모술수를 인생과 사업에 적용하려는 유혹을 느낀다. 나도 젊은 시절에는 고든 게코처럼 교활한 지략으로 정상에 오르는 나의 모습을 상상하곤 했다. DH 블레어에 근무하면서 배웠지만, 월스트리트에서는 자신의 이익을 앞세우는 냉소적인 사람들이 돈 벌 기회가 많다. 그러나 서로 잡아먹고 먹히는 금융계에서도 더 진보된 방식으로 성공할 수 있다는 사실을 나중에 깨달았다. 나는 이 방식을 '버핏-파브라이 방식'이라고 부른다.

버핏과 모니시를 멀리서 그리고 가까이서 지켜보면서, 나는 투자와 사업 실력도 점차 개선되었고, 더 나은 사람이 되었다. 이 과정은 DH 블레어에 근무할 때 로웬스타인이 쓴 전기《버핏》을 읽으면서 시작되었다. 내가 도덕적 미로에 빠져 도움이 절실한 시점에 이 책은 내 머릿속을 버핏의 사상으로 채워주었다. 우리는 주위에 올바른 사람이 많을 때 가장 잘 배울 수 있다. 자선 점심에서 버핏은 모니시와 나에게 말했다. "더 나은 사람들과 많은 시간을 보내면, 우리는 개선될 수밖에 없습니다."

이 말은 내게 엄청난 영향을 미쳤다. 버핏이 깨우쳐주었듯이, 더 나은 사람들과 어울리는 것처럼 중요한 일은 없다. 다시 말해서 인간관계는 킬러앱(시장의 판도를 바꾸는 핵심 기술)이다. 실제로 나는 인간관계야말로 투자는 물론 다른 분야에서도 판세를 유리하게 이끄는 단연 가장 중요한 요소라고 확신한다. 그러면 인간관계를 어떻게 창출하고 유지하면 우리가 원하는 것을 얻을 수 있을까?

나는 니콜라스 크리스타키스Nicholas Christakis의 환상적인 저서《행복은 전염된다《Connected》를 읽고 이후 TED(미국의 비영리 재단에서 운영하는 강연회)에 참석하고 나서야, 우리 동료집단의 엄청난 중요성을 이해하게 되었다. 그는 하버드 동료들과 함께 비만과 사회연결망을 연구하여 매우 중요한 사실을 발견했다. 친구가 비만이면, 나도 비만이 되기 쉽다는 사실이다. 마찬가지로 친구가 날씬하고 건강하면, 나도 날씬하고 건강하기 쉽다. 다시 말해서, 우리 사회연결망은 명시적으로는 물론 묵시적으로도 중대한 영향을 미친다.

나는 사업에서도 마찬가지라고 확신한다. 그렇다면, 우리는 사회연결망에 가장 훌륭한 사람들을 포함하려고 노력해야 마땅하다. 처음에 나는 이 아이디어를 이기적인 방식으로 적용해서, 재정적 직업적 성공에 도움이 되는 '사회적 자본'을 구축하려고 했다. 그러나 이 사회연결망 덕분에 내 인생이 매우 풍요로워지면서, 나의 이기적 동기가 점차 사라졌다. 그렇다고 내가 마하트마 간디 같은 성인이 되었다는 말은 아니다. 단지 훌륭한 사람들과 유대를 강화하면서 진정한 기쁨을 느끼게 되었으므로, 내 의도를 숨길 필요가 없어졌다는 말이다. 이런 우정은 이제 그 자체로 훌륭한 목적이 되었다.

우연히도 나는 이 글을 델마 그리니치 하버 호텔에서 쓰고 있다. 10년 전 2004년 2월 11일 내가 처음으로 모니시와 저녁을 먹었던 장소다. 이 만남에서 이어진 우정은 내 인생 최대의 기쁨이 되었다. 12장에서 내가 설명하려는 모든 내용이 이 우정에서 비롯되었다.

바로 어제 내가 모니시에게 받은 이메일의 제목은 "책을 예약해야겠어. 다음 아이디어가 떠올랐다네!!!!"였다. 단어 5개로 구성된 메시지에는 아시아 회사 이름과 "네 배짜리!"라는 표현이 붙어 있었다. 다시 말해서 주가가 네 배 상승할 만한 종목을 발굴했는데, 알려주겠다는 뜻이었다. 그리고 지난 수십 년 동안 멍거가 버핏에게 그랬듯이, 이 종목을 조사해서 내 의견을 말해달라는 의미였다.

생각해보자. 당대 최고 수준의 투자가 모니시가 최신 투자 아이디어를 기꺼이 나와 공유한다. 내 조사에서도 똑같은 결론이 나와서 내가 그 종목을 사게 된다면, 그의 친절은 나와 고객들에게 엄청난 선물이 될 수 있다. 그러나 더 깊이 생각해보면 이 이메일은 공유, 신뢰, 아량, 애정을 보여주는 진정한 우정의 선물이다. 이 행동의 밑바탕에는 우정의 힘에 대한 인식 즉, 우리가 선의로 힘을 합치면 각자 따로 활동할 때보다 훨씬 강해진다는 인식이 깔려 있다. 모니시는 로널드 레이건이 좋아하는 속담을 즐겨 인용한다. "서로 공적을 따지지 않으면, 우리 능력은 무한해진다." 이런 친구 외에 내가 무엇을 더 바라겠는가?

지금 하는 말이 이 책에서 가장 중요하므로, 아무리 뻔해 보여도 아주 명확하게 밝히겠다. 인생에서 올바른 사람들을 만나는 것만큼 중요한 일은 어디에도 없다. 그들은 필요한 것은 무엇이든 가르쳐주기 때문이다.

모니시와 관계를 맺으면서 나는 무수한 방식으로 놀라운 교육을 받게 되었다. 예를 들어 지난 10년 동안 나는 그가 남에게 베푸는 모습을 거듭 지켜보았다. 그는 남에게 베푸는 이유를 내게 설명해준 적이 없다. 나는 단지 그가 남에게 베푸는 모습을 보면서 그로부터 배우려고 온 힘을 기울였다. 그는 먼저 진정한 관계를 창출하고 나서, 상대에게 끊임없이 베풀 방법을 찾았다. 그는 밀어붙이는 방식이 아니었다. 사람들에게 부담감을 심어주지도 않았다. 단지 "내가 그들에게 무엇을 해줄 수 있지?"라고 자신에게 묻는 듯했다. 때로는 친절한 말이나 조언을 해주었다. 때로는 누군가를 소개해주었다. 때로는 그를 잊지 않았다는 뜻으로 책을 선물했다.

이런 방식으로 모니시는 놀라운 사회연결망을 창출했다. 이들은 그의 친절에 감사하고, 그가 잘 되기를 바라며, 그를 기꺼이 도우려는 사람들이었다. 그는 남에게 베풀어 선의를 복리로 증식시키면서 이례적으로 강력한 효과를 창출했다. 그가 가르쳐준 역설은, 우리는 받을 때가 아니라 줄 때 오히려 인생에서 훨씬 더 많이 얻게 된다는 사실이다. 진정한 역설은, 우리가 남을 돕는 데 집중할 때 결국 우리 자신도 돕게 된다는 사실이다. 이 말을 이해하기 어려운 사람들도 있을 것이다. 인생을 제로섬 게임으로 보기 때문에, 남에게 주는 만큼 내게 손해라고 생각하는 사람들이다.

물론 버핏은 이 사실을 완벽하게 이해한다. 사람들에게 아낌없이 베풀던 죽은 아내 수전Susan의 영향이 컸다. 버핏은 입원한 아내에게 다녀와서 조지아 공과대학Georgia Tech 학생들에게 이렇게 말했다. "여러분도 내 나이가 되면, 실제로 나를 사랑하는 사람이 몇 명이나 되는가로 내 인생의 성공을 평가하게 될 것입니다. 내가 아는 부자 중에는 감사 만찬회를 열고, 병동에 자신의 이름을 붙이는 사람도 있습니다. 그러나 실제로 그들을 사랑하는 사람은 세상에 아무도 없습니다. 내 나이가 되어서도 나를 좋게 생각해주는 사람이 아무도 없다면, 내 계좌에 돈이 아무리 많아도 내 인생은 완전히 실패입니다. 이것이 내 인생을 평가하는 궁극적인 기준입니다."

그는 말을 이었다. "사랑은 돈으로 살 수가 없습니다. 성은 돈으로 살 수 있습니다. 감사 만찬도 살 수 있습니다. 자신을 칭송하는 팸플릿도 살 수 있습니다. 그러나 사랑은 사랑스러운 사람만 받을 수 있습니다. 부자들에게는 몹시 화나는 일이지요. 부자들은 돈을 주고 사랑 백만 달러어치를 사고 싶을 것입니다. 그러나 그렇게는 되지 않습니다. 사랑은 더 많이 베풀수록 더 많이 받게 됩니다." 버핏이 내게 가르쳐준 모든 교훈 중 이것이 가장 중요한 교훈일 것이다.

버핏을 단지 위대한 주식 투자가로 본다면, 핵심을 놓치는 셈이다. 자선 점심에서 만난 버핏은 더할 수 없이 친절하고 넉넉한 사람이었다. 그는 우리가 기대한 수준을 훨씬 초과해서 가치를 베풀려는 의지가 역력했다. 그는 글라이드 재단과 우리 모두에게 베풀려고 그 자리에 왔다. 그는 공손하고 다정했을 뿐 아니라, 그 자리를 영원한 추억으로 만들어주려고 온 힘을 기울였다. 그는 세계 최고의 부자였으며, 우리에게 얻을 것이 없었는데도 우리를 극진히 대접해주었다.

몇 년 뒤 버핏은 모니시와 나를 사무실로 초대해서 구경시켜 주었고, "가이, 당신의 사업보고서를 재미있게 읽었습니다."라고 적힌 메모도 내게 보내주었다. 그가 휘갈겨 써서 보내준 이 메시지는 자그마한 친절이었지만, 내게는 무엇과도 바꿀 수 없었다. 버핏은 이런 방식으로 살기 때문에 늘 행복하고 홀가분할 것이다. 그는 어떤 의도가 있어서 이런 식으로 살지는 않을 것이다. 모니시처럼 버핏도 더 많이 베풀수록 더 많이 받게 된다는 세상의 원리를 천부적으로 이해하고 있다. 버핏의 인생은 이런 선순환을 보여주는 훌륭한 사례다.

그러나 여기서 내가 제시하는 핵심은 배우는 방법이다. 우리보다 나은 사람들을 지켜보고, 그들의 행동을 복제하며, 이 기법이 왜 현명하고 효과적인지를 우리가 직접 체험하면서 배우는 것이다. 버핏이나 모니시를 무조건 떠받들자는 것이 아니다. 이들에게도 결함과 약점이 있다. 투자와 사업과 인생을 배우고자 할 때, 이렇게 탁월한 역할모델을 찾아내는 것보다 더 중요한 요소는 없다는 생각을 함께 나누려는 것이다. 책도 대단히 소중한 지혜의 원천이다. 그러나 사람들이야말로 궁극적인 스승이다. 우리가 이들을 곁에서 지켜보거나 함께 있을 때에만 배울 수 있는 것도 있기 때문이다. 이렇게 얻는 교훈 중에는 말로 전달하기 어려운 것들이 많다. 예컨대 함께 있으면 이들의 정신이 나를 이끌어주는 느낌이 오기도 한다.

내가 좋아하는 사례 하나는, 중국어판 《불운한 찰리 연감Poor Charlie's Almanack》에 실린 리 루의 서문에 나오는 이야기다. 리 루는 찰리 멍거와 약속한 장소에 아무리 일찍 도착해도, 항상 멍거가 먼저 도착해 있었다. 그는 매번 더 일찍 도착했지만, 여전히 멍거가 기다리고 있었다. 결국 리 루는 한 시간 먼저 도착했고, 두 사람은 각자 신문을 읽다가 약속된 시간에 이야기를 시작했다. 과거 찰리는 본인의 과실은 아니었지만 중요한 모임에 늦은 적이 있어서, 다시는 모임에 늦지 않겠다고 맹세했다고 한다.

사회적 동물인 버핏은 자신의 가치를 높여주는 훌륭한 사람들을 주위에 모아 생태계를 구성했다. 그의 측근 그룹에는 찰리 멍거, 빌 게이츠, 아지트 자인, 데비 보자네크, 캐럴 루미스Carol Loomis가 포함된다. 물론 이 밖에도 많은 사람이 있다. 이들은 버핏을 보살피고, 버핏은 이들을 보살핀다. 버핏은 탁월한 사람들과 협력하면서 실수를 거의 하지 않았으므로, 빈틈없는 안목을 거듭 과시했다. 간혹 어떤 기업은 단지 사업성이 좋아서가 아니라, 경영자가 탁월해서 버핏이 인수했다는 생각이 들기도 한다. 예를 들면 토머스 머피Thomas Murphy(캐피털 시티Capital Cities/ABC 대표)와 로즈 블럼킨Rose Blumkin 같은 경영자다. 버핏은 블럼킨의 놀라운 직업윤리에 대해 즐겨 이야기했으며, 그녀가 자신의 역할 모델이라고 밝혔다.

내 경험을 돌아보면, 자신의 측근 그룹을 개선하는 방법은 수없이 많다. 일부 방법은 너무도 뻔해서 언급하기가 싫을 정도다. 그러나 이렇게 단순하고 실용적인 방법이 내 인생을 완전히 바꿔놓았으므로, 진부한 말처럼 들리더라도 간단하게 언급하겠다. 나는 여러모로 나보다 나은 사람들과 정기적으로 어울릴 수 있는 다양한 조직에 가입했다. 여기에는 리더십을 배울 수 있는 기업인협회Entrepreneurs' Organization와 청년경영인협회Young Presidents' Organization가 포함된다. 나는 연설을 통해서 리더십을 가르치는 토스트마스터스Toastmasters에도 가입했다. 그리고 샤이 다다시티Shai Dardashti가 만든 모임에도 참여해서, 한 달에 한 번 맨해튼 콜버Colbeh 식당에서 다양한 가치투자자들을 만났다. 나는 이 점심 모임을 통해서 매우 소중한 사업관계도 맺게 되었다.

나는 이런 모임이 매우 유용하다는 사실을 깨달았으므로, 존 미하일레비치와 함께 밸류엑스VALUEx라는 공동체도 창설했다. '뜻이 같은 사람들이 모여 세상의 지혜를 배우고, 투자실력을 높이며, 이 과정에서 인격을 수양하는 모임'이다. 이 공동체의 목적은 모두가 서로에게 긍정적인 영향을 주는 것이다. 혼자일 때보다는 서로 도울 때, 궤도를 유지하기가 훨씬 쉽기 때문이다. 비슷한 이유로 내 가족도 취리히 현지 유대인 공동체에 가입했다. 크리스타키스에 의하면, 동료집단은 우리에게 지대한 영향을 미친다. 그래서 종교 공동체에 가입하면 가족이 영적으로나 도덕적으로나 한 단계 높아지리라 생각했다. 이는 오마하의 버크셔 주주총회나 패서디나Pasadena의 웨스코Wesco 주주총회에 참석하면 투자역량이 한 단계 높아지는 것과 마찬가지일 것이다.

처음에는 이런 모임에 참여하면 훌륭한 사람들을 만나 내가 발전할 수 있겠다고 생각했다. 물론 이런 혜택도 있다. 그러나 사업과 인생에서 나보다 훨씬 나은 사람들과 어울리면서 내가 얻은 가장 큰 혜택은, 이들을 가까이서 지켜볼 수 있었던 것이다. 그래서 나는 버크셔 주주총회에 참석하면서 많이 배울 수 있었다. 한번은 조너선 브랜트^{Jona-}than Brandt라는 친구와 함께 오마하에서 술을 마시고 있었는데, 바로 가까이에 돈 코프^{Don Keough}가 있었다. 코프는 저명한 기업가로서 버크셔, 코카콜라, 맥도널드 같은 회사의 이사회에도 참여했었다. 그는 조너선(그의 아버지가 버핏의 주식 중개인이었다.)을 알아보고서 이야기를 나누더니, 나에게 손수 자기소개를 했다. 마치 그의 에너지가 모두 나에게 집중된 듯, 나는 감전된 기분이었다. 그 순간 그가 나만을 중요한 인물로 여기는 듯한 느낌이었다.

물론 누구나 이렇게 공손하고 품위 있게 행동해야 마땅하다고 말할 수도 있다. 옳은 말이다. 그러나 이 짧은 만남을 통해서 나는 사람들을 대할 때 갖춰야 하는 태도를 배웠다. 누군가를 만날 때, 특히 직장생활 초년병이거나 불편해하는 사람들에게는 관심을 집중해주어야 한다는 점을 깨달았다. 언젠가 나도 이렇게 상대에게 진실한 모습으로 기억되는 사람이 되고 싶었다.

버핏이 경영대학원 학생들과 그토록 자주 열성적으로 대화한다는 사실도 인상적이다. 경영대학원에 다닐 나이에는 새로운 아이디어에 매우 개방적이다. 그리고 졸업 후 일자리를 아직 확보하지 못한 경영대학원생들은 다소 불안감을 느낄 것이다. 그래서 버핏의 너그러운 마음씨가 그들에게 그만큼 더 소중할 것이다. 나는 여기서도 큰 교훈을 얻었다. 버핏이 (나 같은 투자자 외에) 학생들에게도 이렇게 시간을 들여 친절을 베푼다면, 나도 경영대학원에서 만나는 학생들을 친절하게 대해야 하며, 내게 이력서를 보내오는 졸업생들도 격려해주어야 한다는 점이다.

자선 점심에서 모니시는 버핏에게 함께 어울릴 사람을 어떻게 선택하는지 물었다. 버핏은 한 방에 100명이 있으면, 함께 사업할 사람 10명과 회피할 사람 10명을 쉽게 가려낼 수 있다고 대답했다. 나머지 80명은 '확실치 않음' 유형에 들어간다. 당시 나는 이 대답이 그다지 만족스럽지 않았다. 그러나 지금 생각해보니, 내가 DH 블레어에 입사하기 전에 이 방식을 적용했으면 좋았을 것이다. 나는 〈뉴욕타임스〉에서 DH 블레어를 비판하는 기사도 읽었으므로, 이 회사에는 우려할 만한 요소가 많았다. 따라서 이 회사와 카리스마적 리더 모티 데이비스는 '확실치 않음' 유형에 들어가야 마땅했다. 나는 무죄추정의 원칙을 즐겨 적용하는 스타일이었지만, DH 블레어에 대해서는 더 신중을 기하는 편이 좋았다. 여기서 버핏이 주는 교훈은 우리의 시간과 노력을 확실한 소수에게 집중하고 나머지 사람들은 건드리지 말라는 것이다.

그래서 나는 확실치 않은 사람들을 내 사회연결망에서 효율적으로 제거하기로 했다. 내가 이 아이디어를 처음 적용한 곳은 채용 프로세스다. 처음에 내가 생각한 올바른 채용 방식은 채용 공고를 내고 나서 접수된 이력서를 치밀하게 조사하여 추려내는 식으로서, 모든 지원자를 일단 믿어주는 것이었다. 컨설팅 회사와 투자은행들도 사용하는 방식이었다. 그러나 이 방식에서 확실히 드러난 문제는 우수 지원자는 일찌감치 다른 곳에서 채용되므로 지원자 대부분이 부적격자라는 사실이다. 게다가 일찌감치 채용되지 못한 지원자도 갈수록 노련하게 약점을 숨기기 때문에, 식별해내기가 더 어려워진다는 것이다.

나는 채용 공고를 중단했다. 대신 내가 평소의 일상 행동을 관찰해서 사람을 채용했다. 예컨대 나는 분석 보고서 일로 만난 댄 무어Dan Moore를 분석가로 채용했다. 당시 그는 내가 그 회사 고객이 아니라는 이유로 정보를 제공하지 않으려 했다. 그가 이 상황에 훌륭하게 대처하는 모습을 보고서, 나는 그의 윤리의식과 회사에 대한 충성심을 높이 평가했다. 그래서 나는 그에게 일자리를 제안했다. 마찬가지로 나는 콜버 식당에서 만난 오를리 힌디Orly Hindi도 영업이사로 채용했다. 그녀는 까다로운 상황에 우아하게 대처하는 모습을 보여주었다. 그녀의 뛰어난 대인관계 기술을 보여주는 완벽한 사례였다. 나는 채용 공고를 냈을 때가 아니라 평소 행동을 관찰했을 때, 가장 훌륭한 인재를 채용할 수 있었다.

나는 비밀스럽거나 불투명해 보이는 사람들도 의식적으로 멀리했다. 나는 감수성 예민한 젊은 시절, 정체성은 모호하지만 사교계에서 유명한 '친구'들이 많았다. 나는 옥스퍼드를 졸업하고 나서, 자칭 타타르Tatar 왕자라는 사람에게 현혹되었다. 그해 여름 우리는 런던과 프렌치 리비에라French Riviera를 돌아다니며 놀았고, 다른 왕자와 공주들도 만났다. 나는 고급 사교계에 진입한 듯한 짜릿한 기분을 즐겼다. 그러나 천박하게 화려한 세계에 넋을 빼앗길 위험이 있었다.

모니시가 더 좋은 길을 보여주었다. 그는 솔직하고 명확하지 않은 사람들까지 상대하기에는 인생이 너무 짧다고 생각했다. 가장 좋은 방법은 비밀스러운 사람들을 상대하지 않는 것이다. 그들을 파악하려 하지도 말고, 거리를 유지하는 것이다. 현실적이고 가식이 전혀 없는 버핏과 모니시는 비밀이 없는 사람들만 상대한다. 두 사람은 나머지 사람들을 모두 (버핏 책상 위의 '너무 어려움'에 해당하는) '확실치 않음' 유형에 집어넣고, 거리를 유지한다.

나는 전혀 모르는 사람과 만날 때에는 미리 내 정보가 담긴 서류 (예컨대 내 펀드 사업보고서)를 보내준다. 그들이 나를 정확하게 파악하도록 도우려는 뜻이다. 마찬가지로 나도 그들을 파악할 수 있도록 기초 자료를 보내달라고 요청한다. 어떤 식으로든 비밀스럽거나 파악하기 어려운 사람이라면, 나는 버핏의 '확실치 않음' 방식을 적용해서 가까이하지 않는다.

같은 이유로, 나도 겉과 속이 똑같은 사람이라는 점을 남들이 알아주길 바란다. 사업에서나 인생에서나 우리는 생각이 비슷한 사람들에게 끌린다. 정직하고 올바르게 살고자 하는 사람이라면, 역시 정직하고 올바른 사람들과 어울리고 싶어한다. 버핏 주위에 그토록 훌륭한 사람들이 많은 것도 그런 이유다.

나는 모니시를 지켜보면서 사업과 인생에 대한 교훈도 얻었다. 나는 그가 상대에게 무엇인가 요구하는 모습을 본적이 전혀 없다. 특권 의식도 없었고 남의 시간을 뺏으려는 생각도 없었다. 서로 알고 지낸 초기에 내가 캘리포니아에 사는 그에게 전화해서, "바쁠 때 전화해서 방해하는 거 아니야?"라고 물으면, 그는 "바쁘냐고? 천만에. 나 지금 아주 한가해."라고 답하곤 했다. 사실은 한가하지 않았는데도, 그는 이런 식으로 내 전화를 소중하게 받아주었다. 내가 수없이 받는 그의 이메일에는 "한가하면 전화해."라고 적혀 있었다. 2010년 데비 보사네크와 점심을 하려고 함께 오마하로 갈 때에도 그는 그녀에게 "우리 일정은 아주 유연하니까, 가장 편한 날짜로 정하세요."라고 써보냈다.

이런 태도는 아첨이나 자존심의 문제가 아니다. 오히려 모니시의 자아의식은 더없이 건전하다. 그가 다른 사람들의 이익을 침해하지 않으려고 매우 조심하는 모습을 나는 수없이 보았다. 그는 남들이 원할 때에만 눈에 띄고 싶어한다. 그는 남에게 부담을 주지 않으려고 매우 조심한다.

그를 지켜보면서 나는 이 방법이 매우 훌륭하다는 사실을 확실히 깨달았다. 나는 펀드를 환매하려는 내 고객에 대해서 그와 의논한 적이 있다. 아버지는 고객을 잘 설득해서 환매를 막아보라고 내게 말했다. 그러나 모니시는 이렇게 말했다. "고객을 설득하려 하지 말게. 고객 돈이잖아. 고객이 환매를 원하면 아무 말 묻지 말고 환매해 드려." 고객과의 관계가 끝나더라도 죄책감도, 맞대응도, 부담감도 불필요함을 깨달았다.

나는 이 단순하고도 강력한 아이디어를 다른 분야에도 두루 적용했다. 예컨대 나는 친구나 누구에게도 내 펀드에 투자하라고 절대 권유하지 않는다. 나는 단지 친구로 지내는 것으로 만족한다. 아무 부담감도 느낄 필요가 없다.

돌아보면 나는 펀드매니저 초창기에 끔찍할 정도로 곤궁한 모습이었다. 당시 나는 직접 나서서 잠재 고객들에게 펀드를 팔아야 한다고 확신했다. 똑똑한 사업가와 잘 나가는 펀드매니저가 되려면 뻔뻔하게 밀어붙일 줄 알아야 한다고 생각했다. 그러나 펀드를 선전하려고 판촉전화를 걸거나 관심을 끌어보려고 대량으로 이메일을 발송해도, 사람들은 반응이 없었다. 안목 있는 사람들은 오히려 나를 더 멀리하려고 했을 것이다.

반면에 버크셔 본사에 지원해서 취업에 성공한 컬럼비아 경영대학원 졸업생 이안 제이콥스Ian Jacobs의 이야기는 흥미롭다. 그는 이력서 첨부편지에 수표를 동봉했다. 그의 입사 지원서를 평가하느라 버핏이 쓴 시간을 보상하겠다는 뜻이었다. 이것이 터무니없는 술책이라고 말하는 사람도 있다. 그러나 그가 버핏의 시간을 존중한다는 메시지가 이 수표를 통해서 즉시 전달되었을 것이다. 그가 부담을 주고 싶지 않다는 강력한 신호였다.

똑똑한 방법이다. 사람들은 상대에게 숨은 의도가 있거나 뭔가 바라는 바가 있다는 느낌을 받으면 방어적이 되기 때문이다. 나도 상대의 관심을 끌려고 시도하거나 주제넘게 나서면 사람들이 짜증스러워한다는 사실을 깨닫기 시작했다. 얼마 전 나는 주요 은행 CEO와 점심을 먹었다. 이야기 시작 무렵, 나는 그를 만나게 되어서 평생의 축복이자 행운이라고 진지하게 말했다. 내게 숨은 의도가 없다고 생각한 그가 안도하는 모습이 역력했다. 내 경험을 돌아보면, 우리는 상대를 수단이 아니라 목적 그 자체로 대해야 한다.

모니시는 "저는 먼지나 재에 지나지 않습니다."라는 아름다운 성경 구절을 자주 인용한다. 자신의 겸손과 헌신은 아직 그 단계에 이르지 못했다고 시인하는 듯하다. 우리는 둘 다 성인의 반열에 도달했다고 감히 주장할 처지가 아니다. 그래도 자신의 욕구를 앞세우지 않고 항상 남을 섬기려는 그의 모습을 나는 거듭 보게 된다. 덕분에 나는 자주성, 자존심, 야망을 잃지 않으면서도 남을 섬길 수 있다는 사실을 깨달았다. 펀드매니저 초창기 시절이었다면 나는 남을 섬긴다는 생각을 비웃었을 것이다. 나는 차라리 똑똑한 조작세력이 되고 싶었다. 그러나 자선 점심에서 버핏은 세계에서 가장 유명한 투자가였는데도 우리를 섬겼다.

모니시와 버핏 덕분에 나는 남에게 받으려고 하는 대신 남에게 베풀려고 노력하기로 했다. 내 심리에 커다란 변화가 일어났고, 내가 살아가는 방식도 달라졌다.

뉴욕 소용돌이 시절에는 모임에 가거나 낯선 사람을 만나면, 어떻게 하면 내가 도움을 받을 수 있을지 궁리했다. 하지만 사람들이 내게 제품이나 서비스를 팔려고 말을 걸면, 이런 상업적 접근방식이 몹시 혐오스러웠다. 그래서 세월이 흐르면서 사회연결망을 대하는 나의 태도가 달라졌다. 누군가를 만날 때마다 나는 상대에게 뭔가를 해주려고 노력했다. 단지 다른 사람을 소개해주거나, 진심 어린 칭찬을 해주는 정도에 그치기도 했다. 그런데 이들이 반응하는 방식이 흥미로웠다. 어떤 사람들은 이렇게 혼잣말을 하는 듯했다. "좋은 녀석이군. 내게 또 뭘 해주려나? 아니면 뭘 또 부탁할 수 있을까?" 어떤 사람들은 나를 도와주고 싶어했다. 사소한 차이로 보이지만, 이는 베풀려는 사람과 받으려는 사람을 구분하는 지표였다.

처음에 내가 만난 사람 중에는 받으려는 사람이 많았다. 나는 사람들이 왜 이렇게 형편없는 방식으로 살아가려고 하는지 의아해하면서 한동안 화를 냈었다. 그러나 사람들을 자세히 관찰하면서, 나는 베풀려는 사람과 받으려는 사람을 잘 구분하게 되었고, 베풀려는 사람들과 어울리기 시작했다. 내 말이 지나치게 계산적인 행동처럼 들리지 않았으면 좋겠다. 나는 단지 베풀려는 사람들로 구성된 생태계를 만들어내고 싶었을 뿐이다.

이렇게 베풀려는 사람들로 둘러싸이면, 지상 천국이 따로 없다. 예를 들어 모니시나 존 미하일레비치 같은 사람은 항상 남을 돕고 지원하며 함께 나누려고 하는 보석 같은 존재다. 우리가 측근 그룹으로 원하는 사람들이다. 외국에 살면, 비행기를 타고 가서 만나고 싶은 사람들이다. 물론 나도 다른 사람들에게 이런 존재가 되어야 한다.

신기하게도 우리가 이런 방식으로 살기 시작하면 만사가 훨씬 더 즐거워진다. 내가 받으려고 몰두할 때에는 전혀 느끼지 못했지만, 이제는 세상과 조화를 이루는 기분을 느낀다. 내가 성인이라도 됐다는 뜻은 아니다. 그러나 이렇게 남에게 베푼 경험은 너무도 긍정적이었으므로, 이제 나는 베풀 기회를 더 찾으려고 노력한다. 요즘 나는 개인뿐 아니라 기관도 도우려고 노력한다. 예컨대 옥스퍼드대, 하버드 경영대학원, 바이츠만 과학 연구소 등이다. 최근 기업인협회 이스라엘 지부가 없다는 사실을 깨닫고, 내가 이스라엘 지부를 설립했다. 취리히에서 열리는 TEDx 행사도 없다는 사실을 알고, 나도 공동개최에 참여했다.

내가 자축하려고 이런 말을 하는 것은 아니다. 나보다 선행을 훨씬 더 하는 사람이 수없이 많다. 요는 내가 이런 식으로 살기 시작하면서, 내 인생이 엄청나게 개선되었다는 사실이다. 이런 활동이 불러일으킨 긍정적 감정에 나는 갈수록 더 중독되고 있다. 또한, 훌륭한 사람들 및 기관들과 맺은 유대감도 더 깊어지는 기분이다. 한 가지는 분명하다. 받는 행위보다도 주는 행위를 통해서 내가 훨씬 더 많이 얻는다는 사실이다. 역설적이지만, 나는 이기적인 시도를 통해서 실제로 엄청난 이득을 보았다.

세상에서 가장 똑똑한 버핏과 모니시는 이 사실을 명확하게 이해한다. 버핏이 투자와 사업에서 이룬 업적은 상상하기 어려울 정도다. 그러나 그의 가장 위대한 유산은 아마도 자선사업으로서, 빌 앤드 멀린다 게이츠 재단Bill and Melinda Gates Foundation을 통해서 수백만에 혜택이 돌아갈 것이다. 모니시도 자신의 뛰어난 재능을 재산증식에만 쏟은 것은 아니다. 그의 닥샤나 재단은 이전에는 상상할 수도 없었던 기회를 인도의 수많은 젊은이에게 제공하면서, 이들의 인생을 바꾸고 있다. 그는 투자자보다는 닥샤나 재단으로 사람들에게 기억되고 싶다고 내게 두 번 이상 말했다.

우리는 워런 버핏이나 모니시 파브라이가 되려고 하지 말고, 그들로부터 배우려고 해야 한다. 나는 두 사람을 인생이라는 게임의 명인으로 보게 되었다. 지극히 중요한 버핏의 말을 되풀이하겠다. "더 나은 사람들과 많은 시간을 보내면, 우리는 개선될 수밖에 없습니다."

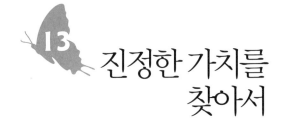

진정한 가치를 찾아서

인생의 목표가 부자가 되는 것이라면 가치투자보다 나은 방법도 없을 것이다. 물론 가치투자도 소외당할 때가 있어서, 가장 훌륭한 가치투자가들조차 한물갔다고 무시당하기도 한다. 그러나 가치투자는 매우 건전하고 강력한 투자기법이므로 결국은 그 영광을 되찾는다. 비이성적 과열은 발생했다가 사라지지만 가치투자는 영원할 것이다.

가치투자는 단순히 유망종목을 선정하는 전략이 아니다. '가치투자'라는 용어가 내게는 더 깊은 의미로 와 닿는다. 단지 그리니치의 대저택, 그슈타트Gstaad의 샬레(별장), 반짝거리는 페라리를 살 거금을 버는 것이 아니라는 말이다. 워런 버핏의 인생이 보여주듯, 가치투자에는 '진정한 가치 추구'도 포함된다. 돈, 직업적 성공, 사회적 지위를 넘어서는 개념이다.

그렇다고 이런 것들을 무시하거나 조롱한다는 뜻은 아니다. 다소 부끄럽긴 하지만, 내게도 천박한 자본가적 본능이 있다. 밝히기 쑥스럽지만, 나는 지금도 컨버터블 포르셰를 몰고 다닌다. 그리고 완벽한 카푸치노에 집착한 나머지, 6,000달러나 들여 정교한 라마르조코La Marzocco 커피 기계를 플로렌스에서 수입했다. 나는 롤스로이스를 타고 다닌 존 템플턴 경을 생각하면서 이런 사치를 합리화한다. 그리고 버핏도 자가용 제트기를 샀다. (처음에는 자조하듯 제트기 명칭을 '인디펜서블The Indefensible'–변명의 여지가 없다는 뜻–이라고 지었지만, 나중에는 '인디스펜서블The Indispensable'–꼭 필요하다는 뜻–로 바꿨다.) 찰리 멍거도 '채널 캣Channel Cat'이라는 호화 쌍동선(선체를 두 개 연결한 빠른 범선)에 수백만 달러를 썼다.

이런 물건에 관심이 있다면, 가치투자는 당신에게 훌륭한 수단이 될 수 있다. 마음껏 즐기기 바란다. 이렇게 부와 육체적 쾌락과 성공을 추구하는 행위를, 나는 가치투자자의 외면 여행이라고 부른다. 그러나 이런 외면 여행에 지나치게 휩쓸려 가장 중요한 요소를 망각해서는 안 된다. 그것은 눈에 보이지는 않지만 더 소중한 내면 여행이다. 내면 여행은 우리가 최고의 자아가 되는 길이며, 인생에서 하나뿐인 진실한 길이다. 이 여행에서는 이런 질문을 던지게 된다. "내가 재산을 모으는 이유는 무엇인가? 내 인생에는 어떤 의미가 있는가? 어떻게 하면 내 재능으로 남을 도울 수 있을까?"

버핏은 투자조합을 청산해서 자산을 주주들에게 돌려준 적이 있다. 당시에도 버핏은 무조건 돈만 추구한 것이 아니다. 그가 춤추듯 즐거운 마음으로 출근하는 것은 돈 때문이 아니다. 멍거는 재산이 일정 수준(1억 달러로 생각됨)에 도달한 다음에도 계속해서 재산 축적에만 몰두한다면, 머리가 잘못된 것이라고 말했다. 템플턴 역시 인생의 상당 기간을 내면 여행에 전념했다. 그가 남긴 가장 큰 유산은 '인간의 궁극적인 목적과 실체에 관한 4대 질문'을 탐구하는 자선재단이다. 이 재단의 좌우명은 "우리가 아는 것이 얼마나 적은가, 우리는 얼마나 더 탐구하기를 원하는가."이며, 복잡성, 진화, 무한성, 창의성, 용서, 사랑, 감사, 자유의지 등을 연구한다.

내면 여행을 통해서 우리는 커다란 성취감도 얻을 뿐 아니라, 투자 능력도 높일 수 있다. 나의 내면(공포, 불안, 욕구, 편견, 돈에 대한 태도 등)을 이해하지 못하면, 나는 현실세계에 굴복하기 쉽다. 바로 내가 직장생활을 시작할 때 겪은 일이다. 나는 탐욕과 오만에 이끌려 DH 블레어에 입사했다. 나는 이 회사가 도덕적으로 타락했다고 판단하고서도, 사람들에게 실패자로 비칠까 두려워서 회사를 그만두지 못했다. 이후 뉴욕 소용돌이 시절에도 나는 더 큰 펀드를 운용하면서 더 화려한 집에 사는 사람들을 시기하여, 내 펀드를 키우려고 나 자신을 팔기도 했다.

그러나 내면 여행을 시작하면서 나는 이런 결함을 더 명확하게 보게 되었다. 그리고 이런 결함을 인정한 다음에는 바로잡으려고 노력할 수 있었다. 그러나 이런 결함은 뿌리가 너무도 깊어서, 우회할 방법도 찾아야 했다. 그래서 탐욕과 질투심을 부채질하는 맨해튼에서 멀리 벗어나려고 취리히로 이사했다. 뉴욕과 런던 같은 '극단의 세계'는 나를 혼란에 빠뜨리므로, 벗어나기로 한 것이다.

이 글을 쓰는 시점 현재, 내 아내는 부모 형제와 가까이 지내려고 우리 가족이 런던으로 이사하는 방안을 검토 중이다. 한편으로는 겁이 난다. 과연 런던에서 내가 심리적 안정을 유지할 수 있을까? 런던으로 이사해도 혼란에 빠지지 않을 정도로 나의 내면이 충분히 성장했을까? 런던 도심에서 멀리 떨어진 조용한 교외라면, 내 마음을 고요한 연못처럼 지켜주는 평화로운 환경을 조성할 수 있을까? 아직은 뚜렷한 답이 보이지 않는다.

투자에서는 '모르는 것이 약'이 될 수가 없다. 금융시장은 우리의 심리적 약점을 가차없이 파헤치기 때문이다. 예를 들어 금융위기 기간에는 나의 투자심리 파악이 필수적이었다. 시장붕괴에서 오는 심리적 충격이 나의 판단력에 영향을 미치기 때문이다. 대차대조표를 분석하거나 저평가 기업을 발굴하는 것처럼 머리로 투자기법을 익히는 일은 어렵지 않다. 그러나 공포의 바다에 휩쓸려 합리적인 판단력을 상실한다면, 이런 기법이 무슨 소용이겠는가?

남을 비난하지 않고 스스로 책임지는 자세가 중요하다. 시장 저점에 펀드를 환매하는 변덕스러운 고객을 비난하는 것보다, 시장이 계속 폭락하여 펀드를 폐쇄하는 상황에 대비하는 편이 더 유용했다. 이런 상황이 내게는 왜 참기 어려울 만큼 고통스러웠을까?

나는 시장붕괴에 엄청난 충격을 받았지만, 모니시는 그렇지 않았다. 그는 보유 종목들의 주가 폭락에도 전혀 영향을 받지 않는 듯했다. 모니시는 어린 시절 아버지의 사업이 계속 오르락내리락하는 모습을 지켜보았다고 한다. 실제로 그의 아버지는 여러 번 파산 직전에 몰리거나 무일푼이 되기도 했다. 그러나 그런 혼란 속에서도 그의 가정은 놀라울 정도로 평온했다. 그래서 모니시는 금융위기가 닥쳐도 나처럼 많이 걱정하지 않는다. 덕분에 남들은 겁에 질려 주식을 내던질 때, 그는 주식을 헐값에 계속 사모을 수 있었다.

유럽 유대인들의 고통스러운 역사는 나의 투자심리에 큰 영향을 미쳤다. 나의 증조부는 부유한 독일 사업가로서, 베를린 외곽에 대형 모자 공장을 소유하고 있었다. 그러나 공장을 나치에 몰수당하면서 증조부의 풍요롭던 생활도 끝나게 되었다. 내 가족은 이스라엘(당시 팔레스타인)로 탈출해서 재건을 시도했다. 독일에서 변호사였던 할아버지는 이스라엘에서 양계장을 운영했지만, 성공하지 못했다. 나는 어린 시절 이스라엘에서 식량 부족과 청년 동원령 이야기를 들으며 자랐다. 할아버지의 양계장에서 자란 아버지는 직장생활을 오래 했다. 이후 아버지는 사업을 시작해서 초과현금을 창출했고, 이 돈을 내가 투자했다. 이제 나는 우리 가족의 재산을 다섯 배로 늘렸다. 그러나 아직도 내 마음속에는 통제 불능 변수가 모든 것을 쓸어갈지 모른다는 뿌리깊은 두려움이 남아 있다.

투자심리는 왜 중요할까? 나의 투자 방식에 큰 영향을 미치기 때문이다. 예컨대 나는 차입금을 절대 사용하지 않으며, 항상 보수적으로 냉정하게 투자한다. 나의 가족사는 히틀러에게 입은 피해를 복구하는 이야기로 볼 수 있다. 나는 가족의 재산에 대해 엄청난 책임감을 느낀다. 70여 년 전에 입은 손실을 복구하고, 이 위태로운 세상에서 안전을 확보해야 한다고 믿기 때문이다. 나는 투자를 좋아하지만, 투자는 위험한 사업이다. 돈은 인간의 마음속에서 생존문제를 연상시키므로, 나의 이성을 마비시킬 수 있다. 반면에 모니시는 불확실성과 변동성이 높을 때에도 주식을 살 수 있다. 그는 손실 위험이 있어도 나처럼 심한 두려움은 느끼지 않기 때문이다.

진지한 투자자라면 자신의 투자심리를 잘 파악해야 한다. 그러면 이를 바탕으로 투자심리를 조절할 수 있다. 예를 들어 물리적 환경을 바꾸거나, 투자 점검목록에 특정 항목을 추가할 수 있다. 그러나 우리가 아무리 똑똑해도 자신의 두뇌 회로를 완전히 바꿀 수는 없다. 나도 절대 그렇게 할 수 없다. 전에는 내가 손실에 대한 두려움을 극복하고 더 많은 위험을 떠안아 수익률을 높일 수 있다고 생각했다. 그러나 이제는 그렇게 생각하지 않는다. 버핏과 모니시라면 틀림없이 명석한 판단으로 더 높은 수익률을 올릴 수 있을 것이다. 그러나 나는 두 사람처럼 되기를 갈망하면서 평생을 보낼 수가 없다. 나는 자신의 한계를 인식하고, 심리적으로 감당할 수 있는 범위에서 투자해야 한다.

나는 금융위기가 닥쳤을 때, 다행히 손실 위험에 대한 두려움을 피해갈 수 있었다. 만일 내가 내면의 결함을 인식하지 못했다면, 디스커버 파이낸셜 서비스 주가가 80% 폭락했을 때 공황상태에 빠졌을 것이다. 나는 주가가 반등할 때까지 계속 보유했다. 나는 자신을 더 깊이 파악하고 나서, 수익률을 더 높이려고 애태우지도 않게 되었다. 나는 단지 장기적으로 시장지수보다 높은 수익을 추구하는 것으로 만족한다. 그리고 나는 펀드에서 버크셔 해서웨이의 비중을 항상 높게 유지한다. 버크셔는 규모가 엄청나게 큰 회사이므로, 다른 곳에 투자하면 수익률을 더 높일 수도 있다. 그러나 버크셔는 금전적으로나 심리적으로나 내 펀드를 안정시켜준다. 내 생태계에 버핏을 포함해야 내 심리가 안정된다. 이 방식이 합리적일까? 나에게는 합리적이다. 그러나 모니시에게는 합리적이지 않을 것이다.

내면 여행이 그토록 중요하다면, 과연 어떻게 시작해야 할까? 나는 수많은 도구를 사용해보았는데, 인생의 단계에 따라 모두 유용했다. 나는 심리치료도 많이 받았다. (마음이 닫혔던 젊은 시절이라면 나는 질색했을 것이다.) 나는 7년 동안 매주 한 번씩 융Jungian 심리치료를 받았다. 그리고 정서 중심 치료, 인지 행동 치료, 신경 언어학 프로그래밍, 안구운동 민감 소실 및 재생도 조금씩 해보았다. 인간의 다양성은 무한하므로, 내면 여행에 유용한 치료법도 거의 무한하다고 나는 깨달았다.

나는 다양한 랍비 및 영적 지도자와 함께 종교도 깊이 연구했다. 그중에는 《토라의 목적Destination Torah: Reflections on the Weekly Torah Readings》을 쓴 내 친구 아이작 사순Isaac Sassoon도 있었다. 나는 커리어 코치에게 정기 지도도 받았다. 나는 철학을 공부하고 루 매리노프Lou Marinoff와 친구가 되었다. 그는 '철학 상담사'로서, 저서로는 《철학으로 마음의 병을 치료한다Plato, Not Prozac!: Applying Eternal Wisdom to Everyday Problems》가 있다. 그리고 자기계발서도 수없이 읽었다. 명상은 내 기질에 잘 맞지 않는다. 그러나 배우는 것이라면 무엇이든 잘 맞는다.

내면 성장에 환상적인 도구 또 하나는 바로 역경이다. 사실은 역경이야말로 첫 번째 도구가 되어야 한다. 우리가 실수와 실패에 대해 책임을 지면, 우리 자신을 파악하고 개선하는 소중한 기회를 얻게 된다. 예컨대 나는 DH 블레어에 입사하는 실수를 저질렀기 때문에 내가 탐욕과 외면적 평가outer scoreboard를 극복해야 한다고 깨달았다. 사실은 역경이 가장 훌륭한 스승일 것이다. 문제는 오랜 시간이 걸리고 고통스럽다는 점이다.

나의 내면 여행에 발판이 된 것은 나폴레온 힐이 '협력집단master-mind group'이라고 부른 모임이었다. 하버드 경영대학원에서는 스터디그룹이라고 부르고, 청년경영인협회에서는 '포럼'이라고 부른다. 명칭은 아무래도 상관없다. 이는 전문가 8~10명으로 구성된 유대가 긴밀한 집단에서, 동료 한 사람이 사회자가 되어 비밀리에 쟁점을 논의하는 모임이다. 나는 이런 모임에서 가까운 대학 친구 겸 핵심 직장 동료와 관계가 틀어져서 고생한 사례를 20분 동안 발표한 적이 있다. 회원들은 나에게 두 번씩 질문을 던졌으므로, 관계가 세부적으로 모두 공개되었다. 나는 분노로 가슴이 타올랐다. 나는 그녀가 부당하게 나를 이용했다고 확신했다. 그러나 모임을 진행하면서 나의 행동 역시 그다지 올바르지 않았던 것으로 밝혀졌으므로, 나도 당황하였고 죄책감을 느꼈다.

이어서 나머지 회원 8명도 차례로 친구나 친척과 사업관계가 틀어졌던 사례를 공개했다. 나만 그런 실수를 저지른 것이 아님을 깨닫고, 나는 깊은 안도의 한숨을 내쉬었다. 그리고 그 친구도 나도 큰 잘못이 아니었음을 알게 되었다. 나를 비판하거나 나에게 충고하는 사람은 아무도 없었다. 모임의 규정에서 금지하고 있었기 때문이다. 논의가 끝날 무렵, 나는 죄책감도 분노도 느끼지 않게 되었다. 또한 여덟 가지 사례에는 내가 관계 개선에 이용할 만한 요령이 많이 들어 있었다. 이제 나는 선택 대안이 많아졌으므로, 무력감도 사라졌다. 결국 나는 이 갈등을 해결했고, 틀어졌던 직장 동료는 지금까지도 가까운 친구로 지내고 있다(내 펀드 고객이기도 하다).

협력집단의 위력은 막강하다. 청년경영인협회, 기업인협회, 모니시와 내가 설립한 래티스워크 클럽 같은 친목단체 모두 그렇다. 앞의 전문가 8명으로 구성된 협력집단은 1년에 두 번 휴양지에 사흘씩 머물면서 우리의 고민을 무엇이든 논의한다. 이런 모임이 나의 내면 성장에 단연 가장 큰 도움이 되었다.

사실 내면 여행을 어떻게 하느냐는 중요하지 않다. 중요한 것은 내면 여행을 실행하는 것이다. 어떤 경로를 선택하든 우리는 자신을 인식하고, 허울을 벗겨버리며, 내면의 소리에 귀 기울여야 한다. 투자자가 얻는 혜택은 헤아릴 수가 없다. 자신을 잘 알면 내면이 강해지며, 역경이 닥쳤을 때 잘 대처할 수 있기 때문이다. 주식시장은 신기할 정도로 우리의 약점을 잘도 파헤친다. 오만, 질투, 공포, 분노, 자기회의, 탐욕, 부정직, 인정받으려는 욕구 등. 우리는 성공을 유지하려면 자신의 온갖 약점에 정면으로 맞서야 한다. 그렇지 않으면, 우리는 무너져내릴 허약한 구조 위에 성공을 쌓아 올리는 것과 같다.

그러나 내면 여행이 주는 진정한 보상은 투자 성공뿐이 아니다. 우리가 최고의 자아가 되는 것이다. 이것이 궁극적인 보상이다.

가치투자자는 어떻게 탄생하는가

이 책《워런 버핏과의 점심식사, 가치투자자로 거듭나다》는 저자인 가이 스파이어가 가치투자자로 변신하는 인생 여정을 담은 책이다. 저자는 사실 널리 알려진 가치투자자는 아니다. 감수자도 존 미하일레비치의 저서《가치투자 실전 매뉴얼》을 보기 전에는 알지 못했다. 인용하는《가치투자 실전 매뉴얼》은 현재 활동하는 전 세계 100여 명의 가치투자자들을 인터뷰해서 정리한 책이다. 독자들의 이해를 돕기 위해《가치투자 실전 매뉴얼》에 언급되는 저자에 관한 내용을 소개하면 다음과 같다. 더 자세한 내용을 알고 싶은 독자는《가치투자 실전 매뉴얼》을 참조하기 바란다.

가치투자에 촉매가 필요한가에 대한 논의에서 가이 스파이어는 이렇게 말한다.

"가치 그 자체가 촉매입니다. 그 종목이 싼 것은 '이 종목은 절대 상승하지 않을 거야'라고 사람들이 생각하기 때문이죠."

이머징 밸류 캐피털 매니지먼트 펀드매니저 오리 예얄은 가이 스파이어와 함께 했던 경영자 면담에 대해서 다음과 같이 말했다.

"한번은 가이 스파이어와 함께 이스라엘을 돌아다니면서 숨은 기업 열다섯 곳을 방문했습니다. 가이가 경영진과 소통하는 모습을 보면서 나는 정말 많이 배웠습니다. 그는 모든 사람과 금세 친밀해졌고, 당면한 기업의 주요 과제를 파악했습니다. 회의가 끝날 무렵 그는 경영진보다도 사업을 더 잘 이해했습니다."

존 미하일레비치가 가이 스파이어를 인터뷰할 때 "자신이 성공한 원인은 워런 버핏과 모니시 파브라이의 가르침 덕분이다."고 말했다. 공을 다른 사람에게 돌린 이유를 묻자 "공을 다른 사람에게 돌려도 자신의 성과가 감소하는 것은 아니다."라고 아버지께서 말씀하셨다고 답했다.

- 스파이어는 "나는 모릅니다."라는 말을 쉽게 한다. 대부분의 전문가는 자신의 지식을 과시하고 싶어 하지만, 스파이어는 자신이 모르는 것은 모른다고 인정하고 대신 신중하게 대비했다.

인용하는 책에서 비춰진 저자의 모습은 소신이 뚜렷하고, 분석능력이 뛰어나며, 겸손하고, 정직한 모습이다. 자신이 직접 쓴 책이 아니라 다양한 다른 사람들에 의해 진술되는 모습이 이렇다면 일단 신뢰가 가는 인물이라고 볼 수 있다.

저자는 우리식으로 말하면 '엄친아'라고 할 수 있다. 1966년생이니까 아직 50세도 넘지 않은 비교적 젊은 투자자다. 부자 아빠를 두고, 명문 옥스퍼드 대학과 하버드 경영대학원을 나온 수재였다. 어쩌면 세상이 너무 만만하고 쉽게 보였을지도 모른다. 그래서 그는 겁도 없이 무모한 도전을 시작한다. 친구들의 만류에도 불구하고 단기간에 거물이 되려고 질 나쁜 회사에 취직한다. 하지만 그 회사는 선량한 일반 투자자에게 쓰레기 같은 주식을 팔아먹는 사기꾼 같은 곳이었다. 잘못되었다는 것을 알아차린 후에도 자신이 실패했다는 것을 인정하기 싫어서 빨리 결단을 내리지 못한다. 여기까지는 흔한 실패스토리다. 그런데 저자는 이러한 실패를 책을 통해 탈출한다. 다시 강조하지만 그를 탈출시킨 것은 놀랍게도 '책'이었다.

보통 사람들은 크게 실패하면 뒤통수를 망치로 두드려 맞은 것처럼 멘탈이 붕괴되어 술에 떡이 되거나 한강으로 가기 마련이다. 그런데 저자는 그 정신없는 와중에도 책을 집어 든 것이다. 그리고 그 책은 벤저민 그레이엄이 지은 《현명한 투자자》였다. 워런 버핏을 가치투자의 세계로 이끌고, 벤저민 그레이엄을 만나러 컬럼비아 경영대학원으로 가게 만든 바로 그 책이었다. 이제는 세월이 흘러 워런 버핏의 서문이 실린《현명한 투자자》를 만난 것이었다. 수십 년 전 워런 버핏이 마치 마법에 홀린 듯 가치투자의 세계로 첫발을 디딘 것처럼, 저자도 가치투자라는 신세계를 맞이하여 정신을 놓고 말았다.

하지만 아무리 개과천선하더라도 질 나쁜 회사에 다녔던 직장경력 때문에 취직하기가 쉽지 않았다. 보통사람들은 여기서 스토리를 마무리할 수밖에 없다. 그런데 그에게는 부자 아빠가 있었다. 그의 인생에서 단 한번 아버지의 신세를 졌다고 하지만, 그 한번이 달라도 너무 달랐다. 제대로 된 투자실적도 없는 어린 아들에게 아무리 아빠라도 거의 전 재산을 맡겼다는 것도 놀라운 일이다. 그렇게 해서 전혀 투자경험도 없는 31세의 젊은이는 1997년에 1,500만 달러라는 나이에 비해 엄청난 자본금으로 아쿠아마린 헤지펀드를 시작한다. 이 펀

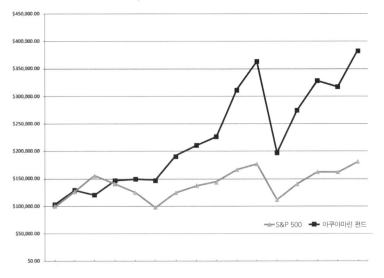

Comparison of changes in $100,000 invested in
Aquamarine Fund Inc. vs S&P 500

Aquamarine Capital Management LLC Top Holdings

As of 03/31/2015

Entity	Amount	Change 12/31/2014 to 03/31/2015	Position Size ($ in 1000's)
FIAT CHRYSLER AUTOMOBILES	2,000,000	*UNCH*	$32,542
⊟ BERKSHIRE HATHAWAY INC. DEL			$26,816
CL B	140,600	+140,600	$20,291
CL A	30	+30	$6,525
AMERICAN EXPRESS CO	272,430	*UNCH*	$21,282
⊟ GENERAL MOTORS CO			$19,650
GM.WSB	1,000,000	+300,000	$19,650
HORSEHEAD HOLDING CORP	1,320,000	*+ 100,000*	$16,711
⊟ BANK OF AMERICA CORP			$10,938
COM	590,000	+590,000	$9,060
W Exp 1 16 19	320,000	+320,000	$1,878
⊟ WELLS FARGO & CO NEW			$8,510
WFC	115,000	UNCH	$6,256
WFC.WS	110,000	UNCH	$2,254
MASTERCARD INC	65,750	*UNCH*	$5,680
CITIGROUP INC	106,000	*UNCH*	$5,461
POSCO	70,000	*UNCH*	$3,826

드는 18년이 경과한 2015년 3월 말 현재 1억 5,142만 달러 수준으로 성장했다. 위 그래프와 표는 이 펀드의 2012년 말까지의 실적 그래프와 2015년 3월 말 주요 보유종목현황이다.

책에서 밝혔듯이 저자의 아쿠아마린 펀드는 2015년 3월 말 현재 워런 버핏의 버크셔 해서웨이 A주식 30주와 B주식 140,600주를 보유하고 있다. 또 특이하게도 POSCO 7만 주를 보유하고 있다. POSCO 투자에 대해서 2014년 9월의 Value Congress 기록에 따르면 저자는 버크셔 해서웨이와 찰리 멍거의 투자를 참조했다고 밝힌 바 있다. 그런데 그래프를 보나, 18년에 열 배라는 수치로 보나, 수억 원에서 시작해 수천억 원으로 만든 한국의 유명 가치투자자들에 비해 솔직하게 나을 것도 없다. 저자 본인도 책에서 자신의 투자실적을 자랑한 적도 없다. 참조한 펀드 실적도 감수자가 구글로 검색해서 확인한 것이다. 그런데도 이 책은 너무 유익하다. 그가 책의 서두에서 밝혔듯이 돈을 버는 방법을 알리는 것이 아니라, 자신의 실패와 변신과정을 통해 얻은 소중한 교훈을 공유하는 것이 이 책의 목적이기 때문이다.

감수자는 가치투자에 뜻을 둔 젊은 친구들의 깊숙한 고민을 자주 듣는다. 감수자의 세대에 비해 지금의 젊은 세대는 세상 살아가기가 참으로 녹록치 않다. 취직하는 것도 하늘의 별따기이고, 직장에 다니더라도 비전이 보이지 않기 일쑤이다. 턱없이 비싼 부동산과 자녀교육비 때문에 미래에 대한 답이 나오지 않는다. 이들에게는 가치투자라는 안전하고 확실한 수익기법이 어쩌면 유일한 돌파구라는 생각도 든다. 그래서 어느 정도 투자내공이 연마된 젊은이들은 전업투자를 갈망한다. 가치투자가 좋은 투자법이라서가 아니라 가치투자 외에는 답이 없어서일 것이다. 든든하고 안정된 본업이 있어야 투자도 잘되는 법이다. 그래서 전업투자자가 되고 싶어 상담을 청하는 똑똑한 젊은이들에게 본업의 중요성을 강조하며 신중한 결정을 당부한다. 하지만 마음이 바쁜가 보다. 또 포기하기에는 너무 절실하다.

그래서 이 책을 읽고 또 많은 젊은이들이 너무나 손쉽게 전업투자자의 길을 선택할까봐 걱정부터 앞서는 것도 사실이다. 부자 아빠를 두고 명문대를 나온 저자도 쓰라린 인생 여정을 통해 조금씩 가치투자자로 거듭났다는 점을 강조한다. 저자는 아직도 현재 진행형이다. 하지만 저자가 공유하고 싶은 메시지를 유념해주길 바란다. 내면에 충실하고, 사소한 부분까지 얼마나 치밀하게 변신했는지, 진정한 가치투자자가 되기 위해 얼마나 치열하게 고민하고 진지하게 준비했는지 알았으면 한다. 어느 날 갑자기 선언한다고 전업투자자가 되는 것이 아니라, 투자내공이 쌓여서 결과적으로 전업투자자로 만들어지는 것이다. 감수자가 늘 하는 말을 소개하면 본업 소득보다 투자 소득이 많아지면 결과적으로 전업투자자가 되는 것이다.

저자가 가치투자자로 거듭 나는 과정에서 두 사람의 영향을 받게 된다. 한 사람은 그가 더없이 존경하며 궁극적인 롤 모델로 삼은 워런 버핏이며, 또 한 사람은 동네 형처럼 자주 의논하고 의지한 모니시 파브라이다. 어떤 일을 제대로 하기 위해서는 이렇게 주변에 훌륭한 멘토가 있는지 여부는 결정적이다. 독자들도 성공적인 투자를 하기 위해 주변에 좋은 멘토를 활용하길 바란다. 정말 존경할만한 롤 모델과 자상한 투자 선배를 만나길 바란다. 다행스러운 점은 훌륭한 멘토일수록 배우고자 하는 멘티들에게 열린 마음을 가지고 있다는 점이다. 저자처럼 배우려는 겸손한 태도를 가지는 한 누구나 가이 스파이어가 될 수 있다.

흔히 투자회사를 홍보하려는 목적으로, 많은 투자금을 유치할 목적으로 자신의 투자법이 얼마나 대단한지, 자신이 얼마나 성공한 투자자인지를 자랑하기 위해 저서를 내는 경우도 많다. 그러나 이 책은 오히려 숨기고 싶은 자신의 실패를 솔직하게 밝히고 있다는 점에서 그런 홍보성 책자와는 거리가 멀다. 솔직한 면이 마음에 들어 펀드 가

입을 희망하는 사람이 있다면 다행이지만 말이다. 이 책을 읽고 투자자로서의 자세를 다시 잡게 되길 바란다. 또 가치투자를 지향하는 사람들에게 소중한 교훈을 주어 한국에도 가이 스파이어와 같은 유망한 가치투자자가 등장하길 바란다. 투자를 하다보면 불가피하게 종종 시련이 닥칠 것이다. 그렇더라도 가이 스파이어처럼 좋은 책에서 길을 찾길 바란다.

감수자 신진오
밸류리더스 회장

진지한 가치투자자들에게 행운과도 같은 책

나는 《가치투자 실전매뉴얼》을 통해서 가이 스파이어라는 이름을 처음 들었다. 워런 버핏처럼 세계적으로 존경받는 투자의 대가는 아니지만, 나름 정통 가치투자자로 인정받는 인물이라고 생각했다. 그러나 다음 말을 접하는 순간, 나는 긴장하지 않을 수 없었다. "감히 말하는데, 이 책에서 설명하는 교훈 중 일부만 배우더라도 당신은 부자가 될 수밖에 없다. 아마도 엄청난 부자가 될 것이다."

이런 표현은 얄팍한 재테크서나 자기계발서에나 어울린다고 보았기 때문이다. 그래서 번역하던 상당 기간 나는 긴장의 끈을 늦출 수가 없었다. 그러나 놀라울 정도로 솔직하게 자신의 잘못을 인정하는 태도와, 정통 가치투자를 추구하는 뜨거운 열정에 차츰 나의 경계심이 사라졌다. 그리고 번역을 마친 시점에는 그의 호언장담이 빈말이 아니라고 믿게 되었다.

나는 특히 '11장 투자 점검목록: 의사가 가르쳐준 생존전략'이 진지한 가치투자자들에게 큰 도움이 되리라 생각한다. 우리 두뇌의 약점을 효과적으로 보완해주는 현실적인 기법이라고 보기 때문이다. 짐작건대 이 책에서 현실적인 기법을 터득한 많은 투자자가 이 책을 만난 것이 행운이라고 생각하게 될 것이다.

이번에도 감수자로서 수많은 오류를 바로잡고, 서투르고 어색한 표현을 매끄럽게 다듬어주신 밸류리더스 신진오 회장님께 깊이 감사드린다. 그리고 우리나라 최대 투자기관인 국민연금에서 유일하게 기금운용본부장(CIO)을 연임하신 실력파 이찬우 교수님의 통찰력 넘치는 추천사에 깊이 감사드린다.

이 건

아래 열거한 책들은 모두 나의 교육에 큰 역할을 했다. 나를 가치투자자로 키워주었을 뿐 아니라, 내가 행복과 성취를 추구하고 세상이 돌아가는 원리를 더 깊이 이해하게 해주었다. 지금까지 내게 큰 영향을 미치고 내 인생을 풍요롭게 해준 책들을 공개하고자 한다. 책 목록이 매우 색다를 것이다. 주요 투자서적에서부터 난해한 복잡성, 심리, 게임 연구서까지 다양하기 때문이다. 이는 종합목록이 아니다. 그러나 당신도 이런 책들을 통해서 교훈을 얻고 삶의 질이 높아지기를 기대한다.

투자

벤저민 그레이엄Benjamin Graham의 《현명한 투자자The Intelligent Investor》. 나의 출발점이 된 책이다. 다음 네 권도 여러 번 거듭 읽을 가치가 있다. 세스 클라먼Seth Klarman, 《안전마진Margin of Safety: Risk-Averse Value Investing Strategies for the Thoughtful Investor》; 조엘 그린블라트Joel Greenblatt, 《주식시장의 영원한 고수익 테마들You Can be a Stock Market Genius: Uncover the Secret Hiding Places of Stock Market Profits》; 마틴 휘트먼Martin J. Whitman, 마틴 슈빅Martin Shubik, 진 아이젠버그Gene Isenberg, 《The Aggressive Conservative Investor》; 존 미하일레비치John Mihaljevic, 《가치투자 실전 매뉴얼The Manual of Ideas: The Proven Framework for Finding the Best Value Investments》. 다음 두 권은 내가 가치투자를 알기 전에 매료된 투자의 고전이다. 에드윈 르페브르Edwin Lefevre, 《어느 주식투자자의 회상Reminiscences of a Stock Operator》; 조지 소로스George Soros, 《금융의 연금술The Alchemy of Finance》.

영웅, 스승, 역할모델

로저 로웬스타인Roger Lowenstein, 《버핏Buffett: The Making of an American Capitalist》. 나는 이 책을 통해서 처음으로 버핏을 내 역할모델로 삼았다. 다음은 버핏에 관한 주요 책들이다. 앨리스 슈뢰더Alice Schroeder, 《스노볼The Snowball: Warren Buffett and the Business of Life》, 캐럴 루미스Carol Loomis, Tap Dancing to Work: Warren Buffett on Practically Everything, 1966-2013. 캐럴 루미스는 〈포춘Fortune〉에서 60년 근무한 유명 작가다. 다음도 버핏의 지혜가 샘솟는 책이다. 워런 버핏Warren Buffett, 《Berkshire Hathaway Letters to Shareholders, 2013》. 다음 책에는 찰리 멍거의 하버드 강연 '사람들이 잘못 판단하는 24가지 원인'이라는 놀라운 분석이 들어 있다. 찰리 멍거Charles T. Munger, 《불운한 찰리 연감Poor Charlie's Almanack: The Wit and Wisdom of Charles T. Munger》.

내면 여행

다음은 '포럼'을 가장 잘 소개한 책이다. 모 파델밥Mo Fathelbab, 《Forum: The Secret Advantage of Successful Leaders》. 제목이 내용을 말해준다. 협력집단에 가입해서 그 위력을 직접 체험해보라고 강력하게 추천한다. 가장 잘 운영되는 협력집단으로는 기업인협회Entrepreneurs' Organization와 청년경영인협회Young Presidents' Organization를 꼽을 수 있으며, 이들은 막대한 자원을 투입하여 회원들이 포럼에서 유익한 경험을 하도록 지원한다. 토스트마스터스Toastmasters는 특성은 다소 다르지만 역시 탁월한 협력집단이다. 알코올 중독자들의 회복을 지원하는 익명의 알코올 중독자들Alcoholics Anonymous은 《Twelve Steps and Twelve Traditions》이라는 훌륭한 책을 펴냈으며, 누구에게나 도움이 되는 교훈을 준다.

자기계발서

이성적인 사람들은 흔히 자기계발서에 대해 눈살을 찌푸리지만, 나는 자기계발서에서 실용적인 지혜를 많이 얻었다. 내가 중시하는 인물은 토니 로빈스Tony Robbins다. 《네 안에 잠든 거인을 깨워라Awaken the Giant Within: How to Take Immediate Control of Your Mental, Emotional, Physical, and Financial Destiny!》는 그의 다양한 녹음자료 못지않게 그의 아이디어를 잘 소개해준다. 그러나 그의 가르침을 제대로 배우고자 한다면, 그의 세미나에 참석해보기 바란다.

심리학

우리는 누구나 도로지도 없이 내면여행을 떠난다. 그러나 이정표가 있다. 내게 이정표가 되어준 책은 다음과 같다. 에마 융Emma Jung과 마리-루이즈 폰 프란츠Marie-Louise von Franz, 《The Grail Legend》; 로버트 존슨Robert Johnson, 《The Fisher King Handless Maiden: Understanding the Wounded Feeling Function in Masculine and Feminine Psychology》. 다음은 내가 융Jungian 심리치료를 받던 7년 동안 매우 유용했던 책이다. 에드워드 휘트몽Edward Whitmont, 《The Symbolic Quest: Basic Concepts of Analytical Psychology》. 다음은 내가 정서의 위력을 처음 깨닫게 해준 책이다. 다이애나 포샤Diana fosha, 《The Transforming Power of Affect: A Model for Accelerated Change》. 이어서 앨런 쇼Allan Schore, 안토니오 다마시오Antonio Damasio, 조셉 르두Joseph LeDoux 등의 책도 읽게 되었다.

내 도서실에서 닥치는 대로 읽은 책

온갖 이유로 내게 흥미롭고 유용했던 책들을 아래에 열거했다. 이런 책들이 투자에 도움이 될까? 도움이 되는 책도 있고, 안 되는 책도 있을 것이다. 그러나 내게는 모두 매우 유용했다. 종목 선정뿐 아니라 개미, 혼란, 금융, 사랑 등 세상만사에 관한 지혜가 가득 담겼다. 누구에게나 유용한 내용이 있을 것이다.

경영

- Adam Grant, 《기브 앤 테이크Give and Take: Why Helping Others Drives Our Success》
- Amar Bhide, 《The Origin and Evolution of New Business》
- Bob Burg and John David Mann, 《레이첼의 커피The Go-Giver: A Little Story about a Powerful Business Idea》
- Charles Duhigg, 《습관의 힘The Power of Habit: Why We Do What We Do in Life and Business》
- Daniel Coyle, 《탤런트 코드The Talent Code: Greatness Isn't Born. It's Grown. Here's How》
- David Ogilvy, 《광고 불변의 법칙Ogilvy on Advertising》
- Frank Bettger, 《실패에서 성공으로How I Raised Myself from Failure to Success in Selling》
- Jim Loehr and Tony Schwartz, 《몸과 영혼의 에너지 발전소The Power of Full Engagement: Managing Energy, Not Time, Is the Key to High Performance and Personal Renewal》
- John Kotter, 《운명Matsushita Leadership: Lessons from the 20th Century's Most Remarkable Entrepreneur》
- Kenneth Blanchard and Spencer Johnson, 《최고 성과의 조건The One Minute Manager》
- Kenneth Blanchard, Thad Lacinak, Chuck Tompkins, and Jim Ballard, 《칭찬은 고래도 춤추게 한다Whale Done! The Power of Positive Relationships》
- Marc Levinson, 《더 박스The Box: How the Shipping Container Made the World Smaller and the World Economy Bigger》
- Michael Eisner and Aaron Cohen, 《싸우지 않고 손해 보지 않고 똑똑하게 함께 일하는 기술Working Together: Why Great Partnerships Succeed》
- Phil Rosenzweig, 《헤일로 이펙트The Halo Effect and the Eight Other Business Delusions That Deceive Managers》
- Roger Fisher, William Ury, Bruce Patton, 《YES를 이끌어내는 협상법Getting to Yes: Negotiation Agreement without Giving In》
- Sam Walton with John Huey, 《샘 월튼 불황 없는 소비를 창조하라Sam Walton: Made in America》
- Spencer Johnson, 《누가 내 치즈를 옮겼을까?Who Moved My Cheese? An Amazing Way to Deal with

Change in Your Work and in Your Life》

- Steven Rattner, 《Overhaul: An Insider's Account of the Obama Administration's Emergency Rescue of the Auto Industry》
- Tim Sanders, 《러브캣Love Is the Killer App: How to Win Business and Influence Friends》
- Tony Hsieh, 《딜리버링 해피니스Delivering Happiness: A Path to Profits, Passion, and Purpose》
- Verne Harnish, 《록펠러식 경영습관 마스터하기Mastering the Rockefeller Habits: What You Must Do to Increase the Value of Your Growing Firm》
- Warren Buffett and Lawrence Cunningham, 《주식 말고 기업을 사라The Essay of Warren Buffett: Lesson for Corporate America》
- William Draper, 《The Startup Game: Inside the Partnership between Venture Capitalists and Entrepreneurs》
- Youngme Moon, 《디퍼런트Different: Escaping the Competitive Herd》

경제

- Dan Ariely, 《상식 밖의 경제학Predictably Irrational: The Hidden Forces That Shape Our Decisions》
- Matt Ridley, 《이성적 낙관주의자The Rational Optimist: How Prosperity Evolves》
- Phillip Anderson, Kenneth Arrow, and David Pines, 《The Economy as an Evolving Complex System》
- Shelagh Heffernan and Peter Sinclair, 《Modern International Economics》

게임

- Jane McGonigal, 《누구나 게임을 한다Reality Is Broken: Why Games Make Us Better and How They Can Change the World》
- Johan Huizinga, 《호모 루덴스Homo Ludens: A Study of the Play Element in Culture》
- Lou Hays, 《Winning Chess Tactics for Juniors》
- Richard Zeckhauser, Ralph Keeney, and James Sebenius, 《Wise Choices: Decisions, Games, and Negotiations》
- Tartakower and J. du Mont, 《500 Master Games of Chess》

투자

- Amit Kumar, 《Short Stories from the Stock Market: Uncovering Common Themes behind Falling Stocks to Find Uncommon Ideas》
- Andrew Kilpatrick, 《워렌 버핏 평전Of Permanent Value: The Story of Warren Buffett》
- Benjamin Graham and David Dodd, 《벤저민 그레이엄의 증권분석Security Analysis》
- Benoit Mandelbrot and Richard Hudson, The Misbehavior of Market: A Fractal View of Financial Turbulence
- Bruce Greenwald, Judd Kahn, Paul Sonkin, and Michael van Biema, 《가치투자 Value Investing: From Graham to Buffett and Beyond》
- David Einhorn and Joel Greenblatt, 《The Misbehavior of Market: A Fractal View of Financial Turbulence》
- David Swensen, 《포트폴리오 성공 운용Pioneering Portfolio Management: An Unconventional Approach to Institutional Investment》
- Fred Schwed, 《고객의 요트는 어디에 있는가Where Are the Customers' Yachts? Or, A Good Hard Look at Wall Street》
- Howard Marks, 《투자에 대한 생각The Most Important Thing: Uncommon Sense for the Thoughtful Investor》
- Jason Zweig, 《머니 앤드 브레인Your Money and Your Brain: How the New Science of Neuroeconomics Can Help Make You Rich》
- Jim Rogers, 《월가의 전설 세계를 가다Investment Biker: Around the World with Jim Rogers》
- John Mihaljevic, 《가치투자 실전 매뉴얼The Manual of Ideas: The Proven Framework for Finding the Best Value Investments》
- Michael Mauboussin, 《미래의 투자More Than You Know: Finding Financial Wisdom in Unconventional Places》
- Mohnish Pabtai, 《주식투자 백전백승의 법칙 단도투자The Dhandho Investor: The Low-Risk Value Method to High Returns》
- Nassim Nicholas Taleb, 《행운에 속지 마라Fooled by Randomness: The Hidden Role of Chance in Life and Markets》
- Peter Bevelin, 《Seeking Wisdom: From Darwin to Munger》
- Peter Lynch, 《피터 린치의 이기는 투자Beating the Street》
- Philip Fisher, 《위대한 기업에 투자하라Common Stocks and Uncommon Profits》

- Ralph Wanger with Everett Mattlin, 《작지만 강한 기업에 투자하라A Zebra in Lion Country》
- Robert Hagstrom,《Investing: The Last Liberal Art》
- Robert Hagstrom, 《다시 워린 버핏처럼 투자하라The Warren Buffett Way》
- Vitaliy Katsenelson, 《타이밍에 강한 가치투자 전략Active Value Investing: Making Money in Range-Bound Markets》
- Whitney Tilson and Glenn Tongue, 《More Mortgage Meltdown: 6 Ways to Profit in These Bad Times》
- William Poundstone, 《머니 사이언스Fortune's Formula: The Untold Story of the Scientific Betting System that Beat the Casinos and Wall Street》

문학

- Charles Dickens, 《올리버 트위스트Oliver Twist》
- Gabriel Garcia Marquez, 《백년 동안의 고독100 Years of Solitude》
- Richard Bach, 《갈매기의 꿈Jonathan Livingston Seagull》
- Robert Pirsig, 《선과 모터사이클 관리술Zen and the Art of Motorcycle Maintenance: An Inquiry into Value》
- William Shakespeare, 《햄릿Hamlet》

철학과 신학

- Alain de Botton, 《철학의 위안The Consolations of Philosophy》
- Isaac Sassoon,《Destination Torah: Reflections on the Weekly Torah Readings》
- Jay Haley, 《The Power Tactics of Jesus Christ and Other Essays》
- John Rawls, 《정의론A Theory of Justice》
- Joseph Soloveitchik, 《Halakhic Man》
- Lao Tsu, 《Tao Te Ching》
- Leonard Kravits and Kerry Olitzky, 《Pirke Avot: A Modern Commentary on Jewish Ethics》s
- Lou Marinoff, 《철학으로 마음의 병을 치료한다Plato, not Prozac! Applying Etenal Wisdom to Everyday Problems》
- Lucius Annaeus Seneca, 《Letters from a Stoic》
- Marcus Aurelius, 《명상록Meditations》

- Robert Nozick, 《아나키에서 유토피아로Anarchy, the State, and Utopia》
- 손무, 《손자병법The Art of War》
- 《마하바라타The Mahabharata》
- 《탈무드The Talmud》
- Victor Fankl, 《죽음의 수용소에서Man's Search for Meaning》

심리

- Allan Schore, 《Affect Dysregulation and Disorders of the Self》
- Allan Schore, 《Affect Regulation and the Repair of the Self》
- Antonio Damasio, 《Descartes' Error: Emotion, Reason, and the Human Brain》
- Antonio Damasio, 《The Feeling of What Happens: Body and Emotion in the Making of Consciousness》
- Bernie Siegel, 《사랑 + 의술 = 기적Love, Medicine & Miracles: Lessons Learned about Self-Healing from a Surgeon's Experience with Exceptional Patients》
- Daniel Kahneman, 《생각에 관한 생각Thinking, Fast and Slow》
- Daniel Siegel, 《The Developing Mind: How Relationships and the Brain Interact to Shape Who We Are》
- David Hawkins, 《의식 혁명Power vs. Force: The Hidden Determinants of Human Behavior》
- Edward Hallowell and John Ratey, 《Driven to Distraction: Recognizing and Coping with Attention Deficit Disorder from Childhood through Adulthood》
- Francine Shapiro, 《EMDR : 눈 운동 민감소실 및 재처리EMDR: The Breakthrough Eye Movement Therapy for Overcoming Anxiety, Stress, and Trauma》
- Gerd Gigerenzer and Peter Todd, 《Simple Heuristics That Make Us Smart》
- Gerd Gigerenzer, 《생각이 직관에 묻다Gut Feelings: The Intelligence of the Unconscious》
- Jaak Panksepp and Lucy Biven, 《The Archaeology of Mind: Neuroevolutionary Origins of Human Emotions》
- John Bowlby, 《Attachment and Loss》
- Laurence Gonzales, 《생존Deep Survival: Who Lives, Who Dies, and Why; True Stories of Miraculous Endurance and Sudden Death》
- Louis Cozolino, 《정신치료의 신경과학The Neuroscience of Psychotherapy: Healing the Social Brain》

- Mihaly Csikszentmihalyi, 《몰입Flow: The Psychology of Optimal Experience》
- Peter Levine with Ann Frederick, Waking the Tiger: Healing Trauma
- Robert Cialdini, 《설득의 심리학Influence: The Psychology of Persuasion》
- Robert Greene, 《권력의 법칙The 48 Laws of Power》
- Robert Hopcke, 《There Are No Accidents: Synchronicity and the Stories of Our Lives》
- Rolf Dobelli, 《스마트한 생각들The Art of Thinking Clearly》
- Roy Baumeister and John Tierney, 《의지력의 재발견Willpower: Rediscovering the Greatest Human Strength》

과학

- Albert-Laszlo Barabasi, 《링크Linked: How Everything Is Connected to Everything Else and What It Means for Business, Science, and Everyday Life》
- Bert Holldobler and Edward O. Wilson, 《개미 세계 여행Journey to the Ants: A Story of Scientific Exploration》
- John Gribbin, 《딥 심플리시티Deep Simplicity: Bringing Order to Chaos and Complexity》
- Joseph LeDoux, 《시냅스와 자아Synaptic Self: How Our Brains Become Who We Are》
- Nicholas Christakis and James Fowler, 《행복은 전염된다Connected: The Surprising Power of Our Social Networks and How They Shape Our Lives》
- Per Bak, 《자연은 어떻게 움직이는가?How Nature Works: The Science of Self-Organized Criticality》
- Ricard Sole and Brian Goodwin, 《Signs of Life: How Complexity Pervades Biology》
- Steven Johnson, 《이머전스Emergence: The Connected Lives of Ants, Brains, Cities, and Software》
- Stuart Kauffman, 《혼돈의 가장자리At Home in the Universe: The Search for the Laws of Self-Organization and Complexity》
- V. S. Ramachandran and Sandra Blackeslee, 《라마찬드란 박사의 두뇌 실험실Phantoms in the Brain: Probing the Mysteries of the Human Mind》

자기계발

- Brene Brown, 《대담하게 맞서기|Daring Greatly: How the Courage to Be Vulnerable Transforms the Way We Live, Love, parent, and Lead》
- Brene Brown, 《The Power of Vulnerability: Teachings on Authenticity, Connection, and Courage》
- Clayton Christensen, James Allworth, and Karen Dillon, 《당신의 인생을 어떻게 평가할 것인가How Will You Measure Your Life?》
- Dale Carnegie, 《카네기 인간관계론How to Win Friends and Influence People》
- Dan Sullivan and Catherine Nomura, 《위대한 변화의 순간The Laws of Lifetime Growth: Always Make Your Future Bigger Than Your Past》
- David Allen, 《끝도 없는 일 깔끔하게 해치우기|Getting Things Done: The Art of Stress-Free Productivity》
- Elbert Hubbard, 《가르시아 장군에게 보내는 편지|A Message to Garcia》
- Eugene Gendlin, 《내 마음 내가 안다Focusing》
- Harville Hendrix, 《연애할 땐 Yes 결혼하면 No가 되는 이유Getting the Love You Want: A Guide for Couples》
- Harville Hendrix, 《Keeping the Love You Find: A Personal Guide》
- James Allen, 《위대한 생각의 힘As a Man Thinketh》
- Jena Pincott, 《Success: Advice for Achieving Your Goals from Remarkably Accomplished People》
- John Kralik, 《A Simple Act of Gratitude: How Learning to Say Thank You Changed My Life》
- John Templeton Jr., 《Thrift and Generosity: The Joy of Giving》
- M. Scott Peck, 《아직도 가야 할 길The Road Less Traveled: A New Psychology of Love, Traditional Values and Spiritual Growth》
- Napoleon Hill, 《놓치고 싶지 않은 나의 꿈 나의 인생Think and Grow Rich》
- Norman Vincent Peale, 《긍정적 사고방식The Power of Positive Thinking》
- Peter Kyne, 《고-게러The Go-Getter: A Story That Tells You How to Be One》
- Robert A. Emmons, 《Thanks Thanks!: How Practicing Gratitude Can Make You Happier》
- Russell Conwell, 《황금어장Acres of Diamonds》

- Wayne Dyer, 《Manifest Your Destiny: The Nine Spiritual Principles for Getting Everything You Want》

기타

- Alfred Lansing, 《섀클턴의 위대한 항해 Endurance: Shackleton's Incredible Voyage》
- Atul Gawande, 《체크! 체크리스트 The Checklist Manifesto: How to Get Things Right》
- Benjamin Franklin, 《프랭클린 자서전 The Autobiography of Benjamin Franklin》
- George Lakoff and Mark Johnson, 《삶으로서의 은유 Metaphors We Live By》
- Henry David Thoreau, 《월든 Walden: or, Life in the Woods》
- Jonathan Rubinstein, City Police
- Joseph Campbell with Bill Moyers, 《신화의 힘 The Power of Myth》
- Joseph Campbell, 《천의 얼굴을 가진 영웅 The Hero with a Thousand Faces》
- Mahatma Gandhi, 《간디 자서전 Autobiography: The Story of My Experiments with the Truth》
- Nelson Mandela, 《만델라 자서전 Long Walk to Freedom: The Autobiography of Nelson Mandela》
- Ronald Reagan, 《레이건 회고록 Reagan: A Life in Letters》
- Selmar Spier, 《Vor 1914: Erinnerungen an Frankfurt geschrieben in Israel》
- Vaclav Smil, 《Why America Is Not a New Rome》
- Vernon Bogdanor, 《The New British Constitution》